理解しやすい 公共

川本和彦 著

文英堂

はじめに

あなたは，どのように生きるべきなのか。
あなたが生きている社会は，どのような社会なのか。

● 新しい科目である「公共」は，従来の科目である「倫理」分野と「政治・経済」分野を網羅する形となっています。と言っても，単純に両分野を並べただけではありません。むしろこの２分野は合わせて学ぶべきであり，別れていることが不自然とも言えます。

●「倫理」分野で問われているのは，あなたはどのように生きるべきなのかということです。そして「政治・経済」分野で問われているのは，あなたが生きている社会はどのような社会なのかということなのです。

● 現代の社会は，まだまだ理想からは遠い現実があります。戦争や貧困，差別はなくなっていません。環境破壊も深刻な状況にあります。どうすれば解決できるのか，答えは容易には見つかりません。

● けれどもこれらの問題は，宇宙の彼方から飛んでくる巨大隕石が地球に衝突するという問題とは異なります。この地球に住んでいる人類が起こした問題なのです。それならば，人類が解決することは不可能ではないでしょう，というより，人類が解決するしかありません。そして，あなたも人類の一員なのです。

● 惰性(だせい)で生きるのではなく，人生を有意義なものにしたいと願う人が，その道標となる「公共」という科目を理解する，その手助けをするために，この参考書は作られました。各チャプターの最初の「まとめ」で全体像をおおまかにつかみ，特に重要な箇所は「ポイント」で確認しながら読み進めてください。

● この参考書で「公共」を学び終えたあなたが，以前とは異なるステージに立っていることを願っています。

著者　　川本和彦

本書の特長

1
日常学習のための参考書として最適

本書は，高校での「公共」の教科書にあうように，教科書の学習内容を多くの小項目に細分して編集しています。したがって，学校での授業の進行にあわせて，しっかりと予習や復習をすることができます。さらに，本文の重要用語を集めた「要点チェック」も用意しているので，定期テストの準備に使うこともできます。

2
学習内容の要点がハッキリわかる編集

皆さんが参考書に最も求めることは，「自分の知りたいことがすぐ調べられること」「どこが重要なのかがすぐわかること」ではないでしょうか。

本書ではこの点を重視して，小見出しを多用することでどこに何が書いてあるのかが一目でわかるようにし，また，学習内容の要点を太文字や赤文字，重要な文章を黄下線ではっきり示すなど，いろいろな工夫をこらしてあります。

3
見やすく豊富な図表や写真

「公共」を理解するうえで，図表やグラフは不可欠なものです。本書では，適所(てきしょ)に図表やグラフを掲載しています。図表は，視覚的に理解できるように工夫しています。また，統計は新しい数値をもりこんでいます。写真も，「百聞は一見にしかず」という意味で，理解を助けてくれます。

4
公共がより深く理解できる

本書では，まずはじめに，そのチャプターの全体的なまとめを示したうえで，解説に入っています。解説は，本文のほかに，理解を助けたり，深めたりする「用語」「補説」をつけています。しかし，それらにはあまりこだわらず，まず学習内容の大筋をつかんでください。本文中にある「ポイント」は，必ず覚えるようにしましょう。

本書の活用法

1 学習内容を整理するために

「まとめ」は，各チャプターのはじめにあって，そのチャプターで学ぶすべての学習項目をまとめています。そのチャプターの全体像をつかむことができます。

「ポイント」は，絶対に理解して覚えなければならない重要ポイントを示しています。テストでも，よく取りあげられる点ばかりです。

要点チェック

「要点チェック」は，その編に出てきた重要用語のチェックをします。テスト前などには，必ずおさえておきましょう。

2 理解を深めるために

ルソー
(☞ p.87)

本文では，重要な用語や人物名を太字で示しています。タイトルの太字にも注意しましょう。また，☞ のさし示す参照ページの指示があるときは，必ずそちらも目を通してください。

補説

「補説」は，より詳しい解説が必要な重要事項を取りあげています。

用語

「用語」は，本文中に出てくる重要用語の定義を示しています。複雑なことがらを整理するのに役立ちます。

特集

「特集」は，本文で扱ったテーマについて，より深く理解することのできるページです。

もくじ CONTENTS

第4編 世界と向き合う

第1編

人間と向き合う

・・・・

• CHAPTER

1 » 人間とは何か

まとめ

SECTION 1 青年期とその課題 p.9

□ 青年の「誕生」

・**青年期**…近代以前の社会には青年が存在せず，子ども以外はすべて大人であった。近代以降，複雑化した社会を支える大人になる準備期間として，青年期が生み出された。

□ 青年期の定義

・**第二の誕生**…ルソーが著書『エミール』で定義した。

・**第二次性徴**(せいちょう)…性ホルモンの分泌(ぶんぴつ)によって生じる。

・**第二反抗期**…理想と現実の矛盾(むじゅん)に対する苛立(いらだ)ちから生じる。

・マージナル・マン(境界人・周辺人)…レヴィンによる定義で，不安定な存在とされた。

・**心理的離乳**…親から精神的に自立しようとするなど，様々な定義がある。一言で言えば，青年期は不安定な時期である。

□ 青年期の発達課題

・**アイデンティティの確立**…心理・社会的モラトリアムの時期である青年期は，アイデンティティの確立が求められる。ユース・カルチャーの担い手でもある。

SECTION 2 人間についての探求 p.14

□ 様々な人間観

・ポリス的動物…ポリス(社会)の一員であることを前提とした人間観。

・ホモ・サピエンス(英知人)…独立した個人であることを前提とした人間観。

・間柄(あいだがら)的存在…個人と社会の双方(そうほう)を弁証法(べんしょうほう)的に統一した人間観。

など様々な定義がある。

□ 欲求の分析

・マズローの欲求階層説…マズローは欲求を５段階に区分し，自己実現の欲求を最高次の欲求とした。

・防衛機制(ぼうえいきせい)…欲求不満(フラストレーション)や葛藤(かっとう)(コンフリクト)などで心が危機に直面したとき，防衛機制という無意識の反応が機能することがある。

(意識的な反応である合理的解決や，攻撃・近道反応とは区別される)

青年期とその課題

▶ 青年期は身体の変化とともに，精神・意識が大きく変化する時期である。そして，自分なりの価値観を形成し，社会へ一歩を踏み出すべき時期でもある。

1 | 青年の「誕生」

1 青年期の不在

近代以前，産業革命を経ていない社会に存在したのは「子ども」と「大人」だけであり，「青年期」という時期そのものが不在だった。江戸(えど)時代の日本における武士の場合，子どもは元服(げんぶく)と呼ばれる通過儀礼(つうかぎれい)(イニシエーション[★1])を経た直後から，大人として扱われるようになった。家の中で親の生き方を見ていることが，そのまま大人への準備となったのである。

青年期を必要としない社会の例としては，アメリカの文化人類学者ミードが，1920年代のサモア島の**未開社会では，青年期にあたる時期が見られない事実**を指摘(してき)している。

★1 お宮参りや七五三，成人式，還暦(かんれき)のように人生の節目で行われる儀式をいう。

2 生み出された青年期

しかし，近代化を経て複雑化した現在の社会では，家の中だけでは大人になる準備は不十分となった。そのため，働いて納税するといった義務を猶予(ゆうよ)される代わりに，大人になる準備をする期間としての青年期が生み出された。

社会が発展して複雑になっていけば，社会を支えるための知識・技術も複雑になるので，習得に要する時間も長くなる。そのため**近代化が進むほど，青年期は延長される**傾向にある。

補説 **通過儀礼のあり方**　通過儀礼のあり方は民族によって異なり，同じ民族でも時代とともに変化する。江戸時代の元服と現在の成人式とは，意味合いは同じでも，そのあり方や当人・周囲の受け止め方はまったく同じとは言い難い。通過儀礼が正月や節分，お盆(ぼん)のような**年中行事**(ねんちゅうぎょうじ)とは別のものであることにも注意すべきである。

[青年期の長期化]
青年期は近代化に対応してつくられた時期であり，長期化する傾向にある。

2　青年期の定義

1　ライフサイクルとしての青年期

アメリカの心理学者エリクソンは，人生を8つの発達段階を持つライフサイクル(人生周期)に区分した。青年期も，その1つである。各段階にはそれぞれ達成すべき発達課題がある。

❶**乳児期**　親との関係を通じて，周囲に対する信頼を学ぶ。
❷**幼児期**　身の回りのことを自分でなしとげることを通じて，自律性を身につける。
❸**児童期**　周囲に対する好奇心(こうきしん)から，積極性を身につける。
❹**学童期**　能力を高めて，周囲の承認を得る喜びや達成感を知る。
❺**青年期**　自分は何者であるのかという意識を確立し，自分自身の生き方を形成する。
❻**成人期**　アイデンティティ(☞p.12)を確立した上での親密な関係を，周囲の人間と構築する。
❼**壮年期(そうねん)**　社会存続のために，次世代の人材を育成する必要性に気づく。
❽**老年期**　自分の人生を肯定(こうてい)し，円満な人格を実現する。

乳児期	0～1歳
幼児期	1～3歳
児童期	3～6歳
学童期	6～13歳
青年期	13～22歳
成人期	22～40歳
壮年期(そうねん)	40～65歳
老年期	65歳以上

▲ライフサイクル

段階	特徴
青年前期	中学校の時代 ●自我(じが)の誕生　●反抗と欲求不満増大 知識生活の時代
青年中期	高等学校の時代 ●理論的思考の増大　●孤独感と逃避(とうひ)の傾向 精神生活の時代
青年後期	大学の時代 ●感情の安定　●価値観の確立へ 社会生活の時代

▲青年期の諸段階と特徴

2　第二の誕生

ルソー[★1]は，著書『エミール』の中で「われわれは，いわば2回この世に生まれる。1回目は存在するために，2回目は生きるために。つまり最初は人間として，次は男性・女性として生まれる」と述べている。

★1 ルソー(1712～78年)はフランスで活躍した啓蒙(けいもう)思想家。性同一性障害など性的マイノリティへの配慮(はいりょ)がないのは，当時の時代背景でもある。

3 第二次性徴

産まれたときには現れている生殖器の有無など，身体上の性差を第一次性徴という。これに対して，性ホルモンの分泌によって現れるのが第二次性徴である。女性の乳房が膨らんでくる，男性の声変わりや喉仏が現れてくることなどが，その例とされる。

時代とともに，第二次性徴の出現が早くなる発達加速現象が見られる。つまり，青年期の終わりの時期が遅くなる一方で，**身体的にはその始まりが早くなっている。**

4 第二反抗期

食事や歯磨き，入浴などすべて自分で行おうとして，親と衝突するのが，幼児期★2の第一反抗期である。これに対して，自己の内に芽生える理想と現実の矛盾に苛立ち，親や教師など周囲の大人と衝突するのが，青年期の第二反抗期とされている。単なるわがままな振る舞いのように見えても，その根底には**大人への批判**が潜んでいることが多い。

★2 1歳から3歳くらいまでが幼児期とされる。

5 マージナル・マン(境界人・周辺人)

もう「子ども」ではないが，まだ「大人」でもない青年を，ドイツの心理学者レヴィンはマージナル・マン(境界人・周辺人★3)と名付けた。レヴィンは青年を，確固たる足場を持てない**不安定な存在**と見なしたのである。

★3 本来この言葉は移民や少数民族など，異なる文化・伝統の中で暮らす人々を示していた。

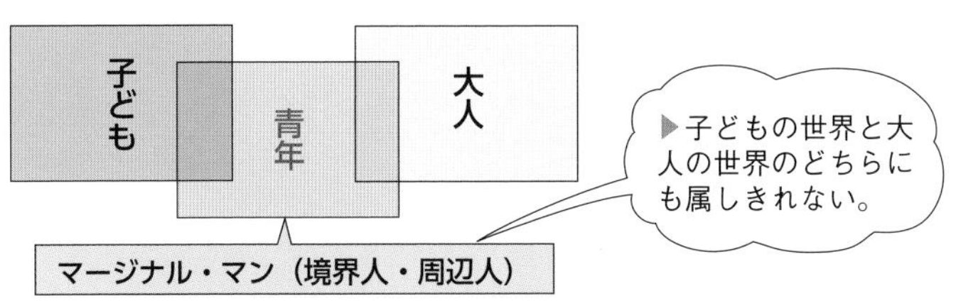

▲マージナル・マン(境界人・周辺人)

6 心理的離乳

乳児の身体的な離乳に対して，青年は親に規定された人間関係からの脱出を図るなど，親から**精神的な自立**を目指す。これをアメリカの心理学者ホリングワースは心理的離乳と名付けた。

心理的離乳が不十分だと，以下のような児童的な性格がいつまでも残ることが多い。

❶ピーターパン・シンドローム[★4]　アメリカの心理学者ガイリーは，大人になることを嫌がり決断を先送りにする青年を，ピーターパンに喩(たと)えた。

❷シンデレラ・コンプレックス[★5]　いつかは素敵な王子様が現れることを夢見るような，依存的な青年のことを指す。

★4 ピーターパンは，イギリスの童話劇に登場する永遠の少年。

★5 シンデレラはグリム童話の主人公。継母(ままはは)に虐待されるが，王子に見初(みそ)められて結婚し，幸福になる。

[不安定な青年期]

子どもから大人へ移行する青年期は一般的に，不安定な時期である。

3 | 青年期の発達課題

1 アイデンティティの確立

エリクソンは，青年期の発達課題としてアイデンティティ(自我(じが)同一性)の確立を挙げている。アイデンティティとは「自分らしさ」のことである。それまで明確な目的を持たずに生きてきた自分，あるいは家族や周囲の期待に従って生きてきた自分と，本当はこうありたいと願っている理想の自分とを統合させた自分を形成することが，アイデンティティの確立である。

しかし，アイデンティティは独りよがりのものではない。周囲が「これがこの人らしさなのだ」と認めていることが前提である。さらに，その**自己が一貫性(いっかんせい)を持つ**[★1]ことも必要とされる。

★1 エリクソン(1902～94年)は幼児期の自己も児童期の自己も，同じ自己であるという自覚こそ一貫性であるとしている。

2 アイデンティティの拡散

青年期にアイデンティティを確立できないと，自分がいかなる存在であるのか，どのように生きていけばいいのかわからずに混乱してしまう。このような状態を，アイデンティティの拡散という。スチューデント・アパシー[★2]と呼ばれる状態は，その一例である。この状況を乗り越えるためには，友人など周囲の助言に耳を貸すことが必要とされる。

★2 一定の学生に見られる，何事にも無関心で無気力になってしまう状態。

補説 **役割実験**　エリクソンは青年期に関連して，それまでやったことのないスポーツやボランティア活動，インターンシップ制度[★3]のような，未経験の役割を果たしてみることを**役割実験**と呼んだ。そして役割実験の積み重ねが，アイデンティティ確立のために有効であると主張している。

★3 高校生や大学生が，在学中に就業体験をする制度。

3 心理・社会的モラトリアム

本来は債務の返済猶予期間を意味する経済用語であるが，エリクソンは大人になるために**一定の責任を猶予された準備期間**としての青年期を，モラトリアムという語句を用いて説明した。

一方で日本の精神科医・小此木啓吾は，いつまでも自立することを避けて大人になることを先延ばしする青年を，モラトリアム人間と形容している。

4 ユース・カルチャーの担い手

青年が形成するユース・カルチャー(若者文化)は，しばしば既存の文化に対して反抗的なカウンター・カルチャー(対抗文化)★4の面を持つ。その多くは一過性であるが，ジーンズやアニメのように，世代を越えて定着するものもある。

★4 1960年代にアメリカで生まれた，長髪やマリファナに象徴されるヒッピーの生き方が，1つの源流とされる。

5 ハヴィガーストがあげる青年期の発達課題

ハヴィガースト★5は，青年期の発達課題として以下をあげている。

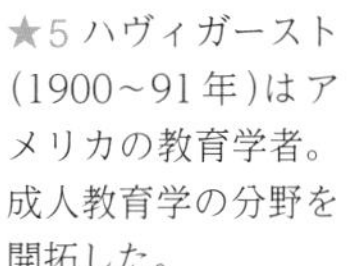
★5 ハヴィガースト(1900～91年)はアメリカの教育学者。成人教育学の分野を開拓した。

❶同時代の同性・異性の友人との洗練された人間関係をつくること。
❷男性または女性としての役割を理解すること。
❸両親や他の大人から，情緒的に自立すること。
❹経済的独立，職業選択や結婚，家庭生活のための準備をすること。
❺社会的責任のある行動を求め，成し遂げること。
❻価値や論理の体系を学習し，適切な科学的世界像を形成すること。

▶もちろん自分が女性なのか男性なのかわからない，あるいは両方の性の自覚があるという人はいる。それは1つの個性である。結婚も選択肢の1つであり，必ず結婚しなければならないということではない。

[青年期の発達課題]
青年期の発達課題はアイデンティティの確立であるが，うまくいかないとアイデンティティの拡散やモラトリアム人間などの状況に陥ることがある。

人間についての探求

▶ 人間とは何かという問いに対しては，多くの思想家・宗教家がそれぞれの立場から答えている。多様な答えがあるということは，人間がそれだけ多様性を持つ動物であることの証明となっている。

ここでは先人の答えを念頭(ねんとう)に置きつつ，おもに心理学の面から人間の実像に迫(せま)ってみよう。

1 | 様々な人間観

1 ポリス的動物

古代ギリシアの哲学者アリストテレスは，「人間はポリス★1的動物である」と述べた。人間はポリスに象徴される社会を形成し，その中で生きている。社会を必要としないのは，神と獣(けもの)だけである。神は全能であり，他者の助けを必要としない。獣は理性的な思考ができないので，共同体を作ることができない。神と獣の中間者である人間は，他者と助け合いながら生きていくしかないし，またそれができる存在でもある。ここでは，**社会とは無関係に存立(そんりつ)する個人の存在は否定されている。**

なお，アリストテレスはポリスを維持する徳として，正義★2と友愛(ゆうあい)★3を挙げている。

★1 古代ギリシアの都市国家。各ポリスは政治的には，完全に自立していた。

★2 アリストテレス(紀元前384～紀元前322年)にとっての最大の正義は，ポリスの法を守ることであった。

★3 ポリス市民が互いに相手の善や幸福を願う人々の間に生まれる，相互(そうご)的な愛。

2 ホモ・サピエンス(英知人(えいちじん))

18世紀，スウェーデンの生物学者リンネは，**人間の特質は知性(理性)にある**と考えて，人間を生物学でホモ・サピエンス(英知人)に分類した。人間は他の動物よりも高い知性を持っており，それが豊かな文化の創造を可能にしたのである。

こうした定義がなされた背景には，理性に無限の信頼をおいた当時の啓蒙(けいもう)主義思想★4がある。同時に，ポリスのような共同体とは無縁の，**独立した個人**が存在することが前提となっている。

★4 理性に基づく合理的な思考を広め，人々を無知や偏見から解放することを目指す思想。

★5 あるものが生まれ(正)，他のものと対立し(反)，対立と矛盾(むじゅん)が原動力となって，それらがより高い次元のものに統合される動き(合)を通して発展するという理論(☞p.45)。

3 間柄(あいだがら)的存在

人間を社会の一部と見る視点と，社会から独立した個人と見る視点の双方(そうほう)を，弁証法(べんしょうほう)★5を用いて理解した思想家の1人に，日本の和辻哲郎(わつじてつろう)がいる。

和辻は人間を，家庭や地域，職場，社会における，人と人との関係の中で生きる間柄的存在であると考えた。人間は**個人であると同時に社会の一部**である。この両面は対立しながら，共に発展する関係にある。和辻は，個人だけが突出(とっしゅつ)すると利己主義になり，個人を否定すると全体主義に陥(おちい)ると警告している。

[人間の定義]
① ポリス的動物…人間は社会の一部である。(古代ギリシア)
② ホモ・サピエンス…人間は独立した個人である。
③ 間柄(あいだがら)的存在…人間は個人であると同時に，社会の一部である。

2｜人間の類型

❶**シュプランガーの類型化**　人生においてどのような価値を追求するかによって，人間を**理論型・経済型・審美型・宗教型・権力型・社会型**の**6つに類型化**した。

❷**クレッチマーの類型化**　体型と気質を**3つに類型化**し，**細身型と分裂(ぶんれつ)性気質**が，**肥満型と躁鬱(そううつ)性気質**が，**筋骨型と粘着(ねんちゃく)性気質**が関連づけられるとした。★1

❸**ユングの類型化**　人間の性格を，自分の主たる関心が自己の**外へ向かう外向型**と，**内に向かう内向型**の**2つに類型化**した。

★1 今日の医学界では，否定的な見方が多数である。

[人間の類型化]
① シュプランガー…人間を6つに類型化した。
② クレッチマー…人間を3つに類型化した。
③ ユング…人間を2つに類型化した。

3｜欲求の分析

1 マズローの欲求階層説

アメリカの心理学者マズローは，欲求★1を5段階の階層に区分し，ある階層の欲求がある程度満たされてから，次の階層の欲求が発生するとした。飢えて餓死寸前の人が，「素晴らしい絵を描いて他人からほめられたい」とは思わないだろう。

★1 欲求には食欲，性欲などの生理的欲求(一次的欲求)と，金銭欲，名誉欲，承認欲などの社会的欲求(二次的欲求)とがある。

そして，マズローは本当の自己に気がついて能力を最大限に発揮しようとする自己実現の欲求が，人間にとって最後の，そして最高段階の欲求であると主張している。

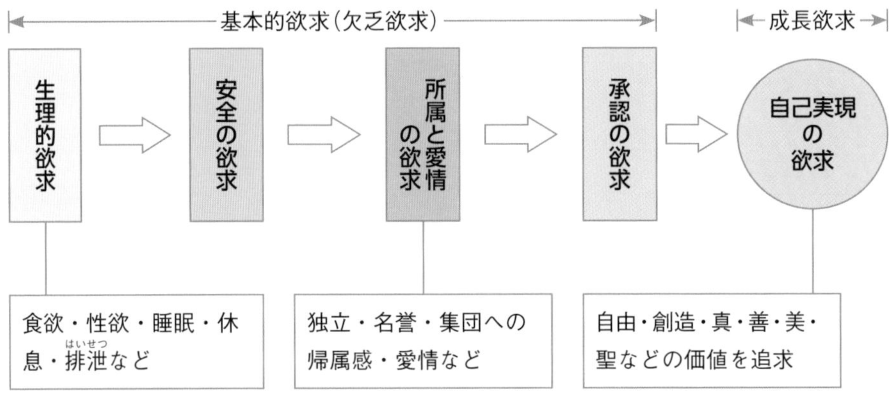

▲マズローの欲求階層説

2 葛藤(かっとう)(コンフリクト)

心の中で複数の欲求が発生し，それらが衝突して欲求を満たすことが困難になることを葛藤(コンフリクト)という。これには3つのパターンがある。

❶**接近－接近型**　(例)「学校の授業に出たいが，アイドルのライブにも行きたい」

❷**回避－回避型**　(例)「学校に行きたくないが，単位不足で退学させられるのも嫌(いや)だ」

❸**接近－回避型**　(例)「大学には入りたいが，受験勉強はしたくない」

補説 **ヤマアラシのジレンマ**　相手に接近したい気持ちと，お互いが傷つくことへの恐れが葛藤になり，適切な距離をとることができない葛藤を「ヤマアラシのジレンマ」という。

3 防衛機制(ぼうえいきせい)

欲求が満たされない欲求不満(フラストレーション)や葛藤に対して，**無意識[★2]のうちに自分を守るメカニズム**が機能することがある。この機能を防衛機制という。これは精神分析学者のフロイトが，『精神分析理論』の中で示したものである。

★2 自分の意識では自覚できない心の領域。フロイト(1856～1939年)は心の大部分は無意識であると考えた。

▼防衛機制

種類	内容	具体例
抑圧	自分の欲求をおさえつけてしまうこと。忘れよう，否定しようという働き。	好感をもってはいけないのに好感をもってしまった異性に対し，「ぜんぜん好きじゃない」と思うこと。
合理化	理屈をつけて自分を納得させてしまうこと。もっともらしい考え方で自分が傷つかないようにする。	キツネが手の届かないブドウを「すっぱい」として自分を納得させ，あきらめること（イソップ物語の故事）。
同一視	他者に自分を重ね合わせること。自分を他者と一体と見なして安心しようとする。	他人の功績をさも自分のことのように自慢する。「私の父は銀行の頭取なのよ」。
投射	自分の望ましくない感情や考えを抑圧した結果，その感情や考えは相手（他人）のものであるとしてしまうこと。	自分が嫌いな友人との関係で，友人の方が自分を嫌っていると考えてしまうこと。
反動形成	抑圧の結果，反対の行動をとってしまうこと。	本当は好きな人に意地悪をしたり，本当は嫌いな人に愛想よく応対してしまったりする。
逃避	適応できないとき，病気や空想に逃れたり，別のことに熱中すること。	就職活動をしなくてはならないのに旅行に出る。
退行	幼児期の発達段階に戻ってしまうこと。	弟や妹が産まれて親からかまってもらえなくなった上の子が，赤ちゃんのようにふるまうようになること。
置き換え	満たされない欲求を，別の対象に置き換えることで充足すること。	子どもができないので，その代わりにペットやぬいぐるみに愛情をそそぐ。
代償	満たされない欲求を，別の面に向けて充足すること。	勉強の苦手な子が，スポーツでがんばるといったこと。
昇華	非社会的（反社会的）な欲求を抑圧し，社会に受け入れられる価値あるものへと置き換えること。	失恋のつらさを，芸術やボランティア活動などに情熱を傾けることで忘れようとする。

4 合理的解決

防衛機制は自己防衛のためには必要な機能だが，あくまでも心の崩壊を防ぐ緊急措置のようなものである。欲求不満や葛藤を正面から受け止めて，意識的に合理的解決を図ることが望ましい。

例えば，あなたが本屋へ行き，買いたい本が見つかったが高くて買えなかったとする。そのときどうするか。

❶**防衛機制の合理化**　「この本は有名なだけで，実はつまらないだろう」と自分を納得させる。

❷**合理的解決**　「節約してお金をためて，本を買いに来よう」

❸**攻撃・近道反応**　「万引きしてやるぞ」

▶言うまでもなく，望ましいのは❷である。

用語　**攻撃・近道反応**　欲求不満や葛藤に対して，意識的ではあるが合理的ではない解決を**攻撃反応**あるいは**近道反応**★3と呼ぶ。

★3 合理的・迂回的反応ができず，目標へそのまま突進すること。

[防衛機制]

欲求不満に対応する防衛機制は，合理的解決や攻撃・近道反応と異なり，無意識の反応である。

5 パーソナリティと多様性

人間は遺伝や環境によって形成されるパーソナリティ★4(個性，人格)を持っている。パーソナリティは能力・気質・性格の3要素から構成される。

★4 環境・遺伝という外的要因を受け止める主体を自我と呼ぶ。

❶**能力**　知覚や判断力，記憶，計算などの**知能**と，身体上の運動能力を示す**技能**などから成る。

❷**気質**　**生物学的な感情的特性**である。情緒や気分などの現れ方を示すもので，先天的に決定される部分が大きいとされる。

❸**性格**　他者とは異なる自分特有の，**意志的な行動の仕方**を指す。感性的性格と呼ばれる気質と区別して，意志的性格と呼ばれることがある。

▶誰もが自分だけのパーソナリティを持ち，それぞれのパーソナリティは同じではない★5。社会とは，多様なパーソナリティを持つ人間の集団である。社会の中で生きていくということは，自分のパーソナリティを守り，活かすと同様に，相手・他者のパーソナリティを守り，活かすということである。

★5 個人のパーソナリティを他者との違いという面でとらえたものが，個性である。

近年，人種や性的アイデンティティを含め多様性(ダイバーシティ)が重視されるようになったが，多様性を尊重するということは，他者にシンパシー(sympathy)だけでなくエンパシー(empathy)をも抱くということである。シンパシーは同じ境遇の者に同情することであるが，**エンパシーは異なる境遇の者に共感すること**とされる。

CHAPTER

2 » 思想の歩み

まとめ

SECTION 1 源流思想 p.22

□ 古代ギリシア思想

・**ポリスの哲学**…ポリス市民としての生き方を探究(たんきゅう)した。

ソクラテス…問答法(助産術)を用いて魂への配慮(はいりょ)を説いたが，刑死した。
プラトン…二元論を軸に，魂の調和と正義，国家の調和と正義を説いた。
アリストテレス…一元論を軸に，徳や正義を区分した。

→彼らとは別に，相対主義をとるソフィストも活躍した。

・**ヘレニズムの哲学**…ポリスを離れた個人の生き方を探究した。

エピクロス…快楽主義。公的生活から距離を置くことを求めた。
ゼノン…禁欲主義。理性で情念を克服(こくふく)することを求めた。

□ 世界の宗教

・**ユダヤ教**…ユダヤ人の民族宗教。ヤハウェを創造神とする一神教である。

・**キリスト教**…開祖はイエス。民族の枠を超えた世界宗教として発展した。

・**イスラーム(イスラム教)**…開祖はムハンマド。ユダヤ教・キリスト教の後継者・完成者との自覚を持っている。

・**仏教**…開祖はブッダ(ゴータマ)。超越的な絶対神がいない宗教。

・**古代中国思想**…儒家(じゅか)，道家(どうか)は哲学であるが，中国では宗教的な扱いを受けた。

SECTION 2 近代思想の発展 p.35

□ 中世の閉幕

・**ルネサンス**…人間を高く評価し，神中心ではなく人間中心の世界観を樹立した。

・**宗教改革**…人間の無力さを訴え，内面の信仰を重視する姿勢が，ローマ・カトリックによる支配を揺るがせた。

・**科学革命**…合理的な思考，普遍的法則の発見は，やはりローマ・カトリックによる支配が及ばなくなった事実を示した。

□ 近代哲学の開幕

・**イギリス経験論**…ゼロからスタートし，経験を蓄積(ちくせき)すれば普遍的真理に至るとした。

・**大陸合理論**…理性を正しく使えば普遍的真理に至るとした。

まとめ

□ 近代哲学の集大成

・カント…経験論と合理論を統合し，人格および国家の相互尊重を訴えた。

・ヘーゲル…弁証法を活用し，歴史を自由が拡大する過程ととらえた。

□ 功利主義の系譜　快楽・幸福の追求を善とみなす。

・ベンサム…快楽の量を重視し，欲望のブレーキとして法律を重視した。

・ミル…快楽の質を重視し，欲望のブレーキとして良心を重視した。

SECTION 3 近代思想の転換 p.49

□ 実存主義　かけがえのない自分を回復させることをめざす。

・キルケゴール…単独者として神の前に立つ。

・ヤスパース…限界状況で包括者(超越者)と会った者同士が，実存的交わりをする。

・ニーチェ…キリスト教は奴隷道徳であり，人生の目的を自分で創る超人をめざす。

・ハイデッガー…死への存在であることを見つめ，ひと(ダス・マン)から脱却する。

・サルトル…実存は本質に先立つ　社会参加(アンガージュマン)が必要である。

□ マルクス主義

・マルクス…革命で資本主義を倒し，社会主義を建設しなければならない。

□ プラグマティズム…行為の結果を重視する。

・パース…プラグマティズムを最初に提唱した。

・ジェームズ…有用なものは真理であり，真理は有用なものである。

・デューイ…道具主義　真理は現実に対応してたえず改良できる。

SECTION 4 現代思想の隆興 p.58

□ ヒューマニズム　戦争と混乱の20世紀にあって，人間尊重を実践した。

□ 構造主義　人間は行為する主体ではなく，構造に規定される客体である。

・レヴィ＝ストロース…未開社会が西洋と比べて，劣っていないことを証明した。

・フーコー…理性と狂気は権力によって区分されたに過ぎず，学校や病院が権力の装置であることを指摘した。

□ 全体主義との対決

・フランクフルト学派…ホルクハイマーとアドルノは，道具的理性がファシズムをもたらしたと批判した。

・ハーバーマス…対話的理性(コミュニケーション的行為)の重要性を指摘した。

・**アーレント**…個人が全体主義に絡めとられるのを防ぐ活動を重視した。

□ 公正の追求

・**ロールズ**…機会の平等とともに，結果の平等を重視した。

・**セン**…各人の潜在能力(ケイパビリティ)を重視した。

SECTION 5 日本の思想 ☞p.66

□ 古代・中世の思想

・**仏教伝来前の日本**

アニミズムを土台とした多神教だった→八百万神を崇拝。
私心のない清き明き心(清明心)が尊ばれた。

・**仏教伝来後の日本**

聖徳太子…『十七条憲法』で仏教を勧めた。
平安仏教…最澄が天台宗を，空海が真言宗をもたらした。

・**鎌倉仏教**

法然…浄土宗を開き，他力本願を唱えた。
親鸞…浄土真宗を開き，絶対他力を唱えた。
栄西…臨済宗を開き，公案重視の禅宗を確立した。
道元…曹洞宗を開き，修証一等の禅宗を確立した。
日蓮…法華宗(日蓮宗)を開き，法華経第一の立場を鮮明にした。

□ 近世の思想

・**朱子学**…林羅山が「上下定分の理」を紹介し，武家支配を正当化した。

・**陽明学**…中江藤樹は孝を重視した。

・**古学**…伊藤仁斎が古義学を，荻生徂徠が古文辞学を提唱した。

・**国学**…賀茂真淵が「ますらをぶり」を，本居宣長が「たおやめぶり」を評価した。

・**民衆思想**…石田梅岩が商人の視点から，安藤昌益が農民の視点から思想を展開した。

□ 近現代の思想

・**啓蒙思想**…福沢諭吉が封建道徳を否定し，独立心と実学の重要性を訴えた。

・**キリスト教**…内村鑑三が「2つのJ」を評価し，無教会主義を唱えた。

・**個人主義**…夏目漱石が自己本位を主張したが，晩年は則天去私の立場をとった。

・**独創的思想**…西田幾多郎が禅宗を背景に，絶対無へ至る思想を唱えた。

・**民俗学**…柳田国男は常民に着目した。南方熊楠は鎮守の森を守る活動を主導した。

源流思想

▶ 古来，人間はしばしば「善とは何か」「人はいかに生きるべきか」「自分はなぜ存在するのか」という問いに立ち向かった。この問いに対して古代ギリシアでは，理性的・合理的に答えようとする試みから哲学が生まれた。他方で，理性を超えたところに究極の価値を見出し，神や天国などの「物語」を軸に答えようとする試みは，世界各地に宗教を生み出した。

ここでは後世にも影響を残したギリシア哲学，そして世界の宗教を見ていこう。

1｜古代ギリシア思想

1 ポリスの哲学

❶ソクラテス

1 **魂への配慮**　「人はいかに生きるべきか」という問いに対して，**個人的でなく普遍的な答えを，合理的に追求**したのが，古代ギリシアのソクラテスである。

ソクラテスは真理について自分は何も知らないという自覚(無知の知)から出発し，**ただ生きるのではなく，善く生きることが正しい**という結論に達した。善く生きるためには，魂(プシュケー★1)をよくする魂への配慮が不可欠である。そして，人は善や正しいことを知れば，それを知る魂がよくなって徳(アレテー★2)が実現し(知徳合一)，善い行いや正しい行いを実行する(知行合一)。その結果として，人は幸福になることができる(福徳一致)。

よく生きるとは，どういう生き方だろうか。この問いは脳死や安楽死など，今日の生命倫理にも関わってくるテーマである。

▲ソクラテス

★1 魂の他，生命や精神という意味がある。

★2 ソクラテス(紀元前470～紀元前399年)は人間の徳を，魂が優れていることだとした。

2 **ソクラテスの問答法**　何が善で正しいことなのかを知るために，ソクラテスは様々な相手と対話を重ねた。その対話は，ソクラテスが真理を教えるというものではなく，問答を重ねながら相手の矛盾を突くことによって，**相手が真理に近づくのを助ける**というものであった。そのため，この手法は問答法あるいは助産術★3と呼ばれている。

★3 ソクラテスの母親は，今でいう助産師だったと伝えられている。

3 **ソクラテスの刑死**　世俗的な欲望に囚われた多くの市民

にとって，矛盾を執拗に突いてくるソクラテスは目障りな存在となっていった。そのような市民が共謀してソクラテスを裁判にかけ，「国家の神を信仰せず，青少年に悪い思想をふきこみ堕落させている」という罪で，死刑判決を下した。ソクラテスは脱獄を勧める友人の誘いを断り，判決に従って死ぬことを選んだ★4。「不当な判決であれ，不正に不正で返すことはできない。**不正を犯すことは，自分の魂を傷つけることになる**」というのが，ソクラテスの揺るぎない信念であった。

★4 当時のポリスにおける死刑は，与えられた毒にんじんを飲み干すというものだった。

❷プラトン　プラトンはソクラテスの弟子で，若い頃は政治家を志していた。だが師の刑死に遭遇して政治に失望し，哲学者への道を歩み始めた。

▲プラトン

1 **二元論――イデアは現実とは別次元に存在する**　プラトンは自分たちが生きている不完全で変化する現実界とは別の次元に，**完全で変化しない理想の世界**，イデアの世界があると考えた。私たちの魂はかつてイデア界にいたが，魂内部の調和に失敗してイデア界から現実界に転落し，肉体に閉じ込められてしまった★5。現実界の魂は故郷とでも言うべきイデア界を絶えず想起し（アナムネーシス★6），イデア界を目指そうとする。イデア界への思慕の情を，プラトンはエロースと呼んだ。

★5 プラトン（紀元前427～紀元前347年）は魂を不死・不滅のものと考え，死は魂が肉体から解放されることであるとした。

★6 プラトンは知識を得るということを，魂が本来持っているイデアの記憶を想起することだと規定した。

2 **善のイデア**　現実界のあらゆる事物はイデア界の不完全なコピー，影に過ぎない。そしてあらゆるイデアの中で，**善のイデアこそが最高のもの**である。イデア界は感覚でとらえることはできないが，**理性で認識することができる**。イデア界を認識できるのは，理性をよく働かせることができる哲学者だけだとプラトンは確信した。

現実とは別次元に理想があるという考えは，それこそ非現実的に思えるかもしれない。ただプラトンの思想からは，現状に満足せず理想を追い求める生き方を学ぶことができる。

3 **魂の調和と正義**　プラトンは人間の魂を理性・気概・欲望という3つの部分に分け（魂の三分説），魂を2頭立ての馬車に喩えた。御者が理性，良い馬が気概，悪い馬が欲望である★7。御者は良い馬と協力して，悪い馬を制御し

★7 理性を魂の主体とするのは，人間を理性的動物と見る古代ギリシアの価値観の反映である。

ようとする。制御に成功すれば御者すなわち理性は知恵という徳を，良い馬すなわち気概は勇気という徳を，悪い馬すなわち欲望は節制という徳を備える。**知恵・勇気・節制が調和した状態**が正義という徳である。この知恵・勇気・節制・正義を，プラトンは四元徳（しげんとく）と呼んだ。制御に失敗すると理性は統率力を失い，気概は衰退し，欲望が魂を支配する無秩序な状態となる。これが不正である。

4 **国家の調和と正義**　プラトンは国家においても，魂と同様の三分説を唱えた。

知恵を多く備えた者が哲人（てつじん）(統治者)，勇気を多く備えたものが軍人，節制を多く備えた者が生産者である。知恵を持つ哲人が国家を統治し，勇気を持つ軍人が国家を外敵から防衛し，生産者が節制しながら労働に励む。三者がそれぞれの徳を発揮して自分の役目を果たすとき，国家に正義が実現する。

プラトンの理想は，哲人が統治する哲人政治であった。★8

★8 プラトンは師のソクラテスを死に追いやった民主政には，一貫して否定的だった。

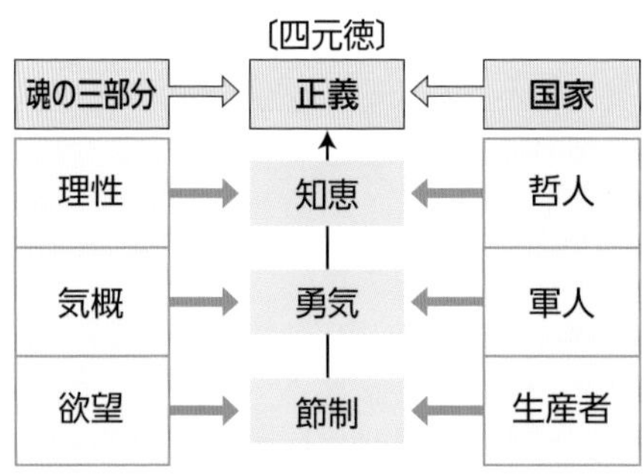

▲魂・国家と四元徳

❸アリストテレス　アリストテレスはプラトンの弟子である。その思索（しさく）・研究はあらゆる分野に及んでおり万学の祖（ばんがくのそ）と呼ばれている。

1 **一元論 ―― イデアは現実の中に存在する**　プラトンは個々の事物とは別次元の，感覚ではとらえられないイデアのみが本質，真の実在としたが，アリストテレスは**感覚でとらえられる個々の事物こそが実在**であり，イデアという本質は個々の事物の中にあると考えた。例えば，実際に目の前に建っている家屋とは別次元に「家屋のイデア」

があるのではなく，家屋の本質はその家屋のうちにある。

アリストテレスは個々の事物に内在された本質を形相(エイドス)と呼び，形相と素材(家屋であれば木材や鉄筋など)にあたる質料(ヒュレー)とによって，事物の成立を説明した。

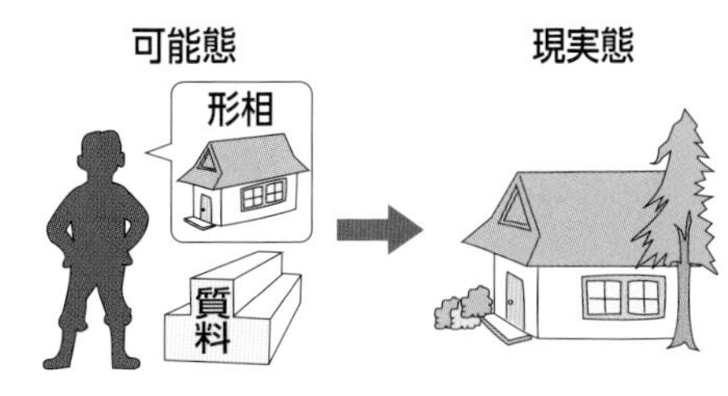

▲可能態と現実態

すべての事物は，**質料のうちに可能性として内在する形相が実現した**ものである。可能性にとどまっている段階が可能態(デュナミス)，可能性が実現した段階が現実態(エネルゲイア)である。★9

★9 アリストテレス(紀元前384～紀元前322年)は自然全体を，多様な形相・質料が関連しながら可能態が実現していくものととらえた。これを目的論的自然観という。

2 **徳と中庸**　徳を魂・理性の優れたあり方と考えた点は，プラトンとアリストテレスに共通している。アリストテレスはさらに踏み込んで，徳を知性的徳と倫理的徳に区分した。

① **知性的徳**　知恵，思慮など。

▶理性を純粋に働かせ，真理という幸福を求める観想(テオーリア)的生活★10によって身につく。

② **倫理的徳**　正義，友愛など。

▶過不足をさけた中庸(メソテース)において成立するが，身につけるには中庸を選択し続けることの積み重ね(習慣化)が不可欠とされる。

中庸とは単に真ん中というものではなく，**理性の働きで選ばれた最善の選択**を指す。中庸の食事といえば適量の食事を指すが，育ち盛りの高校生と後期高齢者とでは，当然ながら適量の「量」は同じではない。

	不足	中庸	過剰
平静	臆病	勇気	無謀
快楽	無感覚	節制	放埒
金遣い	ケチ	気前のよさ	浪費
名誉	卑屈	高邁	虚栄
怒り	腑抜け	温和	短気

▲中庸の具体例

★10 観想的生活は人間が目指すべき最高善とされる。

3 **正義とは**　プラトンにとっての正義とは，知恵・勇気・節制が調和した状態であったが，アリストテレスはより現実的な定義・区分を試みている。

正義は，広義の正義である全体的正義と，狭義の正義である部分的正義に分けられる。

① **全体的正義**　ポリスの法を守って秩序を維持すること。

② **部分的正義**　ポリス市民を公平に扱うこと。

部分的正義はさらに，配分的正義と調整的正義[★11]に区分される。

▶**配分的正義**　各人の働きや功績に応じて，財や名誉を与えること。

▶**調整的正義**　市民間の利害・得失(とくしつ)が均等になるよう，裁判などで調整すること。社会的な格差拡大が指摘(してき)される現代において，この正義論に学ぶことは少なくない。

★11 不公平な状態を公平な状態へ矯正(きょうせい)する正義であり，矯正的正義と呼ぶこともある。

補説 **ソフィストの相対主義**　当時のポリスで大きな影響力を持っていたのは，ソフィスト[★12]と呼ばれる知識人たちであった。彼らは家庭教師として，市民に弁論術を教えていた。その特徴は**普遍的な真理を否定**し，何が真理であるかは各人の主観によるという**相対主義**を唱えたことである。一方で，相手を説得・論破すればいいとばかりに，揚(あ)げ足取りなど弁論のテクニック習得に走る者も多かった。その点は，ソクラテスの問答法と大きく異なる。

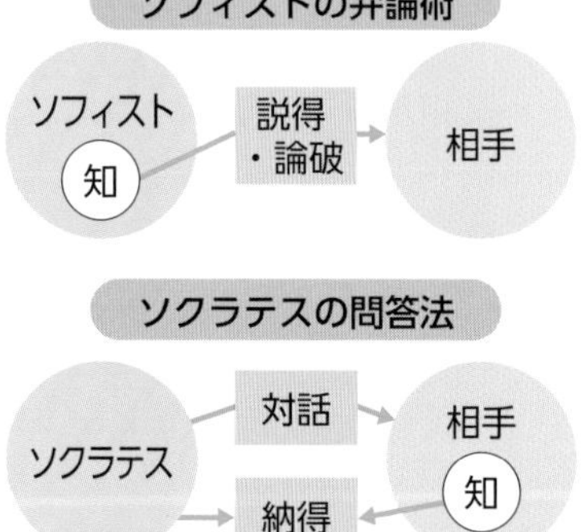

▲弁論術と問答法

[実在と現実]

① プラトン…二元論「実在は別次元にある」。

② アリストテレス…一元論「実在は現実の中にある」。

★12「ソフィア(知恵)のある人」という意味。

2 ヘレニズムの哲学

ソクラテスやプラトン，アリストテレスは，**人はポリスの一員として，いかに生きるべきか**を問題にした。しかし，アリストテレスの教え子でもあったアレクサンドロス大王が率いるマケドニア王国の成立によってポリスの自立が奪われていく中で，ポリスを離れて**個人としての生き方**を求める哲学が立ち上がった。それがヘレニズムの哲学[★13]である。

★13 ギリシア文化と東洋のオリエント文化が融合する中で生まれた哲学。

❶エピクロス――隠れて生きよ

不幸の原因は人間の内部ではなく，外部からもたらされるというのが，エピクロスの基本的な考えであった。具体的には煩(わずら)わしい人間関係である。そこでエピクロスは，公的な生活から引退して田舎にこもり，のんびりと**自給自足の生活**を送ることを，「隠れて生きよ」という言葉を用いて人々に勧めた。そして，その結果としてもたらされる魂の平安を，アタラクシア[★14]と呼んだ。

とはいえ「孤独」になることを勧めたわけではなく，少数の**親しい友人との交流は望ましい**ことだとした。

エピクロスの思想は快楽主義と呼ばれるが，その快楽は刹那(せつな)的・衝動的なものではなく，**永続的・精神的なもの**とされた。

★14「魂がかき乱されないこと」という意味がある。

▲エピクロス

▲ゼノン

★15「不動心」とも訳される。

❷ゼノン——自然に従って生きよ

不幸の原因は人間の内部，魂に潜む情念(欲望，快楽)だというのが，ゼノンの基本的な考えであった。一方でゼノンは，自然全体をロゴス(理性)が支配する世界だと考えた。人間も自然の一部として，理性を分有(ぶんゆう)している。その理性を正しく使って情念を抑制すれば，情念のないアパテイア[★15]という理想の境地に達すると説いた。

ゼノンの思想は禁欲主義と呼ばれるが，あらゆる情念を否定したわけではなく，親愛の情など**よい情念は尊重(そんちょう)される**べきだとしている。

また，**すべての人間は理性を持つがゆえに平等**だとするゼノンの思想は，近代自然法思想にも影響を与えた。ゼノンを創始者とするストア派は，ロゴス(理性)のもとにすべての人間(市民)は平等であるとする世界市民主義(コスモポリタニズム)のパイオニアでもあった。

POINT!

[ポリスの市民と個人]

① ポリスの哲学…理性的，合理的にポリス市民の普遍的真理を求める。

② ヘレニズムの哲学…ポリスを離れて「個人の幸福」を考える。

2 | 世界の宗教

1 ユダヤ教とキリスト教

ユダヤ教はキリスト教の母胎(ぼたい)である。

❶ユダヤ教——一神教の民族宗教

[1] **裁きの神**　ユダヤ教はユダヤ人(イスラエル人)の民族宗教[★1]である。唯一絶対の神ヤハウェを信仰する一神教で『旧約聖書』[★2]を教典(きょうてん)とする。天地創造から始まる壮大な叙事詩であり，モーセやダビデ，ソロモンら指導者が活躍

★1 特定の部族・民族だけが信仰する宗教。インドのヒンドゥー教や日本の神道(しんとう)などが例。

★2 もともとはユダヤ人の言語であるヘブライ語で記された。

する歴史書でもある。

「旧約」とは，後のキリスト教から見て「古い契約」という意味でそう呼ばれた。ユダヤ教の本質は神とユダヤ人との契約である。そのため契約宗教と呼ばれるが，これは後述の**キリスト教，イスラーム(イスラム教)も同じ**である。

ヤハウェは宇宙万物をつくった創造主とされる。また，ヤハウェはユダヤ人に神の命令である律法(トーラー)を授け，律法を守れば終末の日に救いを与え，守らなければ破滅させるという**裁きの神**とされている。感情を持つ人格神でもある。

2 **選民思想**　多民族による支配など歴史的に苦難の道を歩んできたユダヤ人は，自分たちは神に選ばれた民であり(選民思想★3)，今の苦しみは将来の救いの代償(だいしょう)であると考えた。

★3 自民族のみが優秀だというエリート意識ではなく，神から選ばれた民族は神が与えた義務を果たす責任があるという考えのこと。

その考えはユダヤ人にとって，精神的支えとなった。だが時代を経るに従って，律法の厳しさについていけない者，律法を形式的に遵守(じゅんしゅ)さえすれば良いと考える者が増えていった。そういう時代に登場したのが，大工の息子であるイエスであった。

▲シナゴーグ
ユダヤ教の礼拝のための会堂

❷キリスト教――一神教の世界宗教

1 **赦し(ゆる)の神**　イエスはキリスト教の開祖とされるが，イエス自身にその自覚はなかった。イエスはむしろ誠実なユダヤ教徒として，ただ表面的に律法に従うよりも，律法の中に込められた神の声に耳を傾け，神の声に心から従う**内面の信仰こそが大切だ**と説いたのである。律法を破るべきだとは言っていない。

イエスは神の愛を**無差別・無償**の愛(アガペー)であるとし，その愛を受けた人間はお互いに愛し合う隣人愛を実践すべきだとした。隣人にはユダヤ人以外の者も含まれる。イエスが説いた神も唯一絶対神のヤハウェではあるが，それは**赦し(ゆる)の神**であった。

2 **イエスの死**　この教えは貧しい者や病人，売春婦を含む女性など弱者の心に響いたが，ユダヤ教の指導者からは反発を受けた。ソクラテスに論破された市民がソクラテスを裁判にかけたように，ユダヤ教指導者はイエスを当時の支配者であるローマ帝国に「帝国への反逆者」であると訴え，十字架上の刑に処した。

3 **イエスの復活**　『新約聖書』★4の「四福音書」★5は，イエスは刑死後の日曜日に復活して弟子たちの前に現れ，その後昇天したと伝えている。ここから，イエスは神が人類に遣わしたキリスト(救世主)だという信仰が誕生した。この新しい信仰を持つ者たちがキリスト教を生み出すことになる。原始キリスト教の誕生とも言われ，この段階でイエスはキリスト教の開祖となった。その後も，ローマ帝国やユダヤ教指導者からの迫害は続いた。

★4 当時の国際語であるギリシア語で記述された。『旧約聖書』とともにキリスト教の教典となっている。

★5 イエスの言行を伝える「マタイ伝」「マルコ伝」「ルカ伝」「ヨハネ伝」からなる。

補説 **イエスが寄り添った病人**　イエスが寄り添った病人の中には，当時も差別されていたハンセン病★6患者がいた。日本においてもハンセン病患者への差別があり，イエスの行動を現代に引き寄せて考える必要がある。

★6 らい菌によって，引き起こされる感染症。

▲十字架のイエス

▲カタコンベ
初期キリスト教の地下墓地である。

4 **パウロ**　『新約聖書』によると，保守的なユダヤ教徒として原始キリスト教徒を迫害していたパウロはある日突然回心★7し，イエスの死について必死に考え，ある結論に達した。すべての人間は，神の目から見れば不完全な罪人★8である。神はすべての人間を裁く代わりに，**神の子イエスを犠牲(生け贄)にすることで人間の罪を贖った(贖罪)**。これは神が人間を赦した証であり，イエスの贖罪による

★7 根本的に立場を変えることであり，「改心」よりも大きな変化。

★8 キリスト教では，万人が生まれながらに原罪と呼ぶべき罪を負っていると考える。

神の赦しを信じる者だけが救われる。これがパウロの結論だった。

パウロはその教えを広めるため，**各地を伝道**して歩いた。最期はローマ帝国によって殺害された(殉教(じゅんきょう)した)と言われているが，ここにキリスト教はユダヤ教という**民族宗教の枠を完全に脱して，世界宗教への道を踏み出し**たのである。

▲捕われのパウロ

▼ユダヤ教とキリスト教

	ユダヤ教	キリスト教
民族	ユダヤ人の民族宗教	世界宗教
教典	旧約聖書	旧約聖書・新約聖書
特色	選民思想・律法主義	神の愛(アガペー)・隣人愛

2 イスラーム(イスラム教)――一神教の世界宗教

イスラームは自らを，ユダヤ教・キリスト教の後継者・完成者と位置付ける宗教である。

❶ムハンマドへの啓示(けいじ)　開祖ムハンマドはアラビアの商人であった。40歳のころ瞑想(めいそう)をしていたとき，神アッラー[★9]の声を聞き，自分は神の言葉を伝える預言者(よげんしゃ)[★10]であるとの自覚を抱いた。ムハンマドはアッラーを，**ユダヤ教徒やキリスト教徒が信仰する唯一の創造神と同じ神**だと考えた(これについてはユダヤ教徒，キリスト教徒は絶対に認めないので，イスラームの片想いという面がある)。

ムハンマドは，ユダヤ教のモーセやキリスト教のイエスを自分に先立つ預言者とし，**自分が最大にして最後の預言者**だという自覚を持った(この点もユダヤ教徒・キリスト教徒にとって同意できないところである)。そして，その信仰を広めようとしたが，多神教の風土においては激しい迫害を受けた。だがそれに屈せず聖戦(ジハード)と呼ばれる戦いの末，630年にはメッカを征服し，ここをイスラーム最大の聖地[★11]とした。

★9 アラビア語で神を指す。アッラーという名前の神がいるのではない。

★10 神の言葉を預かる者。未来を予測する「予言者」ではない。

★11 他にメディナ，エルサレムもイスラームの聖地とされる。

▲『クルアーン』

❷イスラームの教え　ムハンマドがアッラーの言葉を記したものが，教典『クルアーン(コーラン)』★12である。『クルアーン』によれば，終末の日にアッラーによる最後の審判が下される。生前，アッラーの教えを守っていた者は楽園という天国に導かれ，そうでなかった者は地獄に落とされる(ここは，ユダヤ教・キリスト教と重なる)。

『旧約聖書』『新約聖書』の一部も教典として扱われるが，イエスを救世主あるいは神の子であるとは認めない。

★12 アラビア語で「読誦するもの」という意味。

❸偶像崇拝の禁止　イスラームにとってアッラーは唯一絶対の存在であり，人間が絵や彫刻などで表現することはできない。そのため，それらを信仰する**偶像崇拝は禁止**されている。キリスト教世界で，イエス生誕や処刑の絵画が数多く描かれたのとは対照的である。

アッラーの前では性別や民族にかかわらず，すべての人は平等であるとされる。これはユダヤ教・キリスト教も同じであるが，イスラームはさらに徹底して，神父・牧師のような**聖職者の存在も否定**している★13。

❹聖俗一致・政教一致　『クルアーン』をベースにしたイスラーム法「シャリーア」★14は，政治や司法，経済取引，結婚や相続など社会規範を定めている。

結婚では，一夫多妻制を認めている。経済では，お金を貸して**利子を取ることを禁止**しており，現代でもイスラーム国家の銀行はこれを守っている。豚肉を食べることや飲酒は認められていない。

聖と俗，政治と宗教は分かち難く結びついており，イスラームは人間生活のすべてを貫く宗教として徹底している。

★13 宗教的指導者は聖職者ではなく，イスラーム法の学者である。

★14 現代でもシャリーアを，立法府の法律より上位に置く国がある。

❺信徒の義務　イスラームでは信徒に信仰上の義務である六信と，行動上の義務である五行を課している。

1 六信

① **神**　唯一絶対神アッラーを信じること。

② **天使**　諸天使を信じること。

③ **教典(聖典)**　諸経典を信じること。

④**預言者**　預言者を信じること。

⑤**来世**　最後の審判を経て行く天国あるいは地獄を信じること。

⑥**天命**　万物事象はアッラーの意志によるものだと信じること。

2 五行

①**信仰告白(シャハーダ)**　「アッラーをおいて神はなし。ムハンマドは神の使徒なり」と唱える。

②**礼拝(サラート)**　1日5回，メッカの方に向かい行う。

③**断食(サウム)**　イスラーム暦9月(ラマダーン)の，日の出から日没まで，一切の飲食を断つ。★15

④**喜捨(ザカート)**　貧者に施しをするための救貧税。

⑤**巡礼(ハッジ)**　メッカのカーバ神殿に巡礼する。

▲メッカのカーバ神殿のまわりを回る巡礼者

★15 病人は免除される。

3 仏教——悟りと慈悲をめざして

仏教は**神なき宗教**である。

❶開祖ゴータマ=シッダッタ　仏教の開祖は，**釈迦族**★16の王子として生まれたゴータマ=シッダッタである。若いころから人生の意味に悩んだゴータマは，29歳のときに出家して苦しい修行を続けたが，心の安寧からはますます遠ざかった。そのため苦行をやめ瞑想を行い，35歳のときに悟りを開いた。それ以降，**ブッダ(真理に目覚めた者)**と呼ばれるようになった。

漢字で記せば仏陀であり，日本では仏とも称される。

★16 日本でブッダのことをお釈迦様というのは，その出身からきている。

❷悟りへの道　ブッダは人生の苦しみを，**四苦八苦**という言葉でまとめている。

1 四苦　生老病死の4つ。生きていれば必ず老いて病にかかり死ぬ。四苦と以下の4つを合わせて，八苦となる。

①**愛別離苦**　愛する人とも，いつかは別れなければならない。

②**怨憎会苦**　憎い人とも会わなければならない。
③**求不得苦**　求めるものは得られない。
④**五蘊盛苦**　5つの要素[★17]からなる心身の苦悩を逃れることができない。

▶ブッダは苦しみの原因を，**普遍的な真理に対する無知**(無明)であると考えた。真理に達するには，真理とは何かを明らかにしなくてはならない。そこでブッダは，真理を四法印という形で以下の4つにまとめた。

★17 五蘊とは物質(色蘊)，感覚(受蘊)，知覚(想蘊)，意志(行蘊)，判断(識蘊)という5つの要素。

2 四法印
①**一切皆苦**　人生は様々な苦しみに覆われている。
②**諸行無常**　この世に生まれ出たものは，いつかは必ず消滅する。
③**諸法無我**　この世に生まれ出たもので，不変の実体を持つものはない。
④**涅槃寂静**　煩悩の炎が消え，心が平安で満たされた状態。

▶このうち①が現実，④が理想，②③が現実から理想へ至るために理解すべき真理ということになる。その真理は，縁起法[★18]とも呼ばれる。

▲釈迦苦行像

❸四諦と八正道　どうすれば真理，縁起法を理解できるのだろうか。ブッダが勧めるのは，**快楽と苦行の双方を排除した中道の修行**である。この修行は，八正道[★19]と呼ばれている。

八正道を実践するために会得しておくべき，仏教の4つの真理が四諦である。
①**苦諦**　人生は苦しみに満ちている。
②**集諦**　その原因は，欲望が心に集まっていることにある。
③**滅諦**　欲望を打ち消せば，涅槃の境地に至る。
④**道諦**　そのための正しい修行の道がある。

▶四諦を理解すれば自ずと正しい修行を実践し，その結果として四法印を自分のものにするということになる。それが悟った状態である。

★18 すべての事物には，成り立つ原因があるという道理。
★19 正見・正思・正語・正業・正命・正念・正定・正精進の8つ。

❹悟りと慈悲　悟る(仏になる)ということは**自分への執着，こだわりがなくなる**ということである。それは**自分と他者との区別がなくなる**ということだから，自分を愛するように，他者を愛することができる。この愛を，ブッダは慈悲[★20]と呼

★20 慈悲の対象は人間だけではなく，あらゆる生命に及ぶ。

んだ。つまり悟ることと，慈悲を実践することは1つなのである。

▲孔子

▲孟子

補説 **古代中国思想** 古代中国においても宗教ではないが，宗教的色彩を帯びた思想が広まった。思想家集団としては，**儒家**(じゅか)と**道家**(どうか)に大別される。

儒家の祖は**孔子**(こうし)である。孔子は人が身につけるべき徳として**仁**(じん)を挙げた。仁は**肉親に対して生まれる自然な情愛**を出発点にして，それを次第に他者へ広げていく人間愛である。その愛が態度・行動となって外面に現れたものが**礼**(れい)であるとした。そして，仁と礼を極めた君子が徳を持って人民を治める**徳治主義**(とくち)を，政治の理想とした。孔子から1世紀遅れて登場する**孟子**(もうし)は**性善説**(せいぜん)を強調し，**天命を受けた君子による人民本位の政治**こそ，理想の**王道政治**(おうどう)だと主張した。

これに対して**道家**(どうか)の**老子**(ろうし)は作為を嫌い，**天地万物を貫く道**(タオ)に従う**無為自然**(むいしぜん)を理想とした。大国主義にも反対し，少ない人口が自給自足の生活を営む**小国寡民**(しょうこくかみん)を目指すべきだとした。さらに**荘子**(そうし)は人間の**小賢しい価値観を捨て**(こざか)自然に身を委ねる生き方を理想とした。

端的に言って儒家は支配する側の論理，道家は支配・被支配を超えた論理と言うことができる。

▲老子

▲荘子

[宗教・古代中国思想]

① ユダヤ教・キリスト教…唯一絶対神ヤハウェを信じる一神教。

② イスラーム…唯一絶対神アッラーを信じる，より徹底した一神教。

③ 仏教…悟り(さと)と慈悲(じひ)を目指す神なき宗教。

④ 古代中国思想

▶ 儒家…徳に基づく君子の政治を理想とする。

▶ 道家…自然な生き方を理想とする。

近代思想の発展

▶ 中世までのヨーロッパにおいては，世俗権力と癒着(ゆちゃく)したカトリック教会が人々の思考に枠をはめていた。だがルネサンスと宗教改革がその枠を打ち破ったことで，思考の幅が劇的に広がった。そして，人間の理性を肯定(こうてい)することを前提とした，多様な思想が発展していくのである。

1｜中世の閉幕

1 ルネサンス

▲フィレンツェ大聖堂

14世紀から16世紀にかけて，フィレンツェやミラノなどイタリア北部を中心に商業が発達した。豊かになった市民は，死後の天国で救われるよりも**現実の世界で幸福になる**ことを望むようになる。そこで市民たちは，神中心の禁欲的な世界観が確立する以前の，**古代ギリシア・ローマ文化を復興(ふっこう)させよう**とした。この運動がルネサンス[★1]と呼ばれる。この運動はやがて，イタリアを越えて全ヨーロッパへ広がっていくが，人間への信頼という側面は一貫している。

★1「再生」「復興」を意味するフランス語。

❶ピコ＝デラ＝ミランドラ――人間は自由意志を持つ

人文主義者[★2]のピコ＝デラ＝ミランドラ[★3]は，「人間の運命が神によって定められている」というカトリック教会の教えを否定した。人間は**自分の人生を完全な自由意志によって決定できる**。欲望に流されれば獣(けもの)に近い存在になるし，理性を発揮すれば神に近い存在になる。後者の道を選ぶところに，人間の尊厳があると説いたのである。

ピコは無神論者(むしんろんしゃ)ではない。人間は信仰を持たない自由もあり，そこで**敢(あ)えて持つ信仰の尊さ**を強調したのである。

▲ピコ＝デラ＝ミランドラ

★2 ヒューマニズム(humanism)の訳であるが，「人間中心主義」という意味と考えて良い。

★3 ピコ＝デラ＝ミランドラ(1463~94年)の代表作は『人間の尊厳について』。

❷マキャベリ――政治と宗教・道徳の分離　政治学者のマキャベリ★4は，君主に必要なのは信仰や良心ではなく，決断力と実行力であると考え，それを「キツネのずる賢さとライオンの力強さ」に例えた。それまでの，立派な信仰がなければ神に導かれる良い政治はできないというカトリックの教えを否定したのである。これは**政治と宗教・道徳の分離**という，画期的な視点だった。

マキャベリは「君主は統治のためには，あらゆる権謀術数(けんぼうじゅっすう)を用いるべきだ」とも述べている。混乱した社会で人々が不幸になるよりは，君主が**恐怖と暴力**を用いてでもしっかりと統治した方が良いという，後のホッブズらにもつながる思想である。マキャベリ自身は一般的な政治論を説く意思はなく，あくまでイタリアの混乱を鎮(いさ)めることが目的だった。

★4 マキャベリ(1469～1527年)の代表作は『君主論』。

▲マキャベリ

❸レオナルド＝ダ＝ヴィンチ――典型的な万能人(ばんのうじん)(普遍人)

人間への信頼が高まったルネサンスの時代には，自己の能力をあらゆる方向へ全面的に開花させた万能人(普遍人)が理想とされた。

万能人の代表ともいえる人物が，レオナルド＝ダ＝ヴィンチ★5である。絵画「モナ＝リザ」で有名だが，絵画以外にも人体解剖(かいぼう)やヘリコプターの設計，要塞(ようさい)建設など幅広く才能を発揮した★6。

▲レオナルド＝ダ＝ヴィンチ

★5 レオナルド＝ダ＝ヴィンチ(1452～1519年)はイタリア生まれであるが，晩年はフランス王の庇護(ひご)を受けて，フランスで暮らした。

★6 今の日本に生まれていれば，現役で東大文Ⅰ，東大理Ⅲ・東京藝大(げいだい)に同時合格し，翌年には司法試験を突破し，芥川(あくたがわ)賞・直木賞をダブル受賞し，オリンピックで金メダルを取った，かもしれない。

2 宗教改革

カトリック教会の堕落(だらく)に反発して起きた運動が，宗教改革である。ドイツやスイス，イギリスなどで展開された。ルネサンスとは正反対に**人間の無力さを強調**し，徹底した神中心を唱えた。だがカトリック教会の権威を打ち砕いたことで，ルネサンスと同様，近代への扉を開く大きな契機となった。

❶ルター――信仰によってのみ救われる　当時のカトリック教会は贖宥状(しょくゆうじょう)というお守りを売り出し，これを買えば罪が許されるとした。ドイツの神学者ルター★7は「貧しくて買えない者は救われないのか！」と抗議の声をあげた。ここに宗教改革の狼煙(のろし)があがったのである。

1 **信仰義認説**　罪深い人間は，**神の愛に触れなければ救わ**

★7 ルター(1483～1546年)がまとめた抗議文が，『95カ条の意見書』である。

れない。それはカトリックもルターも同じである。教会で神父の説教を聞き，秘蹟(ひせき)を受けることによってのみ神の愛に触れることができるというのがカトリックの教義であった。

それに対してルターは，行為よりも**内面の信仰によってのみ，人は義と認められる**ことを強調した。これはパウロの考えを踏襲(とうしゅう)したものである。

▲ルター

2 **聖書中心主義** ルターは「聖書には神の言葉が書かれているのだから，**聖書を読めば神の愛に触れることができる**★8」とした。また，信仰によってのみ救われるという点では聖職者も一般の信徒も同じであり，等しく神に仕える存在だという万人司祭説(ばんにんしさい)★9を唱えた。

★8 ルターは民衆のために，新約聖書をドイツ語に訳した。

★9 ドイツ語さえ読めない者は，教会で牧師に読んでもらうことを勧めているので，教会や聖職者を全否定したわけではない。

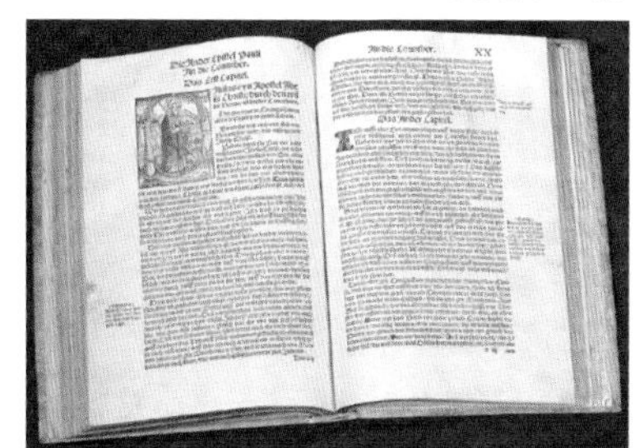

▲ルターのドイツ語訳聖書

❷カルヴァン――予定説 カルヴァン★10はルターの思想を発展させ，スイスのジュネーブで宗教改革を進めた。

★10 カルヴァン(1509～64年)は『キリスト教綱要(こうよう)』でカトリック批判を展開した。

1 **予定説** カルヴァンは，**救われる者と救われない者は神によって定められている**という予定説を主張した。カトリックのように贖宥状(しょくゆうじょう)を買っても，あるいは買わなくても，さらにルターが勧めたように聖書を読んでも，あるいは読まなくても，神の予定を変えることはできない。人間は神の救いを，ひたすら信じて生きるしかないのである★11。

▲カルヴァン

2 **神の道具** カルヴァンは職業を，神が**自らの栄光を俗世間(ぞくせけん)で表すため人々に与えたもの**だと考えた。人間が勤勉に働くことは，神の意志を実現することにつながる。

人間が「自分は**神の意志を実現するための道具**である」との自覚を持って働けば，神の救いを信じることができるのである★12。

★11 カルヴァンはルター以上に，人間を無力な存在だと規定した。

★12 働けば必ず救われる，という保障はない。

補説 **民主主義，資本主義の源流** 宗教改革では人間を神のために働く存在だとした。つまり人間は教会や国王，封建領主のために働くのではない。この考えは，**近代民主主義につながる**ものである。またカトリック教会という信仰共同体を揺さぶり，内面で神と向き合うことを促した。一対一で神と向き合う中で，近代的な**個人の自覚**が生まれた。ここにも近代民主主義の源流を見ることができる。

さらに，ルネサンスが万能人を理想としたのとは異なり，宗教改革では(神が与えた)職業に専念する職業人が理想とされた。これは**資本主義につながる**ものだった。

3 科学革命

中世末期から近代初期にかけては，現代の自然科学を基礎づける発見・発明が相次いだ。普遍的な法則の発見は，「自然界に法則があるのであれば，人間の世界にもあるはずだ(あるべきだ)」という思考を強化することへとつながっていく。

❶**天動説から地動説へ** それまでの教会は，地球を中心に天体が回るという天動説を，聖書の解釈に照らして当然の真理としていた。それに対してポーランドの天文学者コペルニクス★13は，**太陽を中心に地球やその他の惑星が回る**という地動説を唱えた。だが厳密な天文観測の結果ではなく，星占いには地動説の方が都合良いと考えたという面が強い。そのため，惑星の公転軌道を真円とするなどの限界が見られる。

後にドイツのケプラーが惑星の観測データをまとめ，惑星が太陽を中心に**楕円軌道**を描くなどのケプラーの3法則を発見した。

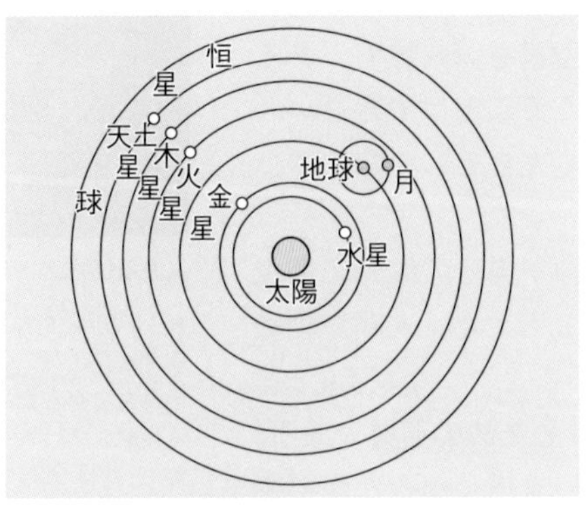

▲コペルニクスの宇宙体系

★13 コペルニクス(1473～1543年)はキリスト教を否定したのではなく，宇宙を創造した神の栄光を讃えるための科学を主張したのである。

▲コペルニクス

❷ガリレイと宗教裁判　イタリアの科学者ガリレオ＝ガリレイ[★14]は**自作の望遠鏡で天文観測を行い**，地動説を支持するに至った。だが著作『天文対話』の中に反カトリック的な記述があるとして，**宗教裁判**にかけられた。異端者として火あぶりの刑に処せられる恐れがあり，ガリレイは**自説を撤回**せざるを得なかった。

1992年にローマ教皇庁は誤りを認め，ガリレイの名誉を回復した。

★14 ガリレイ(1564～1642年)は天文観測の他，ピサの斜塔で物体落下の実験を行っている。

▲ガリレオ＝ガリレイの宗教裁判

❸機械論的自然観の確立　当時のヨーロッパで支配的だったのは，自然界の事物が究極の目的に向かって生成消滅していくとする**目的論的自然観**である。ルーツはアリストテレスだが，中世においては「神がすべての事物を動かす」というカトリックの考えが広まった。

イギリスの科学者ニュートン[★15]は，**万有引力の法則を発見**したことで知られるが，最大の功績は主著『プリンキピア』において，目的論的自然観を打破したことである。ニュートンは自然を，一定のメカニズムによって動く精密な機械のようなものだとして**機械論的自然観**を確立した。

機械を操作するのは人間である。自然が機械のようなものであれば，自然も人間が自由に操作できるということになる。この考えは，自然を人類福祉のために利用することにつながっていくが，環境破壊の種も潜んでいた。

★15 ニュートン(1642～1727年)は錬金術に凝るなど，怪しい一面も持っていた。

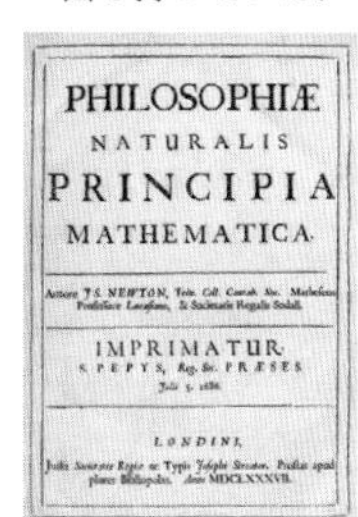

PHILOSOPHIÆ
NATURALIS
PRINCIPIA
MATHEMATICA

IMPRIMATUR
LONDINI,

▲『プリンキピア』

[反カトリックの動き]

①ルネサンス…人間の能力を信頼する。

②宗教改革…人間を無力な存在だとする。

▶ともにカトリック教会の権威・束縛を打ち破る役割を果たした。

2 | 近代哲学の開幕

▶ ルネサンスや科学革命によって自信を深めた人間は，確実な知の把握を目標とした。目標達成の手段として浮上した手法が2つある。1つはベーコンに代表されるイギリス経験論であり，もう1つはデカルトに代表される大陸合理論である。前者は経験の蓄積を，後者は理性の推論を重視する。

1 イギリス経験論――ベーコン

❶知は力なり　イギリスの政治家であり法律家でもあり哲学者でもあったベーコン★1は，人間生活向上のために自然を支配する知識が必要だと考え，「知は力なり★2」という言葉を遺（のこ）した。

▲ベーコン

自然を支配することは，自然に逆らうことではない。著書『ノヴム・オルガヌム(新機関)』で「自然は従うことなしには，支配できないのだ」と述べているように，まずは**自然から素直に学ぶことから始める**ことを呼びかけている。

★1 ベーコン(1561～1626年)は検事総長や大法官（だいほうかん）を務めた。収賄罪（しゅうわいざい）で失脚（しっきゃく）後は哲学に専念した。

★2 ここでいう力はpower(権力)ではなくweapon(武器)である。

❷イドラの排除　素直に学ぶためには，人間の内部にあるイドラ(偏見（へんけん）・錯覚（さっかく）)★3を排除する必要がある。ベーコンは4種類のイドラを指摘（してき）した。

★3 イドラ(idola)の本来の意味は「幻影（げんえい）・偶像（ぐうぞう）」。

1. **種族（しゅぞく）のイドラ**　人間の本性に根ざし，人間という種族に共通する感覚的な錯覚。
   (例)太陽は昼間よりも夕方の方が，大きいように見える。
2. **洞窟（どうくつ）のイドラ**　個人の生（お）い立（た）ちや視野の狭さから生じる，個人的な偏見。
   (例)「こしあんより，粒あんのほうがおいしい」と決めつける。
3. **市場（しじょう）のイドラ**　言葉の不適切な使用から生まれる錯覚，誤解。
   (例)デマかもしれないネット上の記述を鵜呑（うの）みにする。
4. **劇場のイドラ**　権威や伝統を無批判に受け入れる。
   (例)ホームレスと大学教授の証言が異なっていれば，後者を信じる。

❸帰納法の採用　正しい知識を獲得する手段としてベーコンが採用したのは，帰納法★4である。まず事例を様々な角度から注意深く収集し，偶発的で無関係な要素を取り除き，本質に迫る。こうして得られたものをさらに吟味し，多くの段階を経て**自然の隠れた構造**を発見するというものである。

それは口から糸を吐いて巣を作るクモのように，単に頭の中で独断や空論を構築するものではない。外から餌を運び込むアリのように，事実をただ寄せ集めるものでもない。帰納法とはミツバチが花から花へと飛びながら集めた蜜を消化して蜂蜜を作るように，**事実を集めながら，それらに共通する法則を取り出す**方法である。

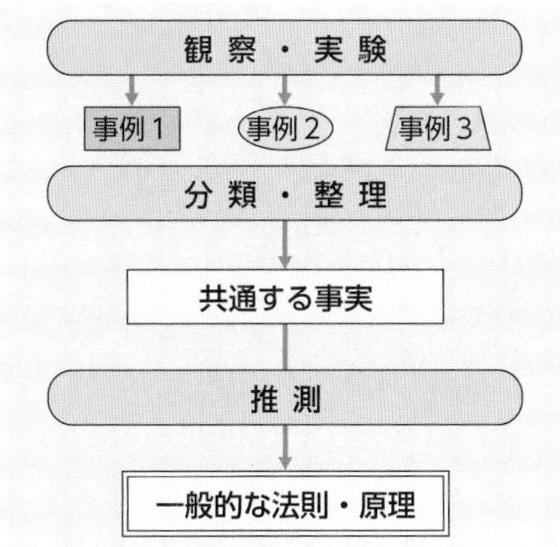

▲帰納法

★4 ベーコン以前にも帰納法は存在したが，それらは少数の事実のみで結論を導き出す雑な手法であった。

2 大陸合理論――デカルト

❶方法的懐疑　真理とはいつ，誰が，どのように疑っても疑う余地のない明確なものである。そう考えたデカルト★5は，知識や伝統，目に見えるものや，目という身体そのものまで，あらゆるものを疑った。これが，疑いうるものはすべて疑うという**方法的懐疑**である。

しかし，**疑っている自分は確実に存在する**。存在しなければ，疑うことさえできないはずだ。これが最も重要な真理である。

▲デカルト

デカルトはこの真理を主著『方法序説』で「**私は考える，それゆえに私はある（コギト・エルゴ・スム）**」と表現した。

★5 デカルト（1596～1650年）はフランスの哲学者であるが，オランダで20年間思索し，多くの書物を著した。

❷**精神と物体の二元論** この「私」とは身体から独立した精神，具体的には理性の働きである。デカルトは身体を含む物体と精神を，それぞれが独立した実体[★6]であると考えた。**物体は変化する**し，延長(空間的な広がり)を持つ。永遠の神が与えた**理性は不変である**し，理性には面積も体積もない。同じものが変化し，かつ，変化しないということはありえないので，物体と精神は別次元の存在ということになる。これはプラトンの二元論を，近代において再生したものである。

精神を脳の活動と考えれば，「脳死状態の人は既に物質である」として臓器摘出(てきしゅつ)を行う現代医療の思想的起源は，デカルトにあると言える。

★6 実体とは「それ自体で存在するもの」を指す。

❸**演繹法(えんえき)の採用** デカルトが採用した演繹法[★7]は，**明確・確実な法則や原理から，理性による推論を経て，結論を導き出す**方法である。「三角形の内角(ないかく)の和は180度」という法則があれば「四角形の内角の和は360度」「五角形の内角の和は540度」という結論が得られる。

★7 演繹法の例としては，幾何学(きかがく)の証明がある。

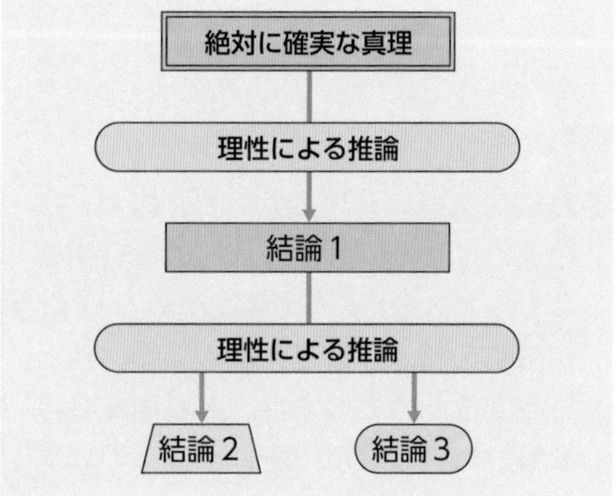

▲演繹法

デカルトは最終的に真理を得るための規則を，4つあげている。

1 **明晰(めいせき)の規則** いかなる疑う余地もなく，明らかに真理と認めたもののみを真理とする。
2 **分析の規則** 問題をできるだけ，小さな部分に分割する。
3 **総合の規則** それらのうち最も単純なものから始めて，次第により複雑なものへと推論を進める。
4 **枚挙(まいきょ)の規則** 推論の過程に見落としがないか，一つひとつ検証する。

POINT!
[経験論と合理論]
① イギリス経験論…経験の蓄積で正しい知識を得る。
② 大陸合理論…理性の推論で正しい知識を得る。

3｜近代哲学の集大成

▶イギリス経験論のように，経験だけで正しい知識を得られるのであれば，経験できないことは正しい知識ではないことになる。私たちは神を見たり触ったりできないのだから，経験論は信仰を否定する無神論(むしんろん)になりかねない。

一方の大陸合理論は，「理性で推論した結果だから正しい」という主張であるが，理性の存在を科学的に証明することはできない。合理論は独断論に陥(おちい)る恐れがある。つまり経験論も合理論も，大きな問題を抱えていた。

この両者を統合する形で問題を解決したのが，ドイツのカントである。そしてヘーゲルはカントを批判的に継承し，近代哲学を集大成した。

1 カントの批判哲学

❶**先天的な理性**　それまでの哲学は，人間の意識とは無関係に事物が存在することを前提としていた。その事物を感覚で認識することを重視するのが経験論であり，理性で認識することを重視するのが合理論である。

カント★1はこれを逆転させる★2。感性(視覚，聴覚などの感覚)と悟性(ごせい)(判断力★3)からなる先天的な理性が，認識できる事物のみを認識するのである。人間とは無関係に，りんごがあるのではない。まず感性が「赤い」「丸い」という情報をキャッチし，次に悟性が「これはりんごだ」と認識する。だが犬の目は，「赤い」という色を認識できないし，複眼(ふくがん)のトンボには，りんごは全く別の存在に写っているだろう。

つまり人間は，**自分の理性で認識できるものを心の中に形成しているだけ**なのである。理性を持つ人間にとってのみ，りんごはりんごとして存在する。

「見る」という経験がなければ，人間にとってりんごは存在しない。しかし，それをりんごだと判断できる理性がなければ，やはりりんごは存在しない。

❷**理性が持つ限界**　カントは人間が認識できるものを現象と呼んだ。これは認識した対象の一面ではあるが，全体像ではない。カントは全体像を物自体(ものじたい)と即物的(そくぶつてき)に表現した。りんごを見ることはできても，それはあくまでも人間の目によってとらえた像でしかない。また，見ただけでは中身の腐敗とか味などはわからない。**物自体を把握できるのは，**

▲カント

★1 カント(1724～1804年)はドイツ・ケーニヒスベルク大学で教授を務めつつ，批判哲学を樹立した。この「批判」とは「検証」「吟味(ぎんみ)」という意味である。
★2 カントはこれを「コペルニクス的転回」と自賛(じさん)した。
★3 感性が受け取った印象に一定の枠組みをはめて，一定の対象を構成する能力。

神だけである。

つまり理性が及ぶ範囲は，人間が経験できる範囲に限定される。神や魂，幸福などという分野をとらえることはできない。ただ探求するのみである。

古代ギリシア以来，多くの哲学は理性に無限の信頼を置いてきた。理性に限界があることを指摘したカントは，理性を否定する構造主義などが登場する以前の世界においては，画期的な存在であった。

[理性の限界]

①現象…認識できる。

②物自体…認識できない。

❸善悪の基準　人間は認識するだけでなく，行動もする。カントは理性[★4]の命令に従うことが，良い行動につながるとした。この命令を命法（めいほう）という。

★4 道徳的に行動するよう意志に働きかける理性のはたらきを，カントは実践理性と名付けた。

命法には以下の2種類がある。

1 **仮言（かげん）命法**　条件つきの命法。

（例）誉めてもらうため，電車内で高齢者に席を譲る。

2 **定言（ていげん）命法**　義務を重んじる無条件の命法（道徳法則）。

（例）正しいことだから，電車内で高齢者に席を譲る。

▶定言命法に従う行為が，道徳的に正しいとされる。「結果的に高齢者を楽にするのだから，いいではないか」という結果のみを重視する思考を，カントは無条件に却下（きゃっか）する。結果よりも**動機こそが重要**なのであり，結果に左右されない自律を重視した。

❹目的の国　カントは理性ある存在を人格と呼んだ。カントにとって他者は，自分と同じように尊い人格を持つ存在である。他者の人格は無条件に尊重（そんちょう）の対象であり，自分にとっての**手段としてのみ扱ってはならない**。人々が**相互（そうご）に人格を尊重しあう理想の社会**を，カントは目的の国と呼んだ。

国内で人と人が尊重しあうように，世界で国と国が尊重しあうことも望ましい。そのためには各国が**常備軍を全廃（ぜんぱい）**し，**国家の連合体**を形成しなければならない。この考え[★5]は20世紀に，国際連盟として実現する。

★5 この考えをまとめた著作が，『永遠平和のために』である。薄い本であり，一読（いちどく）を勧める。

2 ヘーゲルの弁証法

❶カント批判と人倫　カントの言う道徳や理性は，主観的・個人的なものに過ぎないと批判したのが，同じドイツのヘーゲル★6である。ヘーゲルは個人よりも，**共同体の一員としての人間**を重視し，共同体における倫理を人倫★7と呼んだ。

ヘーゲルが思考展開に用いた手法は，弁証法である。これはあるものが生まれ(正＝テーゼ)，他のものと対立し(反＝アンチテーゼ)，この対立・矛盾が原動力となって，両者がより高い次元のものに総合される動き(合＝ジンテーゼ)を通して，精神や社会が発展していくという論理である。

人倫は主観的な道徳(正)と，客観的な法(反)を止揚(総合)★8したものである。カントの道徳だけでは独断的になる恐れがあるというのが，ヘーゲルの懸念であった。また貧困などの社会矛盾を，個人の道徳だけでは解決できないという思いもあったのである。

★6 ヘーゲル(1770～1831年)は著書『精神現象学』『法の哲学』を通じて，人の自由と社会秩序の両立を訴えた。

★7 個人が持つ道徳ではなく，人類を貫く規範である。

★8 Aufheben(アウフヘーベン)。対立する2つのものを共に生かしながら，より高い次元で総合すること。

▲ヘーゲル

▲弁証法

❷人倫を完成する国家

1 **家族**　人倫が現れる最初の共同体が，家族である。これは今で言う家族ではなく，ほぼ**自給自足の封建的な村落共同体**を指す。ここでは個人は共同体に守られ，同時に縛られている。

2 **市民社会**　家族の中で束縛に耐えられず自由を求める者は，家族を飛び出して市民社会★9を形成する。もちろん家

★9 もはや自給自足には戻れないので，人々は経済を通じて結びつく。

族に留まった者もいたので，家族が消滅したわけではない。

市民社会は**自由競争社会**であり，個人は自己の欲求を満たすため自由に活動する。ヘーゲルによれば，市民社会は人倫の喪失態であり，利害のみで結合・離反する欲望の体系である。

3 **国家** 家族の暖かさと市民社会の自由という，双方の利点を実現してくれるのが国家[★10]である。ヘーゲルが理想としたのは古代ギリシアのポリスのような，どこまでが国家の領域でどこまでが個人の領域なのか，区別する必要がない共同体であった。**国家において，人倫は最高度に完成する。**

家族（正）
自然な愛情により結ばれた共同体
↓
市民社会（反）
各個人の自由な意思的結合（欲望の体系）
↓
国家（合）
家族（共同体）と市民社会（個人）との止揚（真の自由・道徳の実現）

▲人倫の三段階

★10 国というより，個人と社会を調整する国家権力と理解すべきである。

❸歴史は自由の実現 ヘーゲルは歴史を，**自由が実現していく過程**ととらえ，3段階に分けた。

1 古代オリエントのように，専制君主1人だけが自由な社会。

2 古代ギリシアのように，少数の市民が自由な社会。

3 近代ヨーロッパのように，すべての人が自由な社会。

▶そして，自由を実現する主体を絶対精神[★11]と呼んだ。この精神は一人ひとりの心の活動ではなく，人類の歴史を動かす主体である。

★11 これが実際に歴史を動かすと，世界精神と呼ばれる。

［理想の国家］

① カント…「人々が相互に人格を尊重する目的の国が，理想である」

② ヘーゲル…「人倫が最高度に実現する国家が，理想である」

4 | 功利主義の系譜

▶ 近代ヨーロッパでは，イギリスでも個人の利益と社会の利益の調和を目指す功利主義の思想が広まった。ヘーゲルと異なるのは国家を重視せず，個人の幸福を求める行動を前提としたことである。

1 ベンサム──量的功利主義

❶最大多数の最大幸福　ベンサム[★1]は行為における善悪の基準を，その行為が幸福を実現するために有効かどうか，つまり功利に置いた。幸福は個人が求める最高の価値である。社会の幸福は，**社会を構成する各個人の幸福の総和**であり，それがベンサムの言う「最大多数の最大幸福」である。ここでは，**快楽の量が重視されている**(量的功利主義)。

ベンサムは立法上・行政上の改革[★2]を進めることで，個人の幸福と社会の幸福の調和を目指した。

❷快楽計算　ベンサムは主著『道徳および立法の諸原理序説(じょせつ)』で，「自然は人類を**苦痛**と**快楽**という2人の主権者の支配下に置いた」と述べている。人間は皆，苦痛を避けて快楽を求めるのである。ここでは，「苦痛＝不幸」「快楽＝幸福」とされる。

行為の善悪は自他(じた)にどれだけの快楽をもたらすかで決まるのだから，行為の価値判断が主観的であってはならない。つまり，**快楽は量的に計算できる**[★3]ものであるべきだ。計算できるということは，その社会の幸福度がどれくらい高いか(低いか)を判定できるということになる。

❸四つの制裁　ただし，自己の快楽を求めて万人(ばんにん)が暴走すれば，社会の混乱は避けられない。そこでベンサムは，人間の行動に対するブレーキを想定した。これが四つの制裁[★4]である。

1. **物理的制裁**(自然的制裁)　肉体的苦痛。
   (例)暴飲暴食(ぼういんぼうしょく)で健康を損なう。
2. **政治的制裁**(法律的制裁)　報償(ほうしょう)や刑罰。
   (例)「万引きしたいけど，警察に捕まるとまずいから」と万引きをやめる。
3. **道徳的制裁**　社会的な非難。
   (例)派手なファッションで葬式には行かない。
4. **宗教的制裁**　天国や地獄の観念。
   (例)神罰を受けそうなことはやらない。

▶ベンサムはこの中で，**政治的制裁(法律的制裁)**が，最も**強力なブレーキ**になると強調している。

★1 ベンサム(1748～1832年)の思想は，日本の福沢諭吉(ふくざわゆきち)に大きな影響を与えた。

★2 この改革には，男子普通選挙の主張も含まれる(イギリスで実現したのは1918年)。

▲ベンサム

★3 計算の基準は，快苦の強さ・持続性・確実性・実現時期までの時間・多様性・純粋性・範囲の7つである。

★4 sanction(サンクション)。従うべき何らかの規範に行為が反したとき，加えられる圧力。

2 思想の歩み

2 ミル——質的功利主義

❶快楽の質　ミル★5はベンサムを崇拝した時期もあったが，快楽をすべて計算できるという考えには批判的であった。例えば他人のために自分を犠牲にするような崇高な行為は，そもそも計算できない。そして計算できない精神上の快楽は，物質的な快楽よりも質的に優れているのである。

ミルは快楽には高尚な快楽と下等な快楽とがあり，**下等な快楽を得て満足するより，高尚な快楽を得られなくても求めるべきだ**と主張した。「満足した豚よりも，不満足な人間のほうが良い。満足した愚者よりも，不満足なソクラテスのほうが良い」というミルの言葉は，人間の品位に相応しい精神的な幸福を重視するものと言える★6。快楽は**量より質が重んじられるべき**だ，と考えたのである(質的功利主義)。

★5 ミル(1806～73年)はベンサムより一歩進んで，女性参政権の必要性を唱えた(イギリス実現したのは1918年)。

★6 ミルは功利主義の理想を，イエスの黄金律(隣人愛の教え)に見いだした。

▲ミル

❷他者危害原則　ミルが重視する精神的快楽の実現には，表現や行動の自由が不可欠である。なぜなら自由が弾圧されることは，精神的に大きな苦痛となるからだ。そのため個人の自由は，最大限尊重されなければならない。自由を規制できるのは，**他者への危害を防止する場合**に限られる。これを他者危害原則と言う。

❸内的制裁　ベンサムが重視したブレーキは，政治など，いわば外的制裁であった。これに対してミルが重視したのは，良心★7という**内的制裁**であった。

また，ミルはベンサムの「道徳的制裁」に対しては否定的であった。多数派が世論の名の下に，少数派を抑圧する危険を感じていたのである。

★7 他人を裏切ってしまったときに感じる心の痛みなどを指す。

[快楽の内容]

① ベンサム…快楽の量を重視した。
② ミル…快楽の質を重視した。

補説　**アダム＝スミスの道徳論**　功利主義者ではないが同じくイギリスのアダム＝スミス(1723～90年)も，個人の富と社会の富の両立について考察した。スミスは市場での自由競争を肯定するが，それは公平な観察者(第三者の視点)から見て共感されるような，公正なものでなくてはならないと主張した。共感されない行動を否定するスミスの思想は，現代の企業経営者にも突きつけられている。

近代思想の転換

▶ 19世紀以降，失業や貧困など資本主義の矛盾が顕在化する。巨大化した社会の中で，無力感に悩む人々も増えていく。その中で，道徳や理性を強調する従来の哲学で解決を図るのではなく，新たな哲学が必要ではないかという問いが広まった。個人の内面に目を向けた実存主義，社会構造の変革に解決を求めた社会主義，行動とその結果を重視するプラグマティズムは，それぞれの立場から，この問いに答えようとした試みである。

1 | 実存主義

自分と他人とは，取り替え不可能な存在であること，自分がかけがえのない存在であること，これを真に自覚することが実存するということである。では，どうやって実存することができるのか。これを探るのが実存主義である。

実存主義は神に向き合う立場と，神に背を向ける立場とに分かれる。

1 神の実感

❶キルケゴール

▲キルケゴール

1 **自分にとっての真理**　それまでの哲学は宗教も含め，人類にとっての理想や幸福を求めていた。いわば普遍的・客観的な真理を探究していたといえる。

これに対してデンマークの哲学者キルケゴール★1は，大切なのは「人類」という抽象的な存在ではなく，かけがえのない「自分」という主観的な存在であること，普遍的な真理ではなく，**自分がそのために生き，そのために死ぬことができるような真理こそが重要であること**を指摘し，にもかかわらず，自分をこの世に存在させた根拠である神との関係や本来の自己を見失い絶望している現代人を批判した。

そして，この絶望は乗り越えられることも強調した。

2 **単独者として神の前に立つ**　キルケゴールは著書『死に至る病』において，絶望を乗り越えて本来の自己を取り

★1 キルケゴール（1813～55年）の著書『あれか，これか』は，総体として人類をとらえたヘーゲルへの批判書であり，実存主義の先駆者としての立場を鮮明に打ち出した本である。

戻すまでの道を，実存の3段階として明示している。

①美的実存＝**感性の段階** 「あれも，これも」と無限に欲望を追求する→満たされなくて絶望する。

②倫理的実存＝**理性の段階** 「あれか，これか」と道徳的に正しいことを模索（もさく）する→正しいことがわかっても，実現できずに絶望する。

③宗教的実存＝**信仰の段階** **単独者**として神の前に立つ→**神への信仰によって絶望を乗り越え，主体性を回復する**。★2

★2 ②から③への移行を，キルケゴールは「飛躍（ひやく）」と呼んだ。

▶キルケゴールは「もし私が神を客観的に把握できるのであれば，私は神を信仰しない。それができないからこそ，信仰しなければならない」と述べている。**自分の限界を自覚して神に依拠（いきょ）して生きようとする**とき，人は永遠の自己を発見して本当の人生を歩みだすことができるのである。

▲ヤスパース

❷ヤスパース

[1] **限界状況（げんかいじょうきょう）における包括者（ほうかつしゃ）（超越者（ちょうえつしゃ））** ドイツの哲学者ヤスパース★3は，誰もが**死・苦悩・争い・負い目**などの限界状況に直面することを指摘した。限界状況とは，**個人の努力や科学技術の発達によっても解消できない**，いわば人生の壁である。

自分が死ぬ運命を，他人に転嫁（てんか）することはできない。病人を慰（なぐさ）めることはできても，代わって病気になってあげることもできない。この壁にぶつかって人間は初めて，自己の**有限性を自覚**する。同時に，**自己を超えた永遠の存在**を知ることができる。この存在を，ヤスパースは包括者（ほうかつしゃ）（超越者（ちょうえつしゃ））と呼んだ。これは神のことである★4。自分を含む世界を成り立たせている神と向き合うことで，人間は実存することができる。

★3 ヤスパース（1883～1969年）は妻がユダヤ人であったため，ナチスの迫害（はくがい）を受けた。

★4 神という語を使わなかったのは，特定の宗教の立場をこえようとしたからである。

[2] **実存的交わり** ここまでならキルケゴールと大差ないようだが，ヤスパースは単独者ではなく**他者との連帯**を説く。自分が自立するためには，他人の自立を認めなければならないし，他人がかけがえのない存在であることがわからない者は，自分のかけがえのなさもわからない。そのため，自分を真剣に内省（ないせい）する者は他人との真剣な交

わりを求める。これが実存的交わり[★5]である。

★5 包括者(超越者)と出会った人と人との連帯。

ヤスパースはこの交わりを，愛しながらの戦いとも呼んだ。笑顔をかわしながら殴り合うわけではない。これは二人の実存同士が戦うのではなく，それぞれが**真実の自己へ突き進み，自己を回復するための共通の戦い**である。ロープで互いをつないで頂上をめざす登山者のイメージに近い。

2 神との決別

❶ニーチェ

1 **神は死んだ**　ドイツの哲学者ニーチェ[★6]はキルケゴールと並ぶ実存主義の先駆者であるが，キルケゴールとは対照的に「神は死んだ[★7]」と宣言した。神に依存するから実存できないのであり，神に頼らず責任を持って生きるべきだという主張である。

★6 ニーチェ(1844～1900年)は社会主義や民主主義も否定したので，哲学者以外には評判が悪い。

★7 その後に「真理はどこにもない。一切のことは許される」と続く。

ニーチェはキリスト教を，**弱者のルサンチマン(妬み，僻み)の産物**だと断定した。人生は無意味な苦しみの連続だが，**運命として受け止めるべき**である。キリスト者のように「今は苦しくても，これは天国へ行くための試練だ」などとごまかしてはいけない。「これが人生か，さらばもう一度」と言って死ねるような人生を送るべきだとニーチェは述べている。

▲ニーチェ

2 **超人をめざせ**　さらにニーチェは，単に運命を受け止めるだけでなく，**生きる意味を自分で創造する**超人をめざせと説いている。超人とはラクダの忍耐力と，ライオンの強さと，幼児の創造力を併せ持つ存在である。超人をめざす，つまり自己の限界を乗り越えようとする意志を，ニーチェは力への意志[★8]と呼んだ。

★8 他者を支配する権力への渇望ではない。

ニーチェは現実の人間を，**猿と超人との中間的，過渡的な存在**に過ぎないと考え，高い評価は与えなかった。

❷ハイデッガー

1 **現存在としての人間**　ドイツの哲学者ハイデッガー[★9]は，人間を様々な「存在」という語を用いて定義した。

★9 ハイデッガー(1889～1976年)は戦前にナチスを支持したことがあり，戦後はそのことを厳しく批判された。

① **受動的存在**　人間は生まれてこようという能動的な意志のもとに，生まれてきたわけではない。人間はその

スタートラインから，世界に「投げ出された」受動的な存在である。

②世界－内－存在　周囲との関係を配慮しながら生きる存在である。配慮それ自体は能動的行為であるが，配慮せざるをえない，配慮を強要される受け身の存在でもある。

③現存在(ダーザイン)　存在しながらも，「何のために存在するか」「いかに存在するか」を自問できる存在，つまり人間のことである。★10

2 **死への存在**　人生は有限であり，誰にでも死は訪れる。だが人間はそのことから目を背け，日常に埋没し，画一化したひと(ダス・マン★11)に成り下がり，本来の自己を見失っている。ダス・マンとは人間一般を指すのではなく，誰であってもいいような非本来的なあり方になってしまった人間のことである。

本来的なあり方を取り戻すには，自分が死への存在であることを自覚することである。人間は死ぬことを避けられない点では受動的存在であるが，**死ぬまでの期間をいかに生きるべきかを決められる点では能動的存在になる**可能性を持っている。

死という超越不可能な局面を想定するところはヤスパースに似ているが，ハイデッガーは神の存在を前提にしていないところが異なる。

★10 あえて「人間」と言わないのは，「人間という一言で万人を一括りにするな」という反論が予想されたからである。

★11 ダス・マンには「世人」という訳語があるように，世間に合わせて自分を失った人というニュアンスがある。

❸サルトル

1 **実存は本質に先立つ**　フランスの哲学者サルトル★12は，「実存は本質に先立つ」という有名な言葉を残している。デカルト的な「人間は精巧な機械である」という主張に反論して，機械はそれぞれ目的(本質)に応じて作られているが，人間には予め決まった本質はない。なぜなら，本質を定める**神が存在しない**からだ(サルトルは無神論者)。つまり人間は**現実の自己を否定し，本来の自己を実現することができる**自由な主体なのである。

▲サルトル

★12 サルトル(1905～80年)は文学者でもあり，1964年にはノーベル文学賞を贈られたが，あっさり辞退している。

2 **社会参加**　もう一つ，サルトルの有名な言葉に「人間は自由の刑に処せられている」というものがある。自由な選択には責任が伴い，それはしばしば重荷に感じられる。

だからといって自由を放棄(ほうき)することは，選択できる自分の主体をも放棄することになる。むしろ進んで社会参加(アンガージュマン)[★13]を実行し，**社会の中で自己の自由と責任を自覚**しなくてはならない。

★13 サルトル自身，ナチスに対する抵抗(ていこう)運動やベトナム反戦運動に参加している。

2 思想の歩み

[実存主義者の区分]
5人の実存主義者を区分すると，以下のようになる。

	孤立	連帯
有神論	キルケゴール	ヤスパース
無神論	ニーチェ ハイデッガー	サルトル

2 マルクス主義

功利(こうり)主義のような社会改良ではなく，社会を根本的に変革することによって人間の幸福を求めるのが社会主義である。中でもマルクス主義は，その構想力において突出(とっしゅつ)していた。

1 労働と人間

ドイツのマルクス[★1]は人間が「自由意志の主体」「理性的動物」であることを否定してはいないが，それ以上に人間を**「労働という生産活動をする動物」**としてとらえていた。

▲マルクス

★1 マルクス(1818～83年)の人生は，貧困(ひんこん)の連続だった。母親は息子に「資本について書くよりも，資本を作ってほしい」とこぼしていたという。

本来の労働は，自己実現の手段である。人間は労働生産物によって，自己の存在価値を認識する。また人間は労働を通じて，社会の一員(類的(るいてき)存在・社会的存在)であることを自覚できる。

ところが資本主義社会における労働はそれが歪(ゆが)められ，食べていくために仕方なく行う苦役(くえき)となっている。それはなぜなのか。

▲産業革命期のイギリスの工場

2 人間疎外

マルクスはその原因を，資本主義に求める。資本主義においては生産物を生産するための生産手段★2を所有するのは資本家であり，実際に生産する労働者ではない。生産物も労働者の手を離れて，資本家の所有となる。資本主義の中では労働が自己実現のためどころか，**資本家を養うための労働**とならざるをえない。

★2 土地や工場，機械など，商品を生産するための手段。

労働者に支払われる賃金は付加価値★3の正当な対価ではなく，かなりの部分を**資本家に搾取されている**。これは資本家の人格とは無関係で，資本家がいかに高潔な人物であっても，資本主義の構造上，搾取する側に立つことを避けられない。労働者は本来の労働から，そして本当の自分から疎外★4されてしまう。

★3 新しく生み出された価値。

▲機械に使われる人間

★4 本来は自分に属するものが自分から切り離され，時には自分に敵対するようになること。

労働者解放のためには，資本主義そのものを打倒しなくてはならない。それはどのようにして可能となるのか。マルクスは労働者が唯物史観(史的唯物論)を理解し，**革命に立ち上がる**ことによってのみ可能となると考えた。

3 唯物史観(史的唯物論)

ヘーゲルは**矛盾を克服しようとする力を重視する弁証法**を用いて，歴史の進歩を説明しようとした。マルクスも使い方は異なるが，弁証法で歴史を説明した★5。

★5 説明のためにかかれた『資本論』は，マルクスの死去で未完のままである。

人間社会は2階建である。1階(下部構造)は**生産力と生産関係★6**であり，2階(上部構造)は政治や法律，文化など**人間の精神活動**である。**下部構造が上部構造を規定する**。

★6 マルクスは「原始共産制→古代奴隷制→中世封建制→資本主義→社会主義」という生産関係の歴史を描いた。

生産力は拡大する，つまり変化する。生産関係は変化しないわけではないが，変化しにくい。生産手段を所有する支配階級は現状が心地よいので，変化を望まない。変化するものと変化しにくいものは，当然矛盾する。

生産力が拡大すればその**矛盾が爆発して，それまでの生産関係が崩壊し，次の生産関係が生まれる**(社会革命)。それに伴い，政治体制も新たな生産関係に相応しい段階へ移行する。労働者が革命で資本家階級を消滅させ労働者階級のみが存在する，**階級対立のない共産主義社会**こそ，マルクスの理想であった。

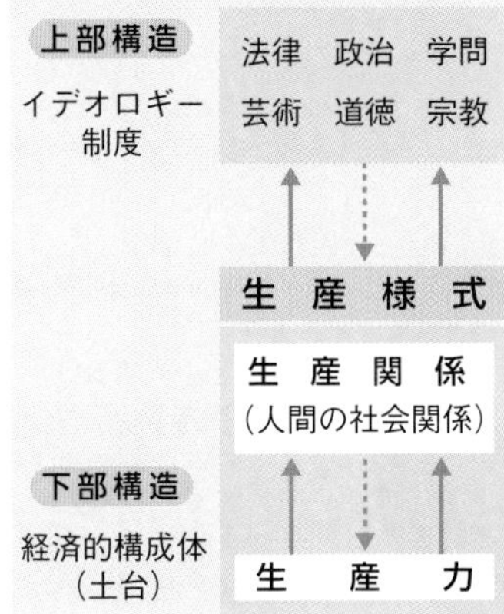

▲マルクスの社会の見方

補説 **マルクス主義と社会民主主義**　マルクスの理想を実現しようとした現実の社会主義国，旧ソ連や東欧，現在の中国や朝鮮民主主義人民共和国（北朝鮮）などで，すべての労働者が幸福になったとは言い難い。資本家階級に代わって，共産党官僚が支配者になっただけだという指摘もある。だが，貧困や格差拡大が顕在化してきた現代資本主義を批判的にとらえ直す道具として，マルクス主義はなお価値があるとする声がある。最近では，マルクス主義と環境保護を結合させようとする動きもある。

また，マルクスと目指す方向はほぼ同じであるが，革命を否定し，議会を通じて少しずつ労働者のための国家を建設しようとする社会民主主義という思想がある。西欧では社会民主主義政権下で，社会保障の充実や女性の地位向上が実現した。社会主義の多様性に，注目することが求められる。

［革命への期待］

マルクスは，人間が労働から疎外される原因を資本主義に求め，労働者が唯物史観を理解して革命を起こすことを期待した。

3 | プラグマティズム

人間疎外という問題に対して，マルクスのような革命ではなく，合理主義の徹底によって対応しようとするのが，**アメリカで生まれた**プラグマティズム[★1]である。

★1 プラグマティズムの語源は，ギリシア語のプラグーマ(pragma，行為)である。

1 パース

イギリス経験論や功利(こうり)主義を背景として，プラグマティズムを最初に提唱したのはパース[★2]である。パースは観念の根源は行為にあるとし，観念は頭の中での思考によっては明らかにならず，その観念に従って行為した結果によって明らかになると説いたとした。**正しい結果をもたらす観念のみが，正しい観念**ということになる。

▲パース

★2 パース(1839~1914年)はハーバード大学で数学と化学を専攻し，卒業後は測量技師になるなど，哲学者らしかぬキャリアを持つ。

2 ジェームズ

大学ではパースの後輩になるジェームズ[★3]は，パースの言う「正しい結果」の中身について考察し，それは**本人にとって有用であること**だと結論づけた。

科学技術が急速に進歩する当時のアメリカでは，「宗教は真理ではなく，ただの迷信(めいしん)である」という声が広まっていた。それに対してジェームズは，信じない人にとっては迷信であっても，信じることで心が安らかになる人にとっては真理であると考えた。**真理は時代や個人，状況によって異なる主観的・相対的なもの**である。ジェームズは著書『プラグマティズム』において，「真理であるから有用であるとも言えるし，有用であるから真理でもあると言える」と記している。ジェームズの思想を「有用主義」と呼ぶ人もいる。

▲ジェームズ

★3 ジェームズ(1842~1910年)は画家志望だったが，才能のなさを自覚して哲学者になったという経歴を持つ。

3 デューイ

▲デューイ

信仰など個人の内面に目を向けたジェームズに対して，デューイ★4は民主主義など社会に関心を広げた。そのため，プラグマティズムを個人の生き方以上に，社会改良の実践思想として再構築した。

★4 デューイ(1859～1952年)の著作『民主主義と教育』には，中学校の教師であった時期の経験が反映されている。

❶道具としての知性　デューイのプラグマティズムは，知性を**問題解決のための道具**ととらえる。大地を掘り返す鍬(くわ)は絶えず研(と)ぎ澄(す)まされなければならないし，切開手術をするメスも絶えず消毒・殺菌(さっきん)されなければならない。同様に，道具としての**知性も現実の中で鍛錬(たんれん)され，修正される必要**がある。「マルクスが言っているから」「聖書に書いているから」と思考を止めてしまうことは，知性の自滅(じめつ)である。

ジェームズの有用主義に対して，デューイの立場は道具主義と呼ばれることが多い。

❷創造的知性と民主主義　絶えず進歩するこのような知性を，デューイは創造的知性と命名した。そして創造的知性の発展を保障するために，民主主義が不可欠であることを強調した。知性が進歩するものであれば，現時点で正しいとされることは仮説(かせつ)に過ぎない。今日は正しくないとされていることが，明日には正しいことが証明される可能性がある。正しくないとされていることでも，それを主張する自由がなければならない。**多様性を認める民主主義**が重要なのである。

[プラグマティズム]

① パース…観念の正しさは，観念に従って行為した結果で決まる。
② ジェームズ…本人にとって有用なことが，正しい真理である。
③ デューイ…知性は問題解決のための道具である。

現代思想の隆興

▶ 20世紀の人類は，二度の世界大戦を経験した。戦争規模の拡大と社会や経済の混乱を背景に台頭した民主主義によって生み出されたファシズムによる人間性の破壊は，近代理性を前提とするそれまでの哲学を根本的に揺さぶった。その中から，心理学など他分野の成果も取り入れた現代思想が興隆(こうりゅう)する。

1 ヒューマニズム

20世紀のヒューマニズムは，ルネサンス期の人文主義・人間中心主義ではなく，人道(じんどう)主義・人間尊重(そんちょう)主義と訳すのが適切である。

1 ガンディー

非暴力・不服従の運動で，インドをイギリスの植民地支配から解放したガンディー★1は，インドの民衆からマハトマ(偉大な魂)と呼ばれた。

暴力による植民地支配は，真理からかけ離れたものである。**暴力という非真理を同じ暴力によって打破することはできず，**生命を尊ぶという真理によって克服(こくふく)せねばならない。そう考えたガンディーは不殺生(ふせっしょう)(アヒンサー)を強調した。さらに暴力は怒りや欲望から生まれるとして，負の感情に動かされず，自分を純粋に保つ自己浄化(ブラフマチャリヤー)の重要性を説いた。

不殺生と自己浄化の実践を通じて真理の把持(はじ)(サティヤーグラハ)に成功すれば，相手は己(おのれ)の非真理を悟り暴力の矛先(ほこさき)が鈍(にぶ)るのである。

補説 **勇気がいる非暴力闘争** アメリカ軍統治下の沖縄・伊江島(いえじま)における反米基地闘争でも，多くの島民が非暴力闘争を展開した。それに心を打たれたアメリカ兵が，島民に米軍情報をもらすなどの例が数多く報告されている。非暴力をきれいごと，弱腰(よわごし)と片付けるべきではない。ガンディーも，**非暴力闘争は暴力闘争よりも勇気が必要**だと述べている。

★1 ガンディー(1869～1948年)自身はヒンドゥー教徒であったが，イスラームなど他宗教にも寛容であった。

▲ガンディー

2 キング牧師

ガンディーの影響を受けて，アメリカで**非暴力の黒人解放運動**を指導したのがキング牧師[★2]である。

バスの座席で黒人が差別されていたことに対して，キングは黒人に対して乗車拒否をするバス・ボイコット運動を呼びかけた。さらに1963年のワシントン大行進で「私には夢がある。いつの日か，私の小さな4人の子どもたちが**肌の色によってではなく，人格そのものによって評価される**国に生きられるようになることだ」という，歴史に残る演説をした。翌年，公民権法が制定されたことで黒人の大幅な参政権が認められ，公共施設や雇用での差別禁止が定められた。

残念ながら人種差別はなくなっておらず，それはアメリカだけの問題ではない。従業員の人権を無視する企業を「ブラック企業」と呼ぶことは，人種差別と無縁（むえん）なのか。考えてみる価値がある。

★2 キング（1929～68年）の非暴力運動に呼応（こおう）して，ベトナム戦争を戦っていたアメリカでは徴兵拒否運動が広がった。

▲キング牧師

3 シュヴァイツァー

オルガン奏者としての名声を捨て，アフリカに渡って医療活動に従事した[★3]フランスのシュヴァイツァー[★4]は，「密林の聖者」と呼ばれた。

シュヴァイツァーは動植物を含む全ての生命を，生きようとする意志を持つ尊い存在だとした。生命を尊重する生命への畏敬（いけい）こそ，倫理の根本である。そして生命の価値を自覚する唯一の動物である人間には，**すべての生命を守る責任**があるとした。

★3 この行動は，欲求階層説のマズローが指摘（してき）した「自己実現の欲求」にあたる。

★4 シュヴァイツァー（1875～1965年）がアフリカの黒人に「わが弟たちよ」と呼びかけたことは，自分を兄の立場に置いている点では時代の，そして白人の限界があったことを示している。

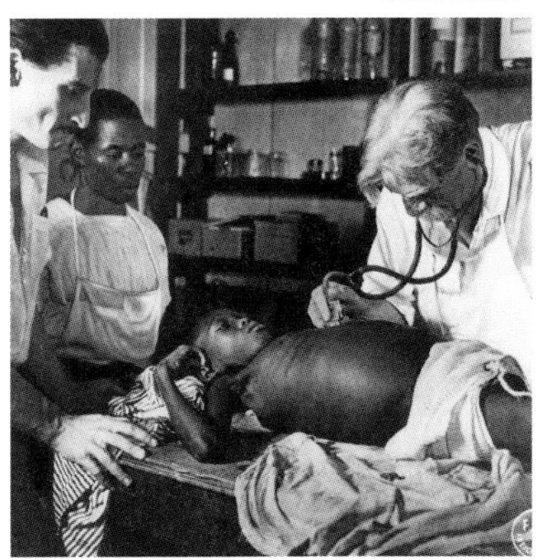
▲アフリカで医療活動にあたるシュヴァイツァー（右）

4 マザー＝テレサ

▲マザー＝テレサ

インドへ修道女として派遣された北マケドニア出身のマザー＝テレサ[★5]は，スラム街に孤児(こじ)の家を，末期(まっき)を迎えた人のために死を待つ人の家を，ハンセン病患者のために平和の村を建設した。

マザー＝テレサは「今日(こんにち)の最も重い病気はハンセン病でも結核(けっかく)でもなく，**人から愛されていない，誰からも見捨てられているという孤独を感じること**なのです」と述べている。

無関心こそが罪であることを，私たちに教えてくれる言葉である。

★5 マザー＝テレサ(1910～97年)は1979年，ノーベル平和賞を受賞した。

POINT!

[ヒューマニズムの実践者]

① ガンディー…不殺生(ふせっしょう)＋自己浄化＝真理の把持(はじ)→非暴力・不服従。
② キング牧師…ガンディーの影響を受ける→バス・ボイコットなど黒人解放運動を主導。
③ シュヴァイツァー…生命を尊重(そんちょう)する生命への畏敬(いけい)。
④ マザー＝テレサ…最も重い病気は，孤独。

2 構造主義

人間の主体性や理性を強調する近代哲学に疑問を投げかけ，人間の思考はある構造[★1]に規定されていると考える立場が構造主義である。それは，ある現象や存在の意味をそれ自体に求めずに，現象や存在を規定している社会的・文化的構造から理解しようとする思想を指している。

★1 様々な要素が関係しあう体系のこと。

1 レヴィ＝ストロース

❶無意識の構造　フランスの文化人類学者レヴィ＝ストロース[★2]は，未開社会の婚姻(こんいん)や神話を分析し，社会は人間の主体的な決断よりも**無意識的な構造によって規定されている**ことを主張した。近親相姦(きんしんそうかん)禁止を軸とした複雑な婚姻規則の背景にある構造は，社会内部の構成メンバーには意識されないものだった。ここには，無意識を重視した**フロイトの影響**が見て取れる。

★2 レヴィ＝ストロース(1908～2009年)の「レヴィ」は，ヘブライ語系の男性名であり，彼の両親ともにユダヤ系の家系だった。

▲レヴィ＝ストロース

❷西洋中心史観への反発　レヴィ＝ストロースはヘーゲルやマルクスに見られる，**「歴史の目的」という概念に反対**した。著書『野生の思考』[★3]で，アマゾンの先住民が暮らす社会はヘーゲルが考えた自由な社会やマルクスが唱えた社会主義への一過程ではなく，そういった西洋人の思いとは無関係に存在していることを強調した。歴史とは無縁に見える社会であっても，**西洋社会と同じように存在意義がある**はずだと考えたのである。

また『悲しき熱帯』[★4]でも，アマゾン社会に触れている。先住民は首長を部族の構成員による同意に基づいて公平に選び，自然と調和して暮らしている。彼らを文明化しておらず西洋人より劣った，遅れた存在と見なすのは正しくないと述べている。

★3 この本では人間の主体的生き方を重視するサルトルを罵倒して，実存主義の終焉を宣告している。

★4 この本ではアマゾン先住民の高い道徳性，精神性を強調している。

2 フーコー

❶正常と異常，理性と狂気の分岐点　フランスの哲学者フーコー[★5]は，著書『性の歴史』において，人間の性が，近代の権力が生み出す規制の標的になっていることを指摘した。性は権力による管理の対象であり(法による売春管理や婚姻制度，医学による出産適齢期の定義など)，経済社会を維持するために**労働人口を増やす生殖につながる性愛＝異性愛のみが正常**とされた[★6]。

また『狂気の歴史』では理性が自らを正当化するために，合理性という枠をつくり，**枠から外れたものが狂気と呼ばれて社会から排除されていく**歴史を描いた。監獄や軍隊，学校，病院などは排除のための，言い換えると人々に枠を教えて**規格化する権力装置**なのである。正常と異常・理性と狂気を分けるのは，権力である。

❷生の権力　中世・近世までの権力は，特定の権力者(教皇や絶対君主)が究極的には死刑の恐怖によって人々を支配する死の権力だった。近代以降に機能しているのは生の権力だとフーコーは主張する。一定の枠に従い規格化されることで初めて，人はその社会で「異常者」「狂人」と呼ばれずに生きることができる。**生きるための条件を定めることで秩序を維持する**のが，**生の権力**である。

★5 フーコー(1926～84年)自身は「私は哲学者ではなく，歴史家である」と述べている。

★6 フーコー自身は同性愛者であった。

▲フーコー

2
思想の歩み

近代において人は非民主的支配から逃れて，自分の人生の主体になったと思っている。フーコーに言わせれば，その主体とは人々を規格化する権力に従う家来でしかない。★7「解放」「自己実現」など一見主体を回復しているかのような概念は，**生の権力にとって都合のいい神話**に過ぎなかった。

★7 サルトルの言う自由も，フーコーによれば自発的隷属である。

[構造主義]…人間の主体性や理性に否定的

① レヴィ＝ストロース…社会は無意識的な構造によって規定されている。

② フーコー…正常と異常，理性と狂気を分けるのは，生の権力である。

3｜全体主義との対決

なぜ理性的な(はずの)人間がナチスの台頭を防ぐことができなかったのか。これは20世紀後半，特にドイツで哲学上の大きな争点となった。

1 フランクフルト学派

フランクフルト大学でマルクス哲学や社会学などを研究していたグループである。

ユダヤ系が多かったメンバーの多くはアメリカなどに亡命し，戦後は管理社会などについてのすぐれた研究成果を残している。

❶ホルクハイマー　フランクフルト学派の創設者であるホルクハイマー★1は，人間を無知から解放したはずの理性が，なぜホロコースト★2に象徴されるナチスの台頭を許したかという問いに取り組んだ。

本来の理性は，人間がめざすべき価値を探究し，探究の妨げになる現実の問題点を明らかにしてその克服をめざす批判的理性である。しかし人間が自然や労働から疎外され，巨大化した社会の中で自己を見失い，めざすべき価値が見えなくなると，**理性は現実を無批判に受け入れ，科学技術に奉仕する道具**に過ぎない道具的理性に陥ってしまった。

道具的理性は行為の価値には無関心なので，**目的達成のために最も効率的な手段のみを追求する道具**となる。大量虐殺に奉仕する道具にさえなるのである。

❷アドルノ　アドルノ★3もまた，道具的理性を批判した。そして，

★1 ホルクハイマー(1895～1973年)はアドルノとともに，フランクフルト学派第一世代とされている。

★2 本来はユダヤ教徒が神に生け贄として捧げる動物を指していたが，20世紀以降はナチスによるユダヤ人大量虐殺を象徴する言葉となった。

★3 アドルノ(1903～69年)の代表作『啓蒙の弁証法』は，ホルクハイマーとの共著である。

効率性を追求する管理社会においては，社会を支配する**強者に服従して弱者を排除**する権威主義的パーソナリティ★4を持つ人間が増大することを指摘（してき）した。

★4「ドラえもん」に出てくる，ジャイアンにぺこぺこしてのび太をいじめるスネ夫のようなキャラ。

さらにアドルノは，ハイデッガーに見られる「ひと(ダス・マン)でない本来の私」を求める企（くわだ）てを糾弾（きゅうだん）した。**自分らしさを追求するということは，自分の中の自分らしくない要素を排除するということ**である。それはドイツからドイツらしくない要素を排除するという思考につながり，ドイツ人の純血を守るためにユダヤ人を抹殺（まっさつ）することにまでつながっていく。異質なものを認めない同一性の思考は，極めて危険なものなのである。

▲アドルノ

❸ハーバーマス　アドルノの助手だったハーバーマス★5は，対話に基づく新しい社会を構想した。

★5 ハーバーマス(1929年～)はフランクフルト学派第二世代。コソボ紛争に際して，国連の容認なしにNATOが行ったセルビア空爆を擁護（ようご）して批判された。

高度に発達した官僚制や巨大企業が支配する資本主義経済においては，権力や貨幣（かへい）が人々を支配する。対話から生まれるはずの社会で，権力と貨幣が支配するシステムによって侵害される生活社会の植民地化が進んでしまう。

これに対してハーバーマスは，すべての人が対等な立場で自由に議論し，理解し合い，合意を形成する対話的理性(コミュニケーション的行為)の復権（ふっけん）を求めた。ナチスのような外からのルールに強制されることを防ぐためには，**十分な対話が生み出す自発的合意**が創造する内（うち）からのルールを構築しなくてはならない。

2 アーレント

ドイツからアメリカに亡命（ぼうめい）したアーレント★6は，全体主義に取り込まれた人間心理と社会構造を分析し，いかにして乗り越えるかを構想した。

★6 アーレント(1906～75年)は一時期，ハイデッガーの愛人であった。

❶アトム化した大衆　主著『全体主義の起源』によると，伝統や文化の共同体が崩壊した時代，どこにも**所属意識を持てないアトム(原子)化した大衆**が生まれた。大衆はその不安から，自分たちに**所属感を与えてくれるものを求める**。それが「ドイツの純血」のような，あいまいで非合理的なものであったとしても，大衆はそれに身を委ねることで自分を無力感から解放する(と錯覚する)。

▲アーレント

❷活動の重要性　著書『人間の条件』でアーレントは，人間の行為を3つに区分している。

1 **労働(labor)**　生命維持のために，どうしても必要な行為。

2 **仕事(work)**　生活を向上させるための様々な工夫を伴う行為。

3 **活動(action)**　人間同士の間で行われる精神的な関係を含む，人間の実質を形成するような行為。★7

▶全体主義に取り込まれないためには，人々が与えられたものではなく**自らの意志で実感できる所属感**を持つ必要がある。そのためには人々が利益に縛(しば)られた「労働」「仕事」から少しでも抜け出して，公共的な政治の場で自由に討論しともに行動する**「活動」を行っていくべき**であるとした。

★7 活動は古代ギリシアのポリスにおける市民をモデルにしている。

[全体主義への拒否]
① ホルクハイマー…道具的理性を批判した。
② アドルノ…権威主義的パーソナリティを批判した。
③ ハーバーマス…対話的理性(コミュニケーション的行為)を重視した。
④ アーレント…「活動」を重視した。

4 公正の追求

1 ロールズ

国内の所得や性別などによる格差，そして国際社会の国家間での格差に対応して，アメリカの哲学者ロールズ★1は，社会契約説★2を現代に復権させる方向での解決を試みた。

❶原初状態　ロールズはまず，社会契約説では自然状態★3にあたる原初状態を想定する。ここで人々が，共通の社会原理を定めるために話し合っているとしよう。一人ひとりはヒトラーではないが，マザー＝テレサでもない。ごく普通に，**自分自身の利益の拡大が最大の関心事**である。この場合，これからつくられる社会において，自分がどういう立場に置かれるかはわからない。これをロールズは，無知のヴェールを被(かぶ)った状態と表現したが，こういう不安の中で，人々はどういう原理なら合意するのだろうか。

★1 ロールズ(1921～2002年)は1995年に，日本への原爆投下は道徳的に誤りだったという，アメリカでは勇気が必要な発言をした。
★2 国家は人権保障のために，人民相互(そうご)の契約で成立したという政治学説(☞p.86)。
★3 統一的な国家権力が存在していない状態。

❷正義の二原理

▲ロールズ

1 第一原理　各人の自由は，他者の自由と両立するかぎりで最大限認められるべきである。

2 第二原理　社会的・経済的不平等は，その地位が「公正な機会均等」によって得られたものであり，かつ，それが「格差の是正」につながる限りで正当である。

▶公正としての正義は，第一原理から始まる。すべての人に進学や就職などにおける**機会が平等に保障されていること**を出発点とする。もちろん個人の才能は多様であるし，運・不運もある。だが，このような自由が生み出す格差もスタートラインが同じであり，公正な競争によるものでなければならない。

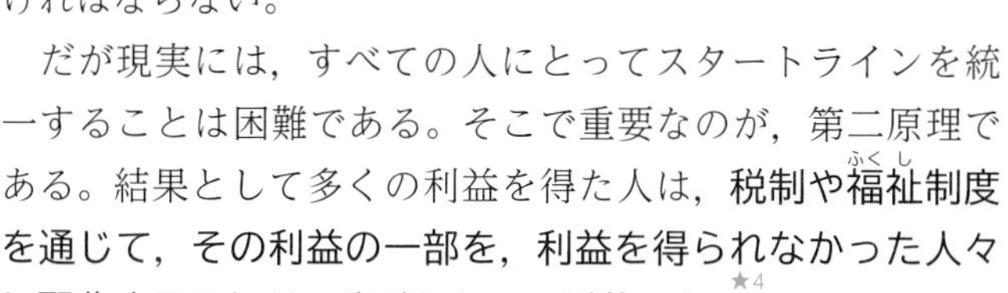

だが現実には，すべての人にとってスタートラインを統一することは困難である。そこで重要なのが，第二原理である。結果として多くの利益を得た人は，**税制や福祉制度を通じて，その利益の一部を，利益を得られなかった人々に配分すること**が，公正としての正義になる。[★4]

★4 アメリカでは，アファーマティブ・アクション(積極的差別是正措置)を理論づけるものとなった。

2 セン

ロールズの思想を批判的に継承したのが，インドの経済学者セン[★5]である。

★5 セン(1933年～)はアジア人初のノーベル経済学賞受賞者である。

ロールズの思想はカネやモノさえ平等に与えればよい，となりかねない。それは先進国から途上国を見下ろしているからこそ，出てくる発想ではないだろうか。字を読めなくて仕事に就けない人には，**カネより識字能力が必要**である。病気や年齢，性，出身階層による差別を放置したままでの所得配分は，一時凌ぎにはなっても根本的な解決にはならない。

▲セン

そこでセンは，健康であること，教育を受けられること，社会参加することなど，人間が何者かになり得る可能性である潜在能力(ケイパビリティ)を公平に保障することが最優先であるとした。

[公正の追求]

① ロールズ…社会契約説をベースに公正としての正義を訴えた。

② セン…潜在能力(ケイパビリティ)の保障を訴えた。

日本の思想

▶ 日本はアジアの一部だが，島国である。そのため大陸文化の影響を大きく受けながらも，大陸文化一色(いっしょく)に染まることはなかった。流入した新しい文化は，それまで主流だった文化を消滅させるのではなく，重層(じゅうそう)的に重なっていったのが特徴である。

1 | 古代・中世の思想

1 仏教伝来以前

❶宗教観・自然観　古来，日本の宗教はキリスト教やイスラームのような一神教ではなく，八百万神(やおよろずのかみ)という言葉に象徴(しょうちょう)されるような多神教であった。そこには**絶対神が存在しない**。確かに天照大神(あまてらすおおみかみ)★1は他の神々から祀(まつ)られているが，天照大神も他の神々を祀る存在である。

その根底にあるのは，太陽や風，海など**自然の中に霊的な存在を認めるアニミズム**である。神々は自然だけでなく，井戸やかまどのような人工物にも宿るとされる。神々は信仰の対象というより，**感じる(感謝し畏怖(いふ)する)存在**であった。**恵みだけでなく災(わざわ)いをもたらす**こともあった。そこで人々は祭祀(さいし)によって神々の意向を探り，神々の要求を満たせば，災いを恵みに転じることができると考えるようになった。

★1 神々が暮らしている高天原(たかまがはら)の主神で太陽神。戦前は天皇の祖先とされていた。

▲富士山頂から見る御来光(ごらいこう)

▲徳島県の伝統的な祭り（阿波踊り(あわおどり)）

❷人間観・倫理観 古代日本では，私心を持たず**共同体に尽くす**純粋な心情である清き明き心(清明心)が尊ばれた。[★2]一方で，共同体の秩序を乱す行為だけでなく，天災や病気，死などはすべて罪・穢れと呼ばれ悪とみなされた。

★2 共同体とは無関係に存在する個人，という感覚はなかった。

罪・穢れの当事者は加害者・被害者の区別なく，禊・祓いをしなくてはならなかった。禊は川につかること，祓いは神社に物品を奉納して罪を除去してもらうことである。**罪は外から降りかかってくるもの**であり，それを除去するともとの正常な姿に戻るという性善説が根底にある。

▲大祓
毎年6月の晦日に行われる儀式。

2 思想の歩み

2 仏教伝来

❶聖徳太子 日本最初の思想家として歴史に残るのが，厩戸皇子＝聖徳太子である。[★3]

★3 聖徳太子(574～622年)は厳密には日本人ではない。「日本」という国号が定着するのが8世紀以降であることを考えると，大和の人と言うべきである。

政治家としては臣下に示した『十七条憲法』で「**篤く三宝(仏・法・僧)を敬え**」と仏教を勧めている。同時に「礼をもって本とせよ」という儒学思想も紹介した。単なる受け売りではなく「**和をもって貴しとなし**，逆らうことなきを宗とせよ」など，行政に必要な集団の調和を説いている。

思想家としては大乗仏教の経典を解説した『三経義疏』を著したとされている。三経とは法華経・勝鬘経・維摩経であり，いずれも出家ではなく**在家を対象とした経典**であった。

▲聖徳太子(伝)

❷平安仏教

1 **最澄** 遣唐使に同行した最澄[★4]は，法華経を重視する天台宗をもたらした。

★4 最澄(767～822年)は比叡山の延暦寺を拠点に活動した。

それまでの仏教寺院は，ほとんどが天皇や貴族だけに顔を向けていた。最澄は生きとし生けるものはすべて仏性を有するとする一切衆生悉有仏性を唱え，**修行さえす**

▲最澄

れば誰もが仏になれるとした。これを一乗思想という。皆が1つの乗り物に乗った平等な存在ということである。

鎌倉仏教の開祖である法然や親鸞，栄西，道元，日蓮は，いずれも若い頃に天台宗を学んでいる。

② **空海**　空海★5は最澄と同時に遣唐使の一員として唐へ渡り，真言宗をもたらした。

それまでまったく無名の僧侶であった空海は，三密の行(手に印契を結び，口に真言を誦し，心に本尊を観ずる)によって宇宙の根本仏である大日如来と一体になり，その身のままで仏になる即身成仏が可能になると説いた。

空海は雨乞いなどの加持祈祷を行い，各地でため池を掘るなど，**最澄に比べると現世へ強く関わった。**

★5 空海(774～835年)は高野山・金剛峯寺を拠点に活動した。

▲空海

▲比叡山・延暦寺

▲高野山・金剛峯寺(根本大塔)

❸鎌倉仏教

① **法然**　最澄の一乗思想に共感しながらも，「労働に追われて修行する余裕のない庶民が，救われないのは理不尽だ」と考えたのが法然★6である。

法然は修行によらず，極楽浄土★7にいて衆生を救う仏である阿弥陀仏に帰依する意志表明の念仏である南無★8阿弥陀仏を唱えるだけで救われるという浄土宗を

▲法然

★6 法然(1133～1212年)は夜討ちにあって無念の死を遂げた武士の子だった。

★7 仏が修行して悟りを開いた結果，つくることができた清浄な世界。仏国土ともいう。

★8 南無は心を1つにして信じること。

樹立した。自力での悟り(さと)が難しい庶民に対して，阿弥陀仏という他力に頼る他力本願の立場を鮮明にしたのである。

ひたすら念仏を唱える専修念仏(せんじゅねんぶつ)だけでよいとする法然の立場から，**仏教の大衆化**が始まった。

2 **親鸞**(しんらん)　法然の弟子で浄土真宗(じょうどしんしゅう)の開祖となったのが，親鸞★9である。

親鸞は法然の他力本願をさらに徹底して，絶対他力の立場をとった。他力本願は阿弥陀仏にすがるという点では他力頼みだが，念仏そのものは自分の意志で唱えるとされる。親鸞は**念仏さえも仏に唱えさせて頂く**ものだと考えた。すべてを阿弥陀仏に委ねたときに，心の中の仏が自ず(おの)と口から飛び出してくる，それが南無阿弥陀仏という音声になるというものである。

また「**善人なおもて往生(おうじょう)をとぐ，いわんや悪人をや**」と述べ，自力での救いに自信がある善人よりも，罪を自覚している悪人★10のほうが優先的に救われるという悪人正機説(あくにんしょうきせつ)を唱えた。

3 **栄西**(えいさい)　宋(そう)から禅宗(ぜんしゅう)★11の一派である臨済宗(りんざいしゅう)をもたらしたのが，栄西★12である。

臨済宗は師から与えられた公案(こうあん)と呼ばれる課題をひたすら考えながら，坐禅(ざぜん)を組む。考え抜く過程で，**自分の心を覗(のぞ)き込む**。そこで心の中の仏と1つになることができれば，悟(さと)ったことになる。ここには，阿弥陀仏(あみだぶつ)という**他力に依拠(いきょ)する姿勢は見られない**。

とんち話で有名な一休(いっきゅう)や，水墨画で名高い雪舟(せっしゅう)は，臨済宗の僧侶であった。

▲栄西

4 **道元**(どうげん)　栄西同様，宋(そう)に渡った道元★13が日本に伝えた禅宗(ぜんしゅう)は，曹洞宗(そうとうしゅう)である。

曹洞宗は心を無にして，ひたすら座る只管打坐(しかんたざ)を重視する。心が無，空っぽということは煩悩(ぼんのう)や執着がなく，自己と他者との区別もない。これが身心脱落(しんじんだつらく)という，身も心もなくなったよう

▲道元

★9 親鸞（1173～1262年）の思想を伝える『歎異抄(たんにしょう)』は親鸞自身の著作ではなく，弟子の唯円(ゆいえん)が書いたものである。

★10 悪人とは今で言う刑法犯だけでなく，生きるために殺生(せっしょう)せざるをえない猟師など，悪意はないのに罪を犯す者すべてが含まれる。

★11 6世紀ごろに中国で成立した仏教の一派。

★12 栄西（1141～1215年）は日本に，喫茶(きっさ)の習慣も伝えた。

★13 道元（1200～53年）は越前(えちぜん)（福井県）の永平寺を拠点に活動した。

な軽やかな状態である。

ここでは既に仏となっている。つまり仏となるために坐るのではなく，仏として坐っているのだ。修行は悟りの手段ではなく，**修行と悟りは1つ**であるという修証一等(しゅしょういっとう)を重視するのが，曹洞宗の特徴である。

また道元は坐禅だけではなく，掃除や料理[★14]など**日常の作務(さむ)の1つひとつが修行**であると説いた。

★14 曹洞宗の寺院で出される食事の洗練されたものが，精進(しょうじん)料理である。

子どもと1日中手鞠(てまり)をついていたと伝えられる良寛(りょうかん)は，曹洞宗の僧侶だった。

▲坐禅体験の様子

5 **日蓮(にちれん)** 自ら法華経(ほけきょう)の行者(ぎょうじゃ)を名乗り，法華宗(ほっけしゅう)(日蓮宗)の開祖となったのが日蓮[★15]である。

★15 日蓮(1222～82年)は政教一致，法華経に基づく政治を訴えた。

日蓮は天台宗が最も高い評価を与えている法華経において初めて，釈迦(しゃか)本来の教えが説かれているとして，**天台宗以外の宗派を猛烈に批判**した。その批判は他宗派の布教を認めている幕府にも及んだため，あやうく死罪になるところであった。

▲日蓮

日蓮は**南無妙法蓮華経(なむみょうほうれんげきょう)という題目を唱える唱題(しょうだい)**こそ，救いに至る唯一の道であることを強調した。題目で救われるという考えは，浄土(じょうど)宗・浄土真宗(しんしゅう)と重なる面がある。

[日本と仏教]

①仏教伝来以前…アニミズム，八百万神，清き明き心(清明心)の重視。
②聖徳太子…『十七条憲法』で仏教を勧める。
③最澄…誰もが成仏可能という一乗思想。
④空海…そのまま即身成仏。
⑤法然・親鸞…阿弥陀仏に救いを求める。
⑥栄西・道元…坐禅で悟る。
⑦日蓮…題目を唱える(唱題)。

2｜近世の思想

鎖国政策をとった徳川幕府の下では，儒学の一派である朱子学★1が官学となった。だがそれに反発する陽明学★2や，中国古典への回帰を唱える古学，日本古典の尊重を説く国学，それらの枠に収まらない民衆思想など，多様な思想が展開したのが江戸時代である。

★1 朱子(朱熹)(1130～1200年)が万物は理と気からなるという理気二元論を根底に孔子・孟子を解釈して確立した。
★2 王陽明(1472～1528年)が一元論を根底に孔子・孟子を解釈して確立した。
★3 林羅山(1583～1657年)が開いた私塾は，後に昌平坂学問所という幕府公式の学校となった。

1 朱子学――林羅山

朱子学者として幕府に用いられた林羅山★3は，上下定分の理を唱えた。天が上，地面が下にあるのが不変の真理であるように，**武士が上，その他の庶民が下にあるのも不変の真理**である。これは武家支配を正当化するものだった。

また，自分の**感情・欲望を抑える慎みである敬を持ち，絶えず理を追求する存心持敬**の大切さも強調した。これも社会秩序の維持を促す点で，武家支配を後押しするものであった。

▲林羅山

羅山の主張は，朱子(朱熹)の思想から幕藩体制の維持に好都合な部分を抜き出して並べただけであり，独創性はない。

2 陽明学――中江藤樹

中江藤樹★4は朱子学者であったが，朱子学が身分秩序を守る形式の維持に陥っていることに反発し，陽明学へ接近した。

藤樹は人間の内面にある孝を重視した。孝は親への愛にとどまらず祖先，さらに宇宙の根源まで遡って**自分を生んだもの**

★4 中江藤樹(1608～48年)は近江(滋賀県)に私塾・藤樹書院を開いて庶民に儒学を教え，「近江聖人」と呼ばれた。

への感謝である。そして敬とは感情・欲望を抑えるものではなく，**すべての人を愛し敬う**気持ちであるとした。

とはいえ孝のあらわし方は時代や場所，身分によって異なるとしており，**身分秩序をすべて否定した平等思想ではない。**

3 古学(こがく)

朱子や王陽明という後世代の解釈を排除して，孔子(こうし)・孟子(もうし)の原点に学ぼうという古学は，朱子学が敵視した**欲望を人間らしい人情として評価**した。

❶**伊藤仁斎**(いとうじんさい)　古学の中で古義学(こぎがく)★5を確立した伊藤仁斎★6は，『論語』を**宇宙第一の書**として高く評価した。

仁斎は孔子の教えで仁(じん)という愛を重視した。それは満たされない心から出る渇望(かつぼう)的愛ではなく，**満ち足りた心からあふれる愛**である。欲望を不自然に押さえ込む敬(けい)は，満ち足りた心の成立を不可能にしてしまう。

そのような仁愛(じんあい)を実現するために仁斎が求めたのは，**偽(いつわ)りのない純粋な心情**である誠(まこと)を持つことであった。これは古代に尊ばれた清明心(せいめいしん)を，再生させたものである。

★5 私塾「古義堂」が学名の由来である。
★6 伊藤仁斎(1627～1705年)は孔子の仁を評価して，自分の名も仁斎と改めた。

▲伊藤仁斎

❷**荻生徂徠**(おぎゅうそらい)　古学の中で古文辞学★7を確立した荻生徂徠★8は，仁斎と異なり，仁とは個人的な心情ではなく為政者による法令・制度の整備であると考えた。為政者の役目は，**人々が安心して生活できる国の制度設計**＝安天下の道を実現することである。

徂徠は古代中国の聖人が，人々の生活を安定させる経世済民(けいせいさいみん)を目的として人為的につくった社会制度を，礼(れい)・楽(がく)・刑(けい)・政(せい)の4つで示すことができるとした。

1 **礼**　礼儀を含め，内面の仁が外面に現れた形。
2 **楽**　音楽や楽器。
3 **刑**　司法制度と刑罰。
4 **政**　外交を含む政治。

▶ここで12は人々を自然に感化させる習俗(しゅうぞく)であり，34は暴力的な強制力をさす。12が34よりも先に挙げられているのは，人間を信頼した孔子に直結する立場と言える。**人間を知らず知らずのうちに教化する文化社会**が，徂徠の理想であった。

★7 孔子の時代に使われていた中国語での孔子・孟子の理解をめざす。
★8 荻生徂徠(1666～1728年)は徳川幕府の顧問を務めるなど，学者にとどまらぬ行動派だった。

▲荻生徂徠

4 国学

外来思想，特に朱子学が日本古来の美点を損なったと考え，損なわれる以前にあった(はずの)美点を日本古典に見出そうとする試みが，国学であった。

❶賀茂真淵

賀茂真淵[★9]は著書『万葉考』において，古代の日本人は**おおらかな気風**のますらをぶりを持っていたと評価した。ますらをぶりを支えるのは，高く直き心という，**素朴で力強い感情**である。

▲賀茂真淵

このような古代日本人の精神は，平安時代に広まった繊細な「たをやめぶり」や，儒教・仏教の形式的な「からくにぶり」によって**失われてしまった**と嘆いている。とはいえ老子・荘子の思想を高く評価しているので，外来思想のすべてを排斥したわけではない。

★9 賀茂真淵(1697～1769年)は『国意考』において，武家政治は古代日本の伝統につながるものだとした。

❷本居宣長

賀茂真淵の弟子である本居宣長[★10]は，儒教や仏教を理屈っぽい「漢意」と呼んで非難し，惟神の道を説いた。そして，意志や抜け目のなさによる**作為を捨てた自然な心情**を真心と呼び，人は真心に従って生きるべきだと説いた。

▲本居宣長

また，美しい自然に触れたときや恋をしているときに**自然と湧き起こる感情**をもののあはれと呼び，今でも**日本に残っている**と主張した。

師である真淵との大きな違いは，平安時代の繊細な「**たをやめぶり」こそが，日本人の代表的な心情である**と評価した点である。

★10 本居宣長(1730～1801年)は小児科医を開業しながら日本古典を研究した。

5 民衆思想

❶商人の視点――石田梅岩　武家支配の江戸時代では商人の身分が低く，営利活動は卑しいものとみなされがちであった。それに対して石田梅岩[★11]は，「**商人の買利(利益)は，武士の俸禄(給料)と同じである**」と述べて，どちらも正当なものであると主張した。

ただ，詐欺まがいの商法で得た利益はそうでない。武士の俸禄と等価値であるのは，正直[★12]と倹約[★13]によって得られた利益だけである。

さらに梅岩は，身分制度は人間の価値による区別ではなく，**職業上の役割分担**であるとした。各人がそれぞれの職業に満足(知足安分)して職業に励めば，社会の調和を保つことができると説いたのである。

知足安分の思想は，各人の過剰な欲望が全体に負荷を与えることへの警告として，現在の環境問題や資源・エネルギー問題を考えるヒントになる。一方で，身分差別の固定化・正当化につながることを，忘れてはならない。

★11 石田梅岩(1685～1744年)は自宅で私塾を開いていた。授業料は無料で女性の入塾も認められていた。
★12 公正な態度。
★13 単に節約するだけではなく，ものの値打ちを生かすこと。

▲石田梅岩

❷農民の視点――安藤昌益　医師であった安藤昌益[★14]は，患者であった農民の窮状に心を寄せて武家支配を非難した。

望ましい国とは，**すべての人が農作業に従事**する万人直耕の世界である。自給自足の，このような理想を昌益は自然世と呼んだ。

ところが現実はどうか。生産活動に携わらない不耕貪食の徒である武士が，**農民を搾取する不自然な世界**になっている。昌益はこの現実を法世と呼んで否定した。さらに仏教や儒教も，法世を正当化する役割しか果たしていないとして，厳しく非難している。

★14 安藤昌益(1707?～62年)は江戸時代には無名の存在だったが，カナダの外交官ノーマンによって紹介され，知られるようになった。

POINT!
[近世日本思想]
① 朱子学…林羅山が上下定分の理を唱えて，身分制度を正当化した。
② 陽明学…中江藤樹が孝を評価した。
③ 古学…欲望を人情として肯定した。
④ 国学…日本古典に価値を求めた。
⑤ 民衆思想…商人の視点→石田梅岩　農民の視点→安藤昌益

3 | 近現代の思想

明治維新以降の日本は「文明開化」を掲げて，西洋文化を吸収した。朱子学に対して古学・国学が興隆したように，ここでも西洋文化と日本の伝統が対立と調和を経て，独自の展開をとげていく。

1 啓蒙思想――福沢諭吉

慶應義塾大学の創始者である福沢諭吉[★1]は，著書『学問のすゝめ』で「天は人の上に人を造らず，人の下に人を造らず」と述べた。これは**儒教に代表される封建的な道徳を否定**した，明確な人間平等の宣言である。[★2]

帝国主義の世界にデビューした日本の関心は，いかにして**国家の独立を保つか**ということだった。福沢はその答えとして，独立心をあげている。富国強兵の名の下に産業を発展させ軍備を増強しても，国民に独立心がなければ意味がない。

精神的独立は経済的自立が前提である。経済的自立のためには役に立つ実学を学ぶべきだ。文学だの哲学だのといった虚学は，日本が独立を脅かされないレベルになってからで良いというのが，福沢の一貫した主張であった。

★1 福沢諭吉(1835～1901年)は下級武士の家に生まれた。子ども時代の貧困が封建制度への反発を支えたと言われる。
★2 ただし学問の有無で差がつくことは，否定していない。

▲福沢諭吉

2 キリスト教――内村鑑三

札幌農学校でキリスト教徒となった内村鑑三[★3]は愛国者であり，イエス(Jesus)と日本(Japan)という「2つのJ」に人生を捧げると誓った。「われは日本のため，日本は世界のため，世界はキリストのため，すべては神のため」が内村の終生揺るがぬ思いであった。

武士の家に生まれた内村は，勇気や清廉を重視する武士道こそがキリスト教の精神を生かすものだと考え，**武士道に接木されたるキリスト教**を理想とした。

また，日本における伝道は外国ミッションより独立すべきだと考え，無教会主義を唱えている。日露戦争に対しては，非戦論を唱えた。[★4]

★3 内村鑑三(1861～1930年)が愛国者になったのは，拝金主義にまみれたアメリカへの失望が大きな要因である。
★4 新聞「万朝報」で自論を展開した。

▲内村鑑三

3 個人主義――夏目漱石

夏目漱石[★5]は近代化の中で，個人の生き方を模索した。

望ましい近代化とは，**内的欲求に基づいて自己の個性を発揮する**結果としての文明開化＝内発的開化のはずだった。現実の近代化は，必要に迫られて西洋文明を，大急ぎで表面的に吸収する外発的開化に終わってしまった。

その中で個人は，いかに生きるべきか。漱石が提唱したのは自己本位である。これは自分勝手ということではなく，**自分という個人も他人という個人もともに尊重する個人主義**[★6]の生き方であった。

だが，ともすれば人は他人という個人より，自分という個人を優先するエゴイズムに陥る。晩年の漱石はその解決を則天去私という，**運命に逆らわず静かに生きる**東洋的な境地に求めた。

★5 夏目漱石(1867～1916年)は戸籍移動で徴兵を逃れたとされている。

★6 学習院での講演録『私の個人主義』に，趣旨がわかりやすくまとめられている。

▲夏目漱石

4 独自の哲学への模索――西田幾多郎

禅において典型的に現れている東洋の伝統的思考を，西洋の哲学的思考と徹底的に対決させ，その対決を通じて独自の哲学を確立しようとしたのが西田幾多郎である。

❶**純粋経験** 二元論に疑問を持った西田幾多郎[★7]が重視したのは，純粋経験(直接経験)である。これは**自分・他者，あるいは主観・客観という区別が存在しない**絶対無の状態において成立する，あらゆる経験の根源である。無我夢中で音楽を聴いているときの自己(主体＝主観)と，音楽(客体＝客観)の区別が意識されない状態を指す。

❷**弁証法の活用** 純粋経験に到達するために，西田は弁証法を活用した。

1 正 西洋哲学→デカルト的な主観と客観の区別・対立。
2 反 東洋哲学，特に禅宗→身心脱落。
3 合 純粋経験→絶対無に至った段階。

▶絶対無とは有る・無いという区別さえない場である。ここではすべてが包み込まれ，自分と他者との区別もない[★8]。自ずと**慈悲が成立する，悟った状態**である。これを単に仏教教説の反復ではなく，西洋の弁証法をくぐらせているところに西田哲学の独創性がある。

★7 西田幾多郎(1870～1945年)の著書『善の研究』は，日本の哲学史上，最も難解な本の1つである。

▲西田幾多郎

★8 差別をしない平等主義にも，個性を認めない全体主義にも転化しうる。

5 民俗学

文書によらず，現在の生活上に残る伝承資料などから過去の生活実態や精神性を探究(たんきゅう)するのが民俗学である。

❶柳田国男(やなぎたくにお)　日本民俗学の創始者である柳田国男★9は，**地域の文化を口承(こうしょう)で伝えてきた無名の庶民**を常民(じょうみん)と呼び，常民の伝承に日本人固有の生き方や価値観があると考えた。

柳田は『遠野(とおの)物語』で**山の神や河童(かっぱ)などの言い伝えを記録**し，庶民の多様な世界を再現した。また『先祖の話』で「古来，死者の霊は村落付近の山へ行き，一定期間を経ると神になり，村の氏神(うじがみ)と融合する」として，今の**自分たちは先祖の霊に守られている**という伝統的な宗教観を明らかにした。★10

❷南方熊楠(みなかたくまぐす)　生物学者でもあった南方熊楠★11は，各地域で神社の周囲に保存されていた**鎮守(ちんじゅ)の森を守る**ため，明治政府が打ち出した**神社合祀(ごうし)令（神社の統廃合政策）に反対**した。

熊楠によれば，各地の小さな神社がなくなれば，その周囲にある鎮守の森も伐採される。これは動植物などの貴重な**生態系が失われる**ばかりでなく，神社が伝えてきた庶民の信仰や文化までもが失われてしまう。

熊楠の活動は，エコロジー★12に基づく日本初の自然環境保護運動とされている。

★9 柳田国男(1875～1962年)の名前は「やなぎだくにお」ではなく「やなぎたくにお」と読む(田は，にごらない)。

★10 柳田は精神的な伝統を明らかにする民俗学を，新国学と呼んだ。

★11 南方熊楠(1867～1941年)は，粘菌(ねんきん)類の研究でも優れた業績をあげた。

★12 生物と生物の関係，生物とそれを取り巻く環境の関係を研究する学問。

[近代日本思想]

①啓蒙(けいもう)思想…福沢諭吉(ふくざわゆきち)：独立心と実学(じつがく)の重視。
②キリスト教…内村鑑三(うちむらかんぞう)：「2つのJ」，無教会主義。
③個人主義…夏目漱石：自己本位から則天去私へ。
④独自の哲学…西田幾多郎：(西洋哲学＋禅宗)×弁証法＝絶対無。
⑤民俗学…柳田国男：常民の研究。
　南方熊楠：鎮守の森を守る活動。

特集

ボランティア

ボランティアの現場から

「生まれてから，家で歯磨きを教わっていない子がいるんですよ。そういう子は自分でもどうしていいのかわからず，歯磨き粉を食べてしまったりするんです」

そう語るのは早稲田大学2年生の濱田有紀さん。2022年現在は，大学で教育学を学びながら，NPO法人LFA(Learning for All)でボランティア活動に参加している。

◎歯磨きができない子ども

LFAは主として家庭の貧困で困難を抱える子どもたちの支援を行っている。学習支援と居所支援が2本柱だ。学びには理論と実践の両面が必要だと考える濱田さんは，理論は大学で，実践は学外の活動で学びたいと考え，ボランティアとして参加した。

現代日本では十分に可視化されているとは言い難いが，格差拡大に伴い貧困家庭が増えている。両親あるいは一人親は生きていくのに精一杯，子どもの面倒を十分に見ることができないケースも少なくない。そのため勉強以前の，日常の生活を営むことさえ困難な子がいる。歯磨きができない子は，その一例に過ぎない。

◎価値観を問い返す

濱田さん自身は小学校から高校まで，地元の公立学校に通っていた。貧困とは無縁だったが，ずば抜けて裕福だったわけではない。ボランティア体験は，自分は今までどこにいたのか，何をしてきたのか，自分自身の価値観を問い返す貴重な場になった。

子どもたちから元気をもらうことが楽しみだが，楽しいことばかりではない。濱田さんは「発達障害の子」という言葉より，「発達がゆっくりな子」という言葉を選ぶ。そういう子から感情をストレートにぶつけられ，傷つくことも多いそうだ。感情を制御できず，すぐに暴力を振るう子もいる。でも，少しだけ視点を変えると，その根本にある家庭や社会の貧困が見えるそうだ。それが「価値観を問い返す」ことなのかもしれない。

◎上意下達型への疑問

予備校で英語を教えてきた阿木幸男さん(75歳)は，ボランティア歴が50年以上のベテランである。後に**ボランティア元年と呼ばれることとなる1995年**，阪神・淡路大震災[★1]に際しては，予備校生・大学生とともに現地へ駆けつけた。

▲阪神・淡路大震災

大学生の頃，初めてボランティアに参加した背景の1つに，当時活発だった学生運動への違和感があったという。

「主義主張には共感するところがあったし，活動をともにすることもありました。ただ学生運動はどうしても，リーダーが必要。リーダーの指示のもとで多くの学生が動く『上意下達型』になってしまう。そこは疑問でした」

障害者をサポートするボランティアに対しては，「本来なら国家権力がやるべきことをボランティアが代行しているのは，国家権力を助けていることにならないか」という批判が，学生運動の活動家から投げかけられた。当時の学生運動はマルクス主義(☞p.55)の影響を強く受けており，マルクス主義は国家権力を階級支配の暴力装置と見なす立場であるため，当然の批判と言えなくもない。だが阿木さんは，「目の前で困っている人を助けるというやるべきことをやっている」という反論をしなかった。その代わり，「自分がやりたいことをやっている」と応じた。

とは言うものの，ボランティアにも上意下達的な面はあるそうだ。「阪神・淡路大震災のときも，先にやってきた若者が後からやってきた若者に指図するとか，重労働を担う人に対してそうでない人が遠慮するということがありました」と，当時を回顧している。

ボランティアとは

◎ベンサムか，カントか

ボランティアの性格として**「自主性(主体性)」「社会性(福祉性)」「無償性(無給性)」**の3つが挙げられる。阿木さんはこの3つに対して，かなり忠実である。学生のボランティア活動に対して卒業に必要な単位を大学が与えるという動きに対しては，「それはもうボランティアではないでしょう」と，かなり批判的だ。

一方，前述の濱田さんは肯定的である。「動機はどうであれ，1つのきっかけになればいいんじゃないでしょうか。10人の学生が単位欲しさに，うちの団体に来たとします。そのうち9人は，単位をもらったら活動から離れるかもしれない。でも1人は活動に加わらないまでも，ずっと考え続けてくれるかもしれませんからね」と言う。

これは個人差なのか，世代の差なのかは断定できないし，どちらが正しいと言えるものでもない。ただ，濱田さんの考えはベンサム(☞p.46)に，阿木さんの考えはカント(☞p.43)に近いとは言えるだろう。

◎課題と展望

ボランティアの正式な起源は不明だが，イギリスで始まったという説が有力である。急速な近代化で社会が混乱していた時代，政府に頼ることができない人々が，生活を守るために結成した自警団が始まりだという。また，ボランティア(volunteer)には志願兵という意味もある。「自警団」「志願兵」などと聞くと，かなり物騒な響きに感じるかもしれない。

もちろん現在は状況が異なる。いい意味で和気あいあいとした活動が，圧倒的多数であろう。

だが，現代のボランティアが無条件で評価できるわけではない。マックス・ウェーバーが指摘したように，組織が大きくなればその組織を維持するために，官僚制(☞p.144)あるいは官僚制的システムが，ある程度は不可欠である。その中で**ハーバーマス**(☞p.63)**やアーレント**(☞p.63)**が重視した「対話」**をどこまで実現できるかは，1つの課題である。

さらにボランティア活動の閉鎖性も，指摘されている。時間的余裕に乏しいことが多くてやむを得ない面が大きいが，同じような活動をしている団体との交流，横のつながりが十分とは言えない。若い世代でも「うちの団体」という言葉が自然に出てくる。ただ交流に関しては，SNSという以前にはなかったツールが私たちにはある。

▲マックス・ウェーバー

いずれにせよボランティア活動は，本人にとって貴重な場になる可能性を持つことは事実である。参加するかどうかはともかく，参加している人の話を聞く機会があれば，その機会は生かすことが望ましい。

★1 1995年1月17日の地震による災害。死者が6000人を超えた。

☑ 要点チェック

CHAPTER 1 人間とは何か		答
□ 1	成人式のような，人生の節目で行う儀式を漢字で何というか。	1 通過儀礼（つうかぎれい）
□ 2	正月のような，一年で特定の時期に行う行事（ぎょうじ）を何というか。	2 年中（ねんちゅう）行事
□ 3	人生の周期を8段階に区分した心理学者は誰か。	3 エリクソン
□ 4	ライフサイクルの中で，親との関係を通じて，基本的信頼を学ぶのはどの段階か。	4 乳児期
□ 5	能力を高めて，周囲の承認を得る喜びや達成感を知るのはどの段階か。	5 学童期
□ 6	『エミール』を著（あらわ）した啓蒙（けいもう）思想家は誰か。	6 ルソー
□ 7	第二次性徴（せいちょう）は何の分泌（ぶんぴつ）によって現れるか。	7 性ホルモン
□ 8	レヴィンは青年を何と名付けたか。	8 マージナル・マン（境界人・周辺人）
□ 9	青年期を心理的離乳の時期と形容したのは誰か。	9 ホリングワース
□ 10	大人になることを嫌がる青年をガイリーは何に喩（たと）えたか。	10 ピーターパン
□ 11	エリクソンが挙げた青年期の発達課題は何か。	11 アイデンティティ（自我（じが）同一性）の確立
□ 12	未体験の役割を果たすことを何というか。	12 役割実験
□ 13	一定の責任を猶予（ゆうよ）された青年期は，どう説明されるか。	13 モラトリアム
□ 14	若者文化は既存（きそん）の文化に反抗的な様式を含むことから何と呼ばれるか。	14 カウンター・カルチャー（対抗文化）
□ 15	青年期の発達課題を挙げた教育学者は誰か。	15 ハヴィガースト
□ 16	アリストテレスは人間をどのように表現したか。	16 ポリス的動物
□ 17	人間をホモ・サピエンス（英知人）と表現したのは誰か。	17 リンネ
□ 18	和辻哲郎（わつじてつろう）は人間をどのような存在だとしたか。	18 間柄（あいだがら）的存在
□ 19	欲求階層説を唱えた心理学者は誰か。	19 マズロー
□ 20	欲求階層説で，最高段階の欲求とされるのは何か。	20 自己実現の欲求
□ 21	複数の欲求が衝突することを何というか。	21 葛藤（かっとう）（コンフリクト）

	問	答
□ 22	無意識のうちに自分を守る防衛機制を唱えたのは誰か。	22 フロイト
□ 23	本音と反対の行動をとる防衛機制は何か。	23 反動形成
□ 24	幼児期の発達段階に戻る防衛機制は何か。	24 退行
□ 25	欲求不満に対して，意識的だが合理的でない解決を図る反応は何と呼ばれるか。	25 攻撃・近道反応
□ 26	人間を6つに類型化したのは誰か。	26 シュプランガー
□ 27	パーソナリティを構成する3つの要素は何か。	27 能力・気質・性格

CHAPTER 2 思想の歩み

	問	答
□ 1	相手が真理に近づくのを助けるために，ソクラテスが用いた手法は何か。	1 問答法(助産術)
□ 2	完全で不変の理想世界を，プラトンは何と呼んだか。	2 イデア
□ 3	アリストテレスが重視した正義や友愛などの徳を何というか。	3 倫理的徳
□ 4	ゼノンは情念のない理想の境地を何と呼んだか。	4 アパテイア
□ 5	ユダヤ教の経典は何か。	5 旧約聖書
□ 6	『クルアーン』をベースにしたイスラーム法は何か。	6 シャリーア
□ 7	ブッダが唱えた中道の修行は何と呼ばれるか。	7 八正道
□ 8	孟子が理想とした人民本位の政治は何か。	8 王道政治
□ 9	マキャベリは君主に必要な素質を，どういう動物に例えたか。	9 キツネとライオン
□ 10	ルネサンス期に理想とされた人間像を何というか。	10 万能人(普遍人)
□ 11	地動説を唱えたポーランドの天文学者は誰か。	11 コペルニクス
□ 12	ベーコンが排除すべきとした偏見を何というか。	12 イドラ
□ 13	デカルトが採用した真理探究の方法は何か。	13 演繹法
□ 14	カントが重視した理想社会を何というか。	14 目的の国
□ 15	共同体における倫理をヘーゲルは何と呼んだか。	15 人倫
□ 16	4つの制裁のうち，ベンサムが最も有効だとしたのは何か。	16 政治的制裁(法律的制裁)
□ 17	アダム＝スミスは第三者の視点を何と呼んだか。	17 公平な観察者
□ 18	宗教的実存の段階で神の前に立つ者を，キルケゴールは何と呼んだか。	18 単独者
□ 19	限界状況で知ることができる永遠の存在を，ヤスパースは何と呼んだか。	19 包括者(超越者)

□ 20	自己の限界を乗り越えようとする意志を，ニーチェは何と呼んだか。	20 力への意志
□ 21	人間を「世界－内－存在」「現存在」と規定したのは誰か。	21 ハイデッガー
□ 22	サルトルが重視した社会参加は何と呼ばれるか。	22 アンガージュマン
□ 23	マルクスは生産力と生産関係を何と規定したか。	23 下部構造
□ 24	プラグマティズムを最初に提唱したのは誰か。	24 パース
□ 25	デューイは知性を問題解決の「何」としたか。	25 道具
□ 26	シュヴァイツァーが倫理の根本に置いたのは何か。	26 生命への畏敬(いけい)
□ 27	マザー＝テレサがハンセン病患者のために建設したのは何か。	27 平和の村
□ 28	『野生の思考』『悲しき熱帯』の著者は誰か。	28 レヴィ＝ストロース
□ 29	フーコーは近代以降の権力を何と呼んだか。	29 生の権力
□ 30	ホルクハイマーが批判した理性は何か。	30 道具的理性
□ 31	ハーバーマスが復権(ふっけん)を求めた理性は何か。	31 対話的理性
□ 32	ロールズにとって原初状態の人間が被(かぶ)っているものは何だったか。	32 無知のヴェール
□ 33	センが保障すべきだとした能力は何か。	33 潜在能力（ケイパビリティ）
□ 34	聖徳太子(しょうとくたいし)が著(あらわ)したとされる仏教の解説書は何か。	34 三経義疏(さんぎょうのぎしょ)
□ 35	空海(くうかい)がもたらした宗派は何か。	35 真言宗
□ 36	極楽浄土(ごくらくじょうど)にいて衆生(しゅじょう)を救う仏を何というか。	36 阿弥陀仏(あみだぶつ)
□ 37	道元(どうげん)が重視した，ひたすら座禅(ざぜん)することを何というか。	37 只管打坐(しかんたざ)
□ 38	林羅山(はやしらざん)が重視した，欲望を抑える慎(つつし)みを何というか。	38 敬(けい)
□ 39	伊藤仁斎(いとうじんさい)が求めた，純粋な心情は何か。	39 誠(まこと)
□ 40	賀茂真淵(かものまぶち)が評価した，古代日本のおおらかな気風は何か。	40 ますらをぶり
□ 41	安藤昌益(あんどうしょうえき)は望ましい社会を何と呼んだか。	41 自然世(しぜんせい)
□ 42	福沢諭吉(ふくざわゆきち)は経済的自立のために何を学べと主張したか。	42 実学(じつがく)
□ 43	晩年の夏目漱石(なつめそうせき)が理想とした境地は何か。	43 則天去私(そくてんきょし)
□ 44	西田幾多郎(きたろう)が重視した，絶対無の状態で成立する経験を何というか。	44 純粋経験（直接経験）
□ 45	文化を口承(こうしょう)で伝えてきた庶民を，柳田国男(やなぎたくにお)は何と呼んだか。	45 常民(じょうみん)
□ 46	南方熊楠(みなかたくまぐす)が守ろうとした森は何か。	46 鎮守(ちんじゅ)の森

第2編

政治と向き合う

・・・・

CHAPTER

1 » 民主政治の歩み

まとめ

SECTION 1 近代民主政治の誕生 ☞p.85

□ **絶対王政**　常備軍，官僚制，王権神授説に支えられていた。

□ **市民革命**　絶対王政を打倒し，民主政治を生み出した。

・**イギリス**…ピューリタン革命(清教徒革命)，名誉革命。

・**アメリカ**…アメリカ独立革命。

・**フランス**…フランス革命。

□ **社会契約説**　国家権力は自然権を保障するための人為的存在だとした。

・**ホッブズ**…自己保存権を守るために，主権者に自然権を全面移譲する。

・**ロック**…所有権を守るために，政府に自然権を一部信託する。

・**ルソー**…自然状態を回復するために，一般意志に従う。

□ **民主政治の基本原理**

・**国民主権**…その国のあり方を最終的に決める主権を，国民が持つ。

・**法の支配**…為政者は人権を守る内容の法に従って権力を行使する。法治主義の場合，法の内容は問わない。

・**権力分立**(ぶんりゅう)…権力を分立し，相互の抑制と均衡を図る。

SECTION 2 各国の政治体制 ☞p.90

□ **議院内閣制**

・**イギリス，日本**…内閣の根拠を議会の信任に置く。

□ **大統領制**

・**アメリカ，メキシコ**…三権が厳格に分立(ぶんりゅう)している。

□ **半大統領制**

・**フランス，ロシア，韓国**…議院内閣制の要素を持つ大統領制。

・**ドイツ，イタリア**…大統領がいても，議院内閣制に区分される。

□ **民主的権力集中制**

・**中国**…議会にあたる機関が，三権を独占する。

・**開発独裁**…経済開発を優先して人権を軽視する体制。開発独裁を行った多くの国は民主化した。

近代民主政治の誕生

▶ 民主政治の目的は人権の保障であり，目的達成のための手段が専制政治の防止である。具体的には国民主権や法の支配，権力分立などが挙げられる。

ヨーロッパで社会契約説に支えられた市民革命が，絶対王政を打倒したとき，民主政治はその第一歩を踏み出した。

1 | 市民革命

1 絶対王政

絶対王政は16世紀から18世紀にかけて，ヨーロッパ各地で登場した。国王という**絶対君主に権力が集中**し，制度的には常備軍[★1]と官僚制[★2]を，思想的には王の権力は神が授けたとする王権神授説を支えとしていた。社会全体では**封建的な身分制度**があり，自由を求める各層の不満が蓄積していた。

▲ルイ14世　フランス絶対王政の最盛期に，70年以上も君臨した。

★1 この時代は金で雇われた傭兵が中心であり，徴兵制や志願制による軍隊は市民革命以降に出現する。

★2 官僚は国王の手足となって働いた。貴族出身者が多かった。

2 市民革命と権利宣言

市民革命の主な担い手は，裕福な商工業者，新興市民階級（ブルジョアジー）だった。

❶イギリス　1642～49年，イギリスでプロテスタントの一派であるピューリタンを中心とする市民がピューリタン革命（清教徒革命）を起こし，国王チャールズ1世を処刑した[★3]。きっかけは，議会が国王に提出した文書である権利請願を，国王が無視したことだった。

1688年には無血に終わった名誉革命が起こり，専制的なジェームズ2世はフランスに逃亡した。名誉革命の成果をまとめた権利章典は，**王権に対する議会の優位**を明記した。

★3 ピューリタン革命から1660年まで，イギリスは世襲の君主がいない共和政だった。

❷アメリカ　アメリカはイギリスの植民地であったが，イギリス本国との間で租税や貿易をめぐる対立が深まった。1775年の武力衝突をきっかけに，本国に対して独立を求め

る植民地側が全面戦争を繰り広げた(アメリカ独立革命)。1776年6月，**世界で初めて自然権[★4]を明記**したバージニア権利章典が，その翌月にはアメリカ独立宣言が発表されたが，戦争そのものは1783年まで続いた。

★4 すべての人が生まれつき持つ権利。

❸フランス　アンシャン・レジーム(国王を頂点とした封建的な身分制度)と呼ばれた古い制度が残っていたフランスでも，1789年のバスティーユ牢獄襲撃(ろうごくしゅうげき)をきっかけにフランス革命が始まった。革命の最中に発せられたフランス人権宣言(人および市民の権利宣言[★5])は，**財産権の不可侵(ふかしん)**が盛り込まれている。

★5「人」は男性，「市民」は富裕層を指す。女性や労働者，農民はこの段階では排除されていた。

▶人権宣言の扉絵　旧体制の鎖を切り，理性の光で照らすという意味をあらわす。

POINT!

[絶対王政と市民革命]

① 絶対王政…常備軍・官僚制・王権神授説(しんじゅせつ)に支えられていた。

② 市民革命…新興(しんこう)市民階級による絶対王政・封建制度の打倒(イギリス・アメリカ・フランスで起きた)。

2 | 社会契約説

市民革命を思想的に支えた社会契約説は，国家・社会は個人の自然権を保障するために契約によって成立したとする立場である。**国家権力を人為的な存在とみなす**点で，王権神授説を全面的に否定するものだった。紹介する3人の思想家に相違点はあるが，**権力がない自然状態を想定**し，そこから思考を進めるのは共通している。

★1 ホッブズ(1588～1679年)の主著『リバイアサン』は，ガリレイやデカルトとの交流がヒントになって書かれた。

1 ホッブズ

ホッブズ[★1]が想定した自然状態は，各人の自己保存権(生命を守る権利)が衝突して，かえって生命が脅(おびや)かされる「万人(ばんにん)の万人に対する闘争」状態であった。

そこで各人は契約して主権者を樹立し，**自己保存権を含む自然権のすべてを主権者に譲渡(じょうと)**する。この場合，**主権者の権力は絶対的なもの**となり，結果的に君主制を擁護(ようご)することになる。ただ王権神授説は否定される。

▲ホッブズ

2 ロック

ベーコン(☞p.40)と同じくイギリス経験論の立場に立つロック[★2]は，自然状態を基本的には平和であるが自然権，とりわけ生命・自由・財産に対する所有権の保全は確実さに欠けると感じていた。そこで各人は契約して，**自然権の一部を信託**(信用して任せる)する。政府が信託を裏切った場合，各人は抵抗権(革命権)を行使することができる。

▲ロック

★2 ロック(1632～1704年)はイギリス権利章典起草の中心メンバーである。

政治体制としては，**王権に対する議会優位**の間接民主制(議会制民主主義)を望んだ。

3 ルソー

ホッブズやロックと異なり，ルソー[★3]は**自然状態を理想の世界**と考えた。だが文明化が進んで私有財産制が広まると，不自由で不平等な社会になってしまった。そこで各人は契約して，自然状態の良さを復活させた社会を創造する。

▲ルソー

★3 ルソー(1712～78年)は「結んで開いて」を作曲した音楽家でもある。

この社会は，**常に全体の利益を求める理性の正しい命令**である一般意志に基づいて運営される。一般意志は多数決で得られる大多数の意志ではない。

ルソーは議会政治を批判して，直接民主制を望んだ。

▼ホッブズ・ロック・ルソーの社会契約論の内容

思想家	自然状態	社会契約の内容	政治体制
ホッブズ	「万人の万人に対する闘争」	自然権を譲渡した権力者に絶対的に服従する。	君主制を擁護
ロック	自由で平和だが，不安定	自然権の一部を政府に委ねるが，抵抗権・革命権をもつ。	間接民主制 権力分立(ぶんりゅう)
ルソー	完全な自由・平等・独立	自然権を共同体に譲渡し，一般意志に従う。	直接民主制

3 | 民主政治の基本原理

1 国民主権

主権とは，**その国のあり方を最終的に決める権力**を指す。絶対王政は典型的な君主主権であった。民主政治は国民主権を前提とする。

国民が主権を直接行使するのが直接民主制，選挙で選んだ議員に主権行使を委ねるのが間接民主制(議会制民主主義)である。多くの国では間接民主制を採用しているが，補完的に直接民主制を採用している国もある。★1

2 法の支配

為政者といえども法，ルールに従って政治をするのが法の支配である。

❶人の支配から法の支配へ　絶対王政の下では為政者の意志，感情が法よりも強制力を持つ人の支配が当然視されていた。これでは為政者による人権侵害を阻止できない。

13世紀，イギリスでは封建貴族が国王ジョンに対して，それまでの**特権を侵害しないこと**★2を約束させるマグナ・カルタ(大憲章)を突きつけた。これが法の支配の第一歩である。17世紀には裁判官のコーク★3(クック)が，13世紀の法律家であるブラクトンの「**国王といえども神と法の下にある**」という言葉を引用して，国王ジェームズ1世の権力濫用を諌めた。

市民革命によって改めて法の支配が再評価され，民主政治の原則と考えられるようになった。アメリカでは**裁判所が違憲審査権を持つ**ことで，法の支配を確保した。

❷法治主義　法の支配が目指すのは，人権保障である。そのため人権侵害を正当化する法の制定は許されないし，もし制定されても守る義務はないことになる。この場合はロック(☞p.87)が主張したように，抵抗権を行使できるのである。法の支配は**人権保障という内容を持つ法に従う**ことが前提となる。

だが19世紀のドイツでは，**法に従うという形式を守れば**

★1 日本における憲法改正の国民投票は，直接民主制の例である。

★2 あくまでも貴族の特権であり，自然権ではない。

★3 コーク(クック)(1552～1634年)は権利請願を起草したメンバーの一人である。

▲コーク(クック)

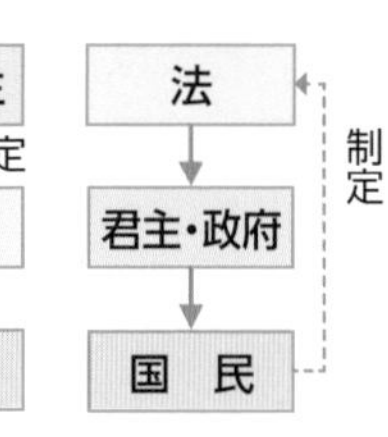

▲人の支配　▲法の支配

法の内容は問わない法治主義という考え方が生まれた。人の支配を否定する点では法の支配の一種であるが，この場合はナチスのように，悪法に基づいて，合法的に人権侵害が実行される恐れがある。★4

▲ナチスの軍事パレードを観閲するヒトラー

法の支配と法治主義の区別のため，法の支配を実質的法治主義，法治主義を形式的法治主義(法治国家思想)と呼ぶことがある。前者は為政者のみを拘束するが，後者は為政者も国民も拘束する。

★4 ナチスのユダヤ人迫害は，すべて合法であった。

3 権力分立

権力を分けて複数の機関に分担させ，相互の**抑制と均衡で権力の濫用を防ぐ**システムが権力分立(ぶんりゅう)である。

フランスの啓蒙思想家モンテスキュー★5は，権力を立法権・行政権・司法権に分割し，それぞれを議会・君主および政府・裁判所に持たせることを提唱した。そして**三権の強さは，ほぼ均等であること**が望ましいとした。モンテスキューの構想を比較的忠実に実現したのが，アメリカ大統領制である。

★5 モンテスキュー(1689〜1755年)は著書『法の精神』で，三権分立の構想はイギリスがモデルであると述べている。

なお**議会の二院制**や**裁判の三審制**，**中央政府に対する地方自治**なども，権力分立の例にあげることができる。

▲モンテスキュー

補説 **権力分立の否定論**　社会契約説を唱えたルソー(☞p.87)は，**一般意志は分割も譲渡もできない**という立場から，権力分立を否定した。そもそも直接民主制論者であり，立法権を担う議会という発想がない。

社会主義者のマルクス(☞p.53)は，立法権を担う議員，行政権を担う官僚，司法権を担う裁判官はいずれも支配階級の子弟であり(当時は普通選挙制も義務教育も存在しない)，支配階級にとっては民主的でも非支配階級には無縁の制度であるとした。

[民主政治の基本原理]

① 国民主権…主権を国民が持つ。
② 法の支配…為政者は人権を守るという内容を持つ法に拘束される。
③ 権力分立…権力を分立し，相互の抑制と均衡を図る。

各国の政治体制

▶ 民主政治の実態は，各国によって異なる。政府のトップである内閣(閣僚集団)の根拠を議会の信任に置く議院内閣制(イギリスや日本など)と，立法権・行政権・司法権の三権が厳格(げんかく)に分立(ぶんりつ)(ぶんりゅう)している大統領制(アメリカやメキシコなど)に大別(たいべつ)できるが，その中間形態(フランスやロシアなど)もある。

他にも民主政治を掲(かか)げていても，現実には民主的とはいえない制度(民主的権力集中制や開発独裁)などもある。

1 | イギリスの政治体制――議院内閣制

1 議院内閣制

内閣は議会(下院(かいん))の信任を失った場合，**下院を解散するか，自分たちが総辞職するか**のいずれかを選ばなくてはならない。起源とされるのは1742年，辞任の義務がなかったのにもかかわらず議会の支持者が少数となったことで辞任したウォルポール首相の内閣である。★1

★1 時の国王ジョージ2世は，内閣続投を望んでいたが，ウォルポールは辞任した。

★2 国家の代表。日本の天皇は象徴(しょうちょう)であって元首ではない。

2 国王

国王は国家元首★2であるが実質的な政治権力を持たず，しばしば「**君臨(くんりん)すれども統治せず**」と評される。その点は日本と同じ立憲君主制の国であるが，結婚や居住に関しては，イギリスの王族は日本の皇族よりも自由である。

3 議会

選挙で選ばれた議員で構成される下院(庶民(しょみん)院)と，世襲(せしゅう)貴族など終身の**非民選議員**で構成される上院(貴族院)の二院制である。下院優越の原則があり，両院が異なる議決をした場合には，下院の議決が優先される。

内閣不信任決議権は下院のみ行使できる。

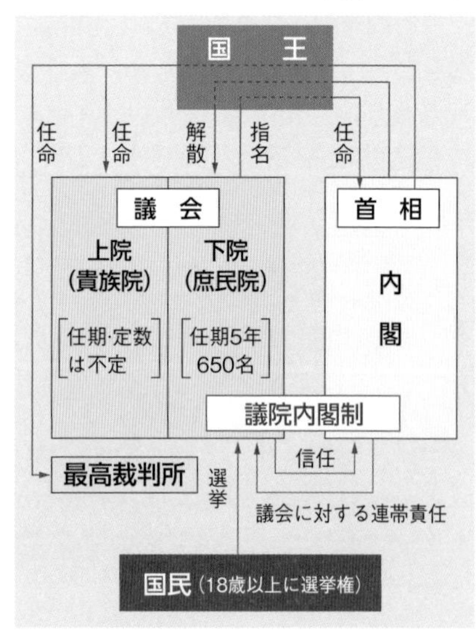

▲イギリスの政治体制

4 内閣

国王が**下院第一党の党首**を首相に任命する。首相以外の国務大臣も，**全員が国会議員**である。下院が不信任決議案を可決しなくても，内閣は自由に下院を解散できる。なお，野党(内閣に大臣を出している政党)第一党は，政権交代に備え影の内閣(シャドー・キャビネット)を組織することになっている。

5 裁判所

裁判所は**違憲審査権**(いけんしんさけん)**を持たない**。そもそもイギリスには日本やアメリカと異なり，統一的な憲法典がない(**不文憲法**(ふぶん))。マグナ・カルタ(大憲章)や権利請願(せいがん)などの人権宣言や慣習法[★3]などが，憲法の機能を担(にな)っている。

6 政党

保守党[★4]と労働党の二大政党制であるが，スコットランド国民党や自由民主党などの少数政党も存在する[★5]。

★3 議会の立法によらず，歴史的に社会で認められてきた慣習に基づいて有効とされる法。

★4 保守党の前身は，17世紀のトーリー党まで遡(さかのぼ)ることができる。

★5 どの政党も単独で議会の過半数を制することができない，ハング・パーラメントという状況になったこともある。

2 アメリカの政治体制――大統領制

1 大統領制

議会と，大統領が率いる政府とが分立(ぶんりつ)(ぶんりゅう)する。議会は大統領不信任決議権を持たず，大統領も議会を解散することができない。

2 大統領

❶**選挙と任期** 有権者が大統領選挙人[★1]を選び，選ばれた大統領選挙人が大統領候補者に投票して決まる(間接選挙)。実際には大統領選挙人は選ばれた時点で，どの大統領候補に投票するのか決まっているので，**直接選挙に限りなく近い**。

大統領の任期は4年，**2期8年が限度**である[★2]。

❷**大統領の権限** 大統領は国家元首であるが，議会に予算案・法案を提出できない。そのため教書を送付して立法などを勧告するが，**教書に法的拘束力**(こうそくりょく)**はない**。議会の議決に対しては，拒否権を行使できる。

★1 大統領選挙人は各州とワシントンD.C.に割り当てられた538人である。

★2 任期中に大統領が死亡・辞任しても補欠選挙はなく，副大統領が自動的に昇格する。

大統領は各省長官や最高裁判所判事を任命する★3が，これには**議会(上院)の同意**が必要である。条約締結も大統領の権限だが，やはり上院の同意を要する。

★3 大統領が代わると，ワシントンだけで3～5万人の行政・司法スタッフが入れ替わる。

3 議会

任期6年で**各州から選ばれる議員**で構成される上院と，任期2年で**各選挙区から選ばれる議員**で構成される下院の二院制である。イギリスと異なり任期中の解散はなく，下院優越の原則もない。

大統領が法案に拒否権を発動した場合，上下両院それぞれで3分の2以上の賛成で再可決すれば法案は成立する★4。議会は重大な不正の疑いのある大統領を弾劾裁判にかけることができる★5。

★4 これに対しては，大統領も拒否権を行使できない。

4 裁判所

裁判所は**違憲審査権を持つ**が，そのことは合衆国憲法に明記されていない。

▲アメリカの政治体制

5 政党

共和党と民主党の二大政党制である。他の主要国で見られる党首や幹事長は存在せず，しっかりした機構ではない。

★5 有罪となった大統領は解任されるが，実例はない。

3｜フランスの政治体制――半大統領制

フランス大統領は**国民による直接選挙**で選ばれる国家元首である。それとともに，議会で多数を占めた政党から首相が指名され，内閣が構成される。

議会が内閣不信任決議を出した場合，首相は大統領に辞表を提出する。大統領は辞表を受理して内閣を総辞職させるか，受理せず議会を解散して総選挙に訴えるかのいずれかを選択する。

大統領の権限が強いので**基本的には**

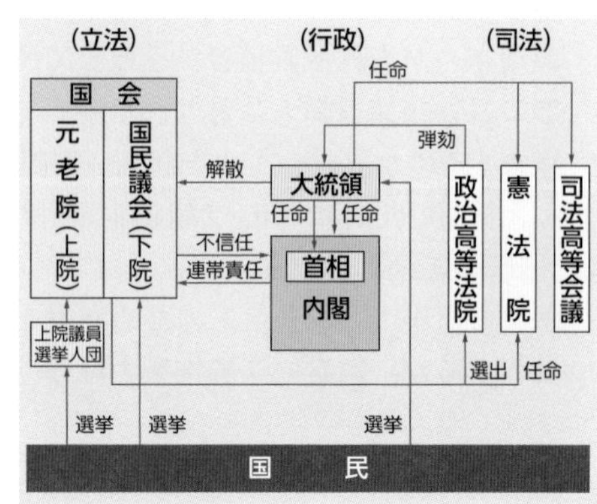

▲フランスの政治体制

大統領制であるが，**議院内閣制の要素もある**ので半大統領制[★1]と呼ばれることがある。これに対してドイツやイタリアの場合，国家元首としての大統領は存在するが政治上の権限は弱い[★2]。政府のトップは内閣なので，議院内閣制である。

★1 ロシアや韓国の政治制度もこれに近い。
★2 戦前のファシズムに対する反省から，個人に強権(きょうけん)を付与することに抵抗が強い。

4 | 中国の政治体制――民主的権力集中制

社会主義国は権力集中制を採用した[★1]。自らは民主的権力集中制と称している。

中国では議会にあたる全国人民代表大会(全人代)が立法権だけでなく，行政権・司法権の三権を持つ。とはいえ**政権政党が共産党しか存在せず**，共産党が容認した者だけが当選できる仕組みであり，イギリスや日本の国会とは異質の機関である。

国家主席が国家元首であり，共産党トップが兼務(けんむ)することが多い。2018年の憲法改正で，**任期が撤廃(てっぱい)**された。

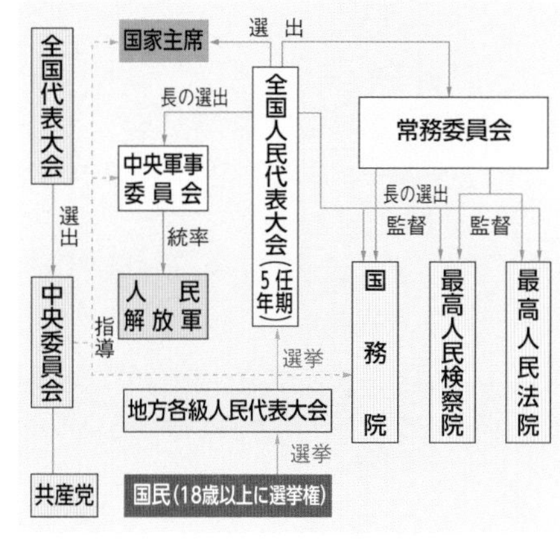

▲中国の政治体制

★1 最初に採用したのは，ソ連共産党の前身であるボリシェビキであった。

補説 **開発独裁**　1960年代以降，アジアや中南米の一部で開発を優先して人権を軽視する**開発独裁**と呼ばれる体制をとる国々が登場した。政治的には**官僚と軍部が権力を握り**，議会で民主化勢力が一定以上の議席を得ることが困難な制度であった。経済的には外国資本を積極的に導入し，安価な人件費を武器に**輸出主導で経済を発展させた**。

経済発展とともに民主化を求める声が高まり，多くの国で独裁体制は崩壊した。世界的な不況で輸出が伸び悩み，輸出依存の経済の脆(もろ)さが表面化したことも，体制批判の声を高めた。

[各国の政治体制]

① イギリス…議院内閣制。内閣は議会の信任を前提とする。
② アメリカ…大統領制。議会に大統領不信任決議権がない。
③ フランス…議院内閣制の要素もある半大統領制。
④ 中国…全国人民代表大会に権力が集中する民主的権力集中制。

• CHAPTER

2 » 日本国憲法と日本の政治

まとめ

SECTION 1 大日本帝国憲法から日本国憲法へ p.96

□ 大日本帝国憲法

・**天皇主権**

天皇は統治権の総攬(そうらん)者だった。
統帥権(とうすいけん)など広範な皇室大権(天皇大権)を持っていた。

・**恩恵としての権利**

天皇が法律の留保(りゅうほ)つきで，臣民(しんみん)(国民)に与えたものとされた。
社会権の規定はなかった。

□ **日本国憲法の成立**　連合国総司令部(GHQ)のマッカーサー草案をもとに作られた政府案が，明治憲法の改正という形式で制定された。

SECTION 2 国民主権を掲げる憲法 p.98

□ 主権の3定義

・**包括(ほうかつ)的な支配権**…国家の領域を支配する権力。

・**対外的な独立性**…国外からの支配・干渉を排除する権力。

・**その国のあり方を最終的に決める権力**…国民主権はこの意味。

□ **主権行使の機会**　主権者である国民が，主権を直接行使できる例がある。

最高裁判所裁判官の国民審査
地方特別法の住民投票
憲法改正の国民投票

SECTION 3 平和主義を掲げる憲法 p.100

□ 再軍備と日米安全保障条約

・**再軍備**…警察予備隊→保安隊→自衛隊と発展した。

・**米軍基地**…日米安全保障条約に基づいて，日本国内に置かれている。

□ 憲法第9条をめぐる裁判と政策

・**裁判**…日米安全保障条約と自衛隊について，最高裁判所は憲法判断をしていない。

・**政策**…文民(ぶんみん)統制，非核三原則，防衛装備移転三原則などの政策がある。

☐ **自衛隊の海外派遣**

- **自衛隊法による派遣**…湾岸戦争後に機雷処理のため派遣された。
- **PKO協力法に基づく派遣**…カンボジアなどで，国連平和維持活動に参加してきた。
- **特別措置法による派遣**…インド洋とイラクに派遣された。
- **海賊対処法に基づく派遣**…ソマリア沖に派遣されている。

☐ **集団的自衛権と安全保障法制**　他国への攻撃を自国への攻撃と見て武力行使する集団的自衛権が，認められるようになった。

- **武力攻撃事態法**…日本への武力攻撃に対して防衛行動をとる。個別的自衛権も集団的自衛権も行使できる。
- **重要影響事態法**…日本に脅威がある場合に，他国軍を後方支援する。
- **国際平和支援法**…日本に脅威がない場合でも，他国軍を後方支援する。

SECTION 4 基本的人権を掲げる憲法 ☞p.106

☐ **平等権**

- **形式的平等**…機会の平等を目指す→全員を一律に扱う。
- **実質的平等**…結果の平等を目指す→合理的区別を設ける。

☐ **自由権**

- **精神の自由**…思想・良心の自由，信教の自由，表現の自由，学問の自由などが保障されている。
- **人身の自由**…適正手続きの保障，被疑者・刑事被告人の権利などが保障されている。
- **経済活動の自由**…居住・移転および職業選択の自由，財産権などが保障されている。

☐ **社会権**　生存権，教育を受ける権利，労働基本権などが保障されている。

☐ **請求権**　請願権，国家賠償請求権，裁判を受ける権利，刑事補償請求権などが保障されている。

☐ **参政権**　選挙権，被選挙権などが保障されている。

☐ **新しい人権**　環境権，知る権利，プライバシーの権利，アクセス権などが主張されている。知る権利とプライバシーの権利は判例で認められ，法律でも保障されている。

大日本帝国憲法から日本国憲法へ

▶ 憲法によって為政者の権力濫用(らんよう)を防ぐ原理を，立憲主義という。法の支配を具体化する手段の1つである。

日本はこれまで，2つの憲法を持ったことがある。戦前の大日本帝国憲法(明治憲法)と，現在の日本国憲法である。新旧2つの憲法について，制定過程と内容を比較してみよう。

1 大日本帝国憲法

明治政府は内外から，憲法制定を迫(せま)られていた。

1つは憲法や国会開設を求める自由民権運動★1という国民的運動である。運動が力をつける前に，**国民を支配するのに都合がよい内容**の憲法を作らなくてはならなかった。

もう1つは徳川(とくがわ)幕府が諸外国と結んだ不平等条約改正★2のために，日本も**欧米と対等な近代国家**であることを示す必要があった。

そこで政府は，君主権が強いプロイセン★3の憲法を参考に，天皇が定めた欽定(きんてい)憲法(君主が定めた憲法)としての大日本帝国憲法(明治憲法)を1889年2月11日に制定・発布(はっぷ)した。この日は戦後，神話に基づく建国記念の日となっている。

★1 五日市(いつかいち)憲法のように，民間独自の憲法草案が各地で作られていた。

★2 外国人を日本の裁判所で裁けないなどの規定があった。

★3 当時はドイツ地方の新興国(しんこうこく)だが，後に全ドイツを統一する。

1 天皇主権

天皇は神聖不可侵(ふかしん)の元首とされた。表面的には三権分立(ぶんりつ(ぶんりゅう))の形をとったが，天皇は究極的に三権すべてを握る統治権の総攬者(そうらん)であった。

帝国議会は天皇の立法権を協賛(きょうさん)★4する機関であった。**憲法に内閣の規定はなく**，総理大臣・国務大臣は，天皇が自由に任免した。大臣は天皇の行政権を輔弼(ほひつ)(補佐)する立場であった。裁判所は天皇の**名において**(代理として)，司法権を行使する機関と位置付けられていたのである。

さらに天皇は軍隊用兵の権限である統帥権(とうすいけん)など幅広い皇室大権(天皇大権)★5を持ち，議会や内閣の同意なく行使することができた。★6

★4 あらかじめ審議し同意すること。

★5 法律に代わる緊急勅令(ちょくれい)や独立命令などを，立法することができた。

★6 これを「統帥権の独立」という。

2 恩恵としての権利

表現の自由などの自由権を中心に保障はされていたものの，自然権としてではなく，天皇が**臣民(家臣である国民)に恩恵として与えた**ものであった。さらに法律の留保があり，法律の範囲内でのみ認められたに過ぎなかった。[★7]

また，労働基本権などの**社会権はまったく明記されていない。**

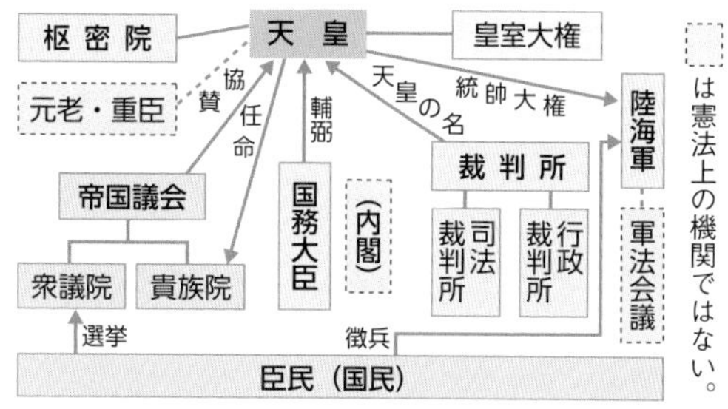

▲大日本帝国憲法のもとでの政治組織

★7 法の支配というより，法治主義が徹底していた。

[大日本帝国憲法の性格]
大日本帝国憲法は天皇を元首とする欽定憲法で，天皇が統治権を握っており，人権は恩恵として与えられたものに過ぎなかった。

2 日本国憲法の成立

1945年8月14日，ポツダム宣言[★1]を受諾して連合国に降伏した日本は，連合国軍のトップである連合国軍総司令部(GHQ)から憲法改正を求められた。そこで国務大臣の松本烝治を委員長とする憲法問題調査委員会を**政府内に設置し**，憲法改正案(松本案)を作成した。だが松本案は大日本帝国憲法を根本から変えるものではないことを毎日新聞の報道で内容を知った連合国軍総司令部のマッカーサー司令官は拒否することを伝え，**日本政府は松本案を帝国議会に出せなくなった。**

★1 アメリカ・イギリス・中華民国の対日共同宣言で，ソ連は対日参戦後に名を連ねた。

極東委員会（連合国11カ国）
ワシントン
最高方針
アメリカ政府
通達
連合国軍総司令部(GHQ)
諮問
対日理事会（米英中ソの4か国）
東京
東京
指令
日本政府

▲連合国軍の日本占領機構

▲マッカーサー

その後，連合国軍総司令部はマッカーサー3原則[★2]に基づいて作成したマッカーサー草案を日本政府に提示した。日本政府はこの草案を踏まえ，新たな政府案を作成して帝国議会に提出した。これが衆議院・貴族院で審議，修正を経て可決され，日本国憲法として1946

★2 天皇制維持・戦争放棄・封建的制度の廃止。

年11月3日[★3]公布，半年後の1947年5月3日に施行された。5月3日は憲法記念日である。

★3 なぜか明治天皇の誕生日だった（戦後は文化の日）。

形式上は大日本帝国憲法の改正だが，内容的にはそれまでの憲法と根本的に異なっており，**国民主権・平和主義・基本的人権の尊重**(そんちょう)を柱とした。

[日本国憲法の誕生]

日本政府が最初に作った憲法改正案（松本案）は帝国議会に提出されず，マッカーサー草案を前提に作った政府案が帝国議会で可決された。

SECTION 2 国民主権を掲げる憲法

▶ 大日本帝国憲法（明治憲法）下の日本では，天皇主権体制を悪用した軍部・官僚が日本を戦争に導いた。この反省から，戦後の日本国憲法では，前文および本文で国民主権を明確に打ち出している。

1 主権の3定義

主権といった場合，以下の3つの意味がある。

1 国家の支配権

「日本の主権は日本の領土・領海・領空に及ぶ」という使い方の場合は，**包括的**(ほうかつ)**な支配権**を意味する。

2 国家の対外的独立性

「日本は主権国家である」という使い方の場合は，**外国に支配されず内政干渉を受けていない国家**であることを意味する。[★1]

★1 近年は国際機関や条約などで，制約される傾向にある。

3 国政に関する最終決定権

「明治憲法は天皇主権であった」「日本国憲法は国民主権である」という使い方の場合は，**その国のあり方を最終的に決める権力**を意味する。

戦前は主権者であった天皇は，象徴（しょうちょう）という位置付けである。天皇の地位や皇位継承，皇族の範囲については，皇室典範（てんぱん）★2という法律に規定されている。

★2 憲法を改正しなくても皇室典範の法改正で，女性天皇は可能となる。

2｜主権行使の機会

日本は間接民主制を採用しており，国民は議員に主権行使を委ねているが，国民自らが主権を行使する機会も存在する。これは議会政治を否定するものではなく，**補完する**ものである。

1 最高裁判所裁判官の国民審査

任命後初めて行われる**衆議院議員総選挙の際**に行われる。その後10年を経過した後初めて行われる総選挙の際にも行い，その後も退任するまで続く。対象となる裁判官の名前が印刷された用紙を受け取り，罷免（ひめん）を可とする裁判官の下に×を記入し，**罷免を可としない裁判官の下には何も書かず**に投票する★1。

★1 国民審査で罷免された裁判官は，一人もいない。

2 地方自治特別法の住民投票

広島平和記念都市建設法のように1つの地方公共団体(地方自治体)だけに適用される法律は，法案が国会の賛成多数で可決しただけでは成立しない。国会での可決後，その地方公共団体において**住民投票での過半数の賛成**があって初めて成立する。

3 憲法改正の国民投票

憲法改正は各議院で**総議員の3分の2以上**が賛成して発議される。発議後60日以上180日以内に国民投票を実施し，**有効投票の過半数**の賛成で憲法は改正される。投票できるのは，18歳以上の有権者である。

なお，日本国憲法のように通常の法律よりも改正手続きが厳しい憲法を硬性（こうせい）憲法と呼ぶ。通常の法律と同じ手続きで改正されるのが軟性（なんせい）憲法であるが，ほとんどの憲法が硬性憲法である★2。

★2 軟性憲法を採用している国はイスラエルなど，わずかである。

POINT!
[日本の直接民主制]
日本国民が主権を直接行使するのは，最高裁判所裁判官の国民審査・地方自治特別法の住民投票・憲法改正の国民投票の3件である。

SECTION 3 平和主義を掲げる憲法

▶ 日本国憲法は第9条で戦力不保持を明記したが，現実には駐留米軍や自衛隊が存在する。その起源や歴史的な経過，現状を確認しよう。

1 再軍備と日米安全保障条約

1 再軍備

1950年に勃発した朝鮮戦争[★1]をきっかけとして，連合国軍総司令部(GHQ)の指令により1950年に警察予備隊が発足した。構成員の7割が旧日本陸軍の将兵だった警察予備隊は1952年に保安隊へ改組され，同年に海上警備を担う警備隊が創設された。1954年には自衛隊が発足した。保安隊が陸上自衛隊に，警備隊が海上自衛隊に発展し，さらに航空自衛隊が創設されたのである。

★1 1950～53年，朝鮮民主主義人民共和国(北朝鮮)と大韓民国(韓国)との間で行われた戦争。

2 日米安全保障条約

❶1951年の締結　1951年，日本はサンフランシスコ平和条約[★2]と日米安全保障条約(安保条約)を締結した。

平和条約が発効すると，日本は連合国軍総司令部の占領から独立した，つまり主権を回復した。それまで占領軍の一員として日本に駐留した米軍は，冷戦[★3]に対峙する必要から，**主権国家となった日本にも引き続き駐留すること**を望んだ。そこで日米安全保障条約を結んだのである。

この時は日本がアメリカに基地を提供する義務だけが明記されており，**アメリカには日本を防衛するという義務はなかった**。

★2 日本の吉田茂内閣が，連合国48か国と調印した。

★3 資本主義陣営と社会主義陣営の対立。

▲サンフランシスコ平和条約に調印する吉田茂首相

▲朝鮮戦争

❷1960年の改定　1960年に岸内閣が国民の激しい反対[★4]を押し切って，日米安全保障条約を改定した。国会に警官を導入しての，強行採決であった。

★4 デモに参加した東大生の樺美智子さんが亡くなった。

★5 北東アジアを指すとされる。

日米相互協力及び安全保障条約(新安保条約)の内容は，以下の通りである。

1 **米軍の日本駐留と基地使用**　極東[★5]と日本の安全のため，引き続き認める。

2 **日米共同防衛義務**　**日本国の施政下にある領域**について，日米のいずれかが武力攻撃を受けた場合，日米は共同して防衛に当たる義務を負う。なお，日米安全保障条約の**改定は，この時だけ**である。

補説 **事前協議制**　条約に付随する交換公文には事前協議制(在日米軍の配備・装備に重要な変更がある場合，日米両政府が事前に行う協議)が盛り込まれたが，事前協議は**一度も開かれたことがない**。

▲極東の範囲

2｜憲法第9条をめぐる裁判と政策

1 裁判

❶長沼ナイキ基地訴訟　**自衛隊が争点となった事件である。**

第1審は自衛隊を，憲法が禁じる戦力に当たり違憲であるとの判決を下した[★1]。第2審は統治行為論に基づいて，自衛隊に関する憲法判断を回避した。第3審の最高裁判所は統治行為論には触れず，自衛隊を違憲とする原告の訴えを却下した。

★1 札幌地方裁判所の福島判決。

▼長沼ナイキ基地訴訟

訴訟の内容	北海道長沼町にミサイル基地を建設することに反対して，地元住民が，憲法前文にある平和的生存権を主張しておこした訴訟。
争点	自衛隊は合憲か？　違憲か？
判決	[第一審] 自衛隊は戦力なり。違憲。 [第二審] 統治行為論により判断せず。 [第三審] 原告の上告を棄却。

❷砂川事件　**日米安全保障条約及び駐留米軍が争点**となった事件である[★2]。

★2 第1審の東京地方裁判所は，駐留米軍を違憲とする判決を下した(伊達判決)。

最高裁判所は憲法が禁じる戦力とは，日本が主体的に管理・運用する戦力を指すのであり，これに該当しない**駐留米軍は違憲とはいえない**とした。統治行為論（**高度に政治的な国家行為**については，国民やその代表である国会が判断すべきであり，**裁判所が憲法判断をすべきではない**という学説★3）に基づき，合憲とも違憲とも言わなかった。

★3 司法府の関与を小さく解釈する司法消極主義の現れ。

▼砂川事件

事件の内容	東京都砂川町（現在の立川市）の米軍基地立川飛行場拡張に反対する学生や労働者が，基地内に侵入し，起訴された事件。
争点	在日米軍が憲法第９条の戦力不保持に違反しているのか？　安保条約にまで違憲審査権がおよぶのか？
判決	東京地方裁判所…在日米軍は戦力に当たる。 日米安全保障条約（安保条約）も違憲。 ［跳躍上告］第一審の判決に対し，控訴審（第二審）を経ずに最高裁判所に申し立てを行うこと。 最高裁判所…憲法第９条が禁止する戦力とは，わが国が指揮，管理できるものを指す。 在日米軍は，これに当たらない。よって，戦力ではない。 安保条約は，統治行為論により憲法判断を留保。

2 基本政策

❶文民統制（シビリアン・コントロール）　**自衛隊の最高指揮権は文民★4である内閣総理大臣が持ち**，防衛大臣は自衛隊の隊務を統括する。憲法上，総理大臣を含め大臣はすべて文民である。そのため，総理大臣と複数の大臣で構成される国家安全保障会議も，メンバーはすべて文民となる。

★4 自衛官を含め職業軍人でない者。

❷非核三原則　核兵器を「**持たず，作らず，持ち込ませず**」という非核三原則が佐藤内閣の閣議決定を経て1971年，国会で決議された。これは国の方針とされている★5。

「米軍艦船の日本領海通過や在日米軍基地への寄港に際しては，この原則を適用しない」という日米密約の存在が，2010年に発覚した。

★5 非核三原則は法律ではない。

❸防衛装備移転三原則　2014年に安倍内閣は，従来の武器輸出三原則★6に代えて防衛装備移転三原則を定めた。以下の**三原則を満たせば，武器を輸出できる**。

1 移転を禁止する場合の明確化。
2 移転を認める場合の限定ならびに厳格審査および情報公開。
3 目的外使用および第三国移転にかかる適正管理の確保。

★6 佐藤内閣で定められた武器輸出三原則は，武器輸出禁止に近い厳しい内容だった。

3 自衛隊の海外派遣

1 自衛隊法による派遣

1991年の湾岸戦争★1において，日本は多国籍軍へ130億ドルを拠出したが，海外の一部からは人的貢献を求める声が寄せられていた。そのため戦争終結後，掃海任務を定めた自衛隊法第99条(当時)に基づいて，海上自衛隊の掃海部隊が**機雷処理のためペルシャ湾に派遣**された。

★1 1990年のイラクによるクウェート侵攻に対して，アメリカ中心の多国籍軍がイラクを攻撃した。

2 PKO協力法に基づく派遣

1992年にPKO(国連平和維持活動)協力法が制定され，PKO★2に自衛隊が参加するようになった。最初に派遣されたのはカンボジアで，その後モザンビークや南スーダンなど各地のPKOを行っている。

PKOは**国連憲章に明記されていない活動**である。

★2 停戦監視や選挙監視，地雷除去などを行う国連の活動。

3 特別措置法による派遣

❶**テロ対策特別措置法**　2001年に起きたアメリカ同時多発テロ★3の報復と称して，アメリカ・イギリス軍がアフガニスタンを攻撃した。これに対応して，自衛隊の艦船がインド洋に派遣され，海上で**給油活動を行った**。

❷**イラク復興支援特別措置法**　2003年のイラク戦争★4終結後，復興支援のため自衛隊がイラクに派遣された。

これらの特別措置法は**1年間の時限立法**であり，新法を制定しないかぎり1年後に失効する。

★3 2001年9月11日，テロリストにハイジャックされた航空機がニューヨークやワシントンで建造物に自爆攻撃を行った。

★4 イラクの大量破壊兵器保有を口実に，国連の承諾なしに米英軍がイラクを攻撃した。

▲アメリカで起きた同時多発テロ

▲イラクで任務につくアメリカ軍部隊

4 海賊対処法に基づく派遣

海賊から民間船舶を守るため，2009年に海賊対処法が制定され，海上自衛隊の艦船がアフリカ・ソマリア沖へ**派遣**されている。

4 集団的自衛権と安全保障法制

1 2つの自衛権

自衛権は外国の攻撃から自国を防衛する権利で，2種類ある。[★1]

★1 国連憲章は個別的自衛権・集団的自衛権の双方を認めている。

❶**個別的自衛権**　攻撃を受けた国が，自衛の行動をとる権利である。個人の自己保存権にあたる。

❷**集団的自衛権**　自国と密接な関係にある国が攻撃を受けた場合，自国が攻撃されたものと見なして武力を行使する権利である。**自国が直接攻撃されていない場合でも，軍事行動をとる**ことができる。

従来の日本政府は，日本が行使できるのは個別的自衛権のみであり憲法上，集団的自衛権は持っていても使えないと述べてきた。だが2014年，安倍内閣は憲法上も**集団的自衛権行使は許される**と閣議決定し，その後の法制定・改正で法制化された。

2 武力攻撃事態法

2003年に制定された**武力攻撃事態法**は，日本への攻撃に対して個別的自衛権を行使する際の手続きを定めていた。2015年，日本の存立が脅かされるなど**一定の条件を満たせば集団的自衛権も行使できる**よう改正された。

3 重要影響事態法

日本の安全に重要な影響を与える事態が発生した場合，他国の軍隊を後方支援[★2]できるが，自衛隊が戦闘行為に直接参加するわけではない。「日本周辺」という**地理的な制約がなく，支援対象国も特定されていない**。

★2 給油や武器輸送などがあるが，前線では戦闘参加との区別は困難とされる。

4 国際平和支援法

国際社会が対応を迫られる事態が発生すれば，**日本の安全に脅威がない場合**でも，自衛隊が他国軍を後方支援する。特別措置法ではなく，**期限の定めがない**恒久法である。

補説 **沖縄の基地問題**　面積で日本全体の0.6%を占める沖縄県には，**在日米軍基地の約70%が集中**している。だが1952年，サンフランシスコ平和条約が発効した年に沖縄に置かれた米軍基地は，日本全体の米軍基地の約10%だった。1972年，沖縄の本土復帰の年には約60%となっており，次第に比重が高まっているのがわかる。

米軍基地が集中することで，米兵による犯罪だけでなく，騒音被害や汚染物質の流出などの深刻な問題も集中することになる。航空事故の懸念もあるが，米軍機は「墜落したら危ない」という理由で，米軍関係者の住宅上空では低空飛行訓練をしない。

米軍基地は経済的にもマイナスとされる。基地を返還させて平和的に利用した方が，利益は大きいという沖縄県の試算がある。それによれば，米軍自身が「世界一危険な飛行場」と認めた普天間基地の場合，現在の基地収入は年間120億円だが，商業・観光施設を建設すると3,866億円で，30倍を超える経済効果があるとされる。

▲沖縄県の普天間基地

[安全保障法制]

① 武力攻撃事態法…日本への攻撃に対して，自衛隊が個別的・集団的自衛権を行使して戦う。

② 重要影響事態法…日本は攻撃されていないが日本への脅威がある場合，自衛隊が他国軍を後方支援する。

③ 国際平和支援法…日本が攻撃されておらず日本への脅威もない場合，自衛隊が他国軍を後方支援する。

基本的人権を掲げる憲法

▶憲法に明記された基本的人権は，平等権・自由権・社会権・請求権・参政権の5種類である。それに加えて，憲法に明記はされていないものの，憲法が認めていると考えうる新しい人権も，数種類が主張されている。

人権の担い手は自然人(個人)だけではない。企業などの法人や外国人も，自然人とまったく同じではないとはいえ，一定の人権が保障されている。

▼日本国憲法の基本的人権

平等権	法の下の平等(第14条) 両性の本質的平等(第24条) 参政権の平等(第44条)
自由権的基本権(自由権)	精神の自由(第19条～第21条・第23条) 人身の自由(第18条・第31条～第39条) 経済活動の自由(第22条・第29条)
社会権的基本権(社会権)	生存権(第25条) 教育を受ける権利(第26条) 勤労権(第27条) 勤労者の団結権・団体交渉権・団体行動権(第28条)
請求権	請願権(第16条) 国家賠償請求権(第17条) 裁判を受ける権利(第32条) 刑事補償請求権(第40条)
参政権	公務員の選定・罷免の権利(第15条)・憲法改正の国民投票(第96条)など

1 | 平等権

1 形式的平等と実質的平等

平等には以下の2種類あると考えられる。

❶形式的平等　**全員を平等に取り扱う**ことで，機会の平等を保障する。親の所得には関係なく公立義務教育を無償とすることや，18歳になれば誰もが選挙権を与えられることなどが挙げられる。

❷実質的平等　**合理的な区別を設ける**ことによって，結果の平等を目指す[★1]。親の所得に応じた奨学金制度や，国・自治

★1 アメリカのロールズが重視した正義の第2原理に該当する。

体などに一定割合の障害者★2雇用を義務付ける障害者雇用促進法などが挙げられる。

★2 近年，「障碍（がい）者」と表記すべきという声が高まっている。

2 不平等を示す実態

❶1票の格差　選挙区定数（ていすう）と有権者数とにズレがあり，有権者の住む場所によって票の重さに格差があることが問題となっている。

最高裁判所は衆議院の格差については，**1976年・1985年に違憲判決**を出した。参議院の格差については1996年・2012年・2014年の判断では「違憲の疑いは強いが，適切な期間以内に是正（ぜせい）すればよい」旨の**違憲状態という判決**にとどまっており，違憲判決はない。

参議院の格差は，1対6を超えたことがある(1992年)。アメリカ下院では1対0.993の格差に対しても，違憲・無効の判決が下された。

❷民法の夫婦同姓規定　民法は婚姻（こんいん）した男女★3の夫婦同姓を定めている。同姓・別姓を自由に選ぶ選択的夫婦別姓を求める立場から，民法の同姓規定を違憲であるとする訴えがなされているが，違憲を確定する判決は出ていない。

★3 同性婚を認めていないことを問題視する声もある。

法律で夫婦同姓を強制しているのは，世界で日本だけである。

3 平等への法的取り組み

アイヌを先住民族と認めたアイヌ民族支援法や，ジェンダー★4平等を目指す男女共同参画社会基本法，民族差別に対するヘイトスピーチ対策法★5，候補者の男女比をできるだけ同等にすることを政党に求める候補者男女均等法など，十分とは言えないものの，法整備が進んでいる。

裁判でも，非嫡出子（ひちゃくしゅつし）★6の法定相続分を嫡出子の2分の1とする民法規定に対して**最高裁が違憲判決**を下し，民法が改正されたなどの例がある。

★4 gender。生物学上の性差sexに対して，社会的・歴史的に形成された性差を指す。

★5 禁止規定や罰則はない。

★6 婚姻届を出していないカップルの子。

[2つの平等]

平等には機会の平等を定める形式的平等と，結果の平等を求める実質的平等がある。

2｜自由権

自由権は国家の無作為によって保障され，国家からの自由と呼ばれる。憲法では，精神の自由・人身の自由・経済活動の自由という3種類の自由権を規定している。

1 精神の自由

❶思想・良心の自由　**大日本帝国憲法では保障されていなかった**。学生運動の経歴が発覚して解雇された従業員が起こした三菱樹脂訴訟で最高裁判所は，「思想および良心の自由は，私企業と従業員という**私人相互の関係には直接適用されない**」として，会社側勝訴の判決を下した。

❷信教の自由　大日本帝国憲法では，**「臣民の義務に背かない範囲」で保障されていた**。信教とは信仰と布教を指す。神社神道が権力と結びついて国民を戦争に動員した反省から，憲法は政教分離の原則を定めている。愛媛県が公費から玉串料★1を出したことが争点となった愛媛玉串料訴訟において，最高裁判所は**政教分離原則に反し違憲である**とした。

❸表現の自由　大日本帝国憲法では，**法律の範囲内で保障されていた**。そのため，治安警察法や治安維持法などで，合法的に弾圧されることが多かった。

表現の自由を守るために，行政府が出版物を事前に検査して発表を禁ずるような検閲制度は，日本国憲法で禁止されている。文部省★2の教科書検定制度が争点となった家永教科書訴訟★3で，最高裁判所は**検定を検閲にあたらないもの**として，合憲との判決を下した。

❹学問の自由　**大日本帝国憲法では保障されていなかった**。そのため，学説を理由に学者が弾圧された滝川事件★4や天皇機関説事件★5などが起きた。学問の自由とは研究の自由・研究成果発表の自由・教授の自由を指す。

★1 神社への寄附金。仏教寺院へのお布施やキリスト教会への献金にあたる。

★2 現在の文部科学省。

★3 家永三郎・元東京教育大学教授が，教科書「新日本史」の検定不合格処分に対して，その取消を求めた訴訟。

★4 刑法学説がマルクス主義的であるとして，京都帝国大学の滝川幸辰教授が大学から追放された。

★5 天皇を国家の一機関とする学説が攻撃され，貴族院議員の美濃部達吉が議員辞職に追い込まれた。

[新旧憲法における精神の自由]

日本国憲法が定める精神の自由のうち，大日本帝国憲法で…

① 認められていた→信教の自由，表現の自由。

② 認められていなかった→思想・良心の自由，学問の自由。

2 人身の自由

不当逮捕や拷問が横行した戦前の反省から，特に詳細な規定が設けられている。

❶適正（法定）手続きの保障

1 **罪刑法定主義**　何が犯罪であり，どの犯罪に対していかなる刑罰を科すかについては，あらかじめ法律★6で定めておかなければならない。「**裁判官は法を述べる口である**」と言われ，法の支配を具体化するものである。

2 **罪刑の均衡**　法律で定めた**刑罰の内容も，バランスある適正なもの**でなければならない★7。

❷被疑者・刑事被告人の権利

1 **令状主義**　警察が被疑者★8を逮捕したり住居を捜索・証拠を押収したりする場合には，裁判官が発行する令状が必要である。ただし**現行犯逮捕の場合には，令状は必要ない。**

2 **遡及処罰の禁止**　実行のときの法律で合法であった行為については，その後法律が改正されたとしても遡って処罰されることはない。安心して行動するためには不可欠の権利であり，**自由な経済活動を前提とする資本主義を支える原理**でもある。

★6 ここでは刑事訴訟法を指す。

★7 10人以上を対象とした大量殺人も1個30円のチョコレートの万引きも，同じ刑罰というのでは均衡を欠く。

★8 起訴前の段階。起訴されると刑事被告人になる。

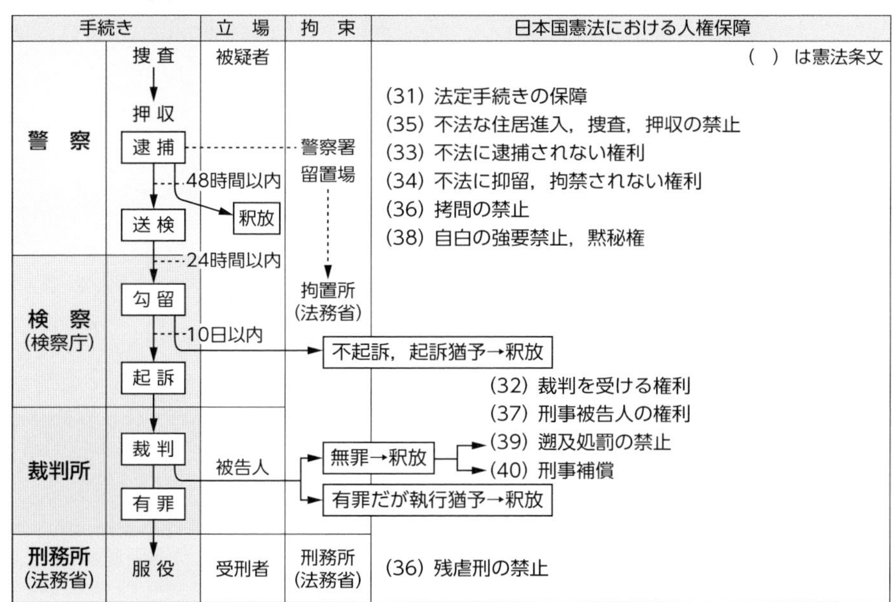

▲刑事手続きと身体の拘束

③ **一事不再理**（いちじふさいり）　裁判で無罪が確定した場合，同じ罪状で再び起訴されて裁判にかけられることはない。有罪が確定した場合でも，重ねて刑事上の責任を問われない。

だが決定的な証拠の発見などで有罪が疑わしい状況になれば，再審が開かれることがある。**死刑囚**（しけいしゅう）**が再審で無罪を勝ち取った例**もある。[★9]

★9 再審で前の確定判決より刑が重くなることはない。

▼死刑・無期懲役（むきちょうえき）の確定後に再審で無罪となった事件（戦後）

発生年	事件名	確定判決	再審判決(確定年)
1948	免田事件	死刑	無罪　(83年)
50	財田川（さいたがわ）事件	死刑	無罪　(84年)
55	松山事件	死刑	無罪　(84年)
50	梅田事件	無期懲役	無罪　(86年)
54	島田事件	死刑	無罪　(89年)
90	足利（あしかが）事件	無期懲役	無罪(2010年)
67	布川事件	無期懲役	無罪　(11年)
97	東電OL殺人事件	無期懲役	無罪　(12年)

［再審］

再審は確定判決が…① 無罪の場合は，開かれない。
② 有罪の場合は，開かれることがある。

3 経済活動の自由

❶居住・移転および職業選択の自由と財産権　どこに住むか，どこへ引っ越すか，どのような仕事をするか，ということは自分の財産を守る権利と合わせて保障されている。

ただ，制約が皆無（かいむ）というわけではない。医師など，**国家資格が必要な職業**もある。自分の土地だからといって，どのような建物を建造してもよいことにはならず，**消防法や建築基準法などの制約**がある。

❷薬局開設距離制限違憲判決　薬事法は過当（かとう）競争防止を目的として，薬局の開設に距離制限を定めていた。[★10] 競争に勝つために不良医薬品を販売する薬局が増えるのを防ぐという趣旨だが，開設距離制限は**職業選択の自由を損なうものではないか**という点が争点となった。

★10 これが「適正配置規制」で，小売市場や銭湯にも適用されている。

最高裁判所は「過当競争があるから不良品が流通する，という見方は合理性を欠く」として**制限規定を違憲であるとの判決**を下した。

3　社会権

社会権は法令・制度の整備など国家の作為（さくい）によって実現するため，国家による自由と呼ばれている。社会権を世界で初めて明記したのは，1919年のワイマール憲法だった。

1　生存権

憲法は単に生きるのではなく，**健康で文化的な最低限度の生活**を国民に保障している。

生活保護の金額が，憲法第25条にある「健康で文化的な最低限度の生活」を満たすかどうかが争点の事件である朝日訴訟で，最高裁判所は原告の死亡を理由に訴えを却下（きゃっか）した上で，憲法は**国の指針を示したものに過ぎず，国民の権利を直接保障したものではない**というプログラム規定説を示した。★1

2　教育を受ける権利

国民に教育を受ける権利★2を保障するため，**義務教育★3は無償（むしょう）**とされる。ただし私立の小中学校には適用されないし，公立でも**無償なのは授業料と教科書代**にとどまる。家計によっては，給食費や修学旅行積立金の負担が大きい。

子ども・子育て支援法や大学等修学支援法が制定されたが，全世帯を対象とする完全無償化には至（いた）っていないのが実情である。

3　労働基本権

憲法は勤労権★4と労働三権を保障している。労働三権とは，以下の3つである。

❶**団結権**　自主的に労働組合を結成する権利。
❷**団体交渉権**　労働組合が使用者と団体交渉する権利。
❸**団体行動権（争議権）**　ストライキなどをする権利。
▶ただし，公務員の労働三権は，一定の制限がある。

★1 この判決では生活保護基準の決定は厚生大臣に委ねるとした。

★2 子どもの権利であって，義務ではない。

★3 親が子どもを通学させる義務である。

★4 勤労は権利であり義務でもある。

4 請求権

人権を確保するための権利であり，行使者に年齢や国籍の制限はない。

1 請願権

公権力に対して，**平穏にお願いをする権利**である。デモや署名活動などは選挙での投票を補うという，参政権に近い機能がある。

2 国家賠償請求権

公務員の不法行為で損害を受けた者が，賠償を求める権利である。

書留の遅配による損害をめぐって，国の賠償責任を紛失や破壊に限定した郵便法[★1]の規定が国家賠償請求権の侵害かどうかが争点となった郵便法免責規定事件で，最高裁判所は「遅配まで責任を免除することは合理性を欠く」として，違憲判決を下した。

★1 当時は郵政民営化前で，郵便配達は国営事業であった。

3 裁判を受ける権利

裁判を受ける権利は，自由権(人身の自由)でもある。人権を保障して**法の支配を確立する**ために，この権利は欠かせない。

4 刑事補償請求権

抑留[★2]または拘禁[★3]された後に無罪判決を受けた者は，国に補償を求めることができる。請求や保障内容については，刑事補償法に定めがある。

★2 比較的，短期の拘束。

★3 比較的，長期の拘束。

5 参政権

選挙権・被選挙権[★1]だけでなく，国民投票や住民投票での投票権も含む。国家への自由と呼ばれている。

★1 公職に立候補する権利。

1 選挙権・被選挙権

選挙権は満18歳以上の国民に与えられる。被選挙権を持つのは都道府県知事と参議院議員は満30歳以上，それ以外は満25歳以上である。

2 在外日本人の選挙権

かつての公職選挙法は在外日本人の選挙権を，**衆参両院の比例代表選挙に限って認めていた**。選挙区選挙の投票権を認めないことが選挙権の侵害に当たるかどうかが争点の在外日本人選挙権訴訟で，最高裁判所は**違憲判決を下した**。

これに伴い公職選挙法が改正され，衆議院の小選挙区と参議院の選挙区においても在外投票★2が可能となった。

★2 原則として大使館など在外公館で投票するが，郵便での投票もできる。

3 在日外国人の選挙権

特別永住者★3である外国人が地方選挙権を求めた永住外国人地方選挙権訴訟で，最高裁判所は「**外国人に地方選挙権を付与しても，違憲とは言えない**」との判断を示した。同時に，付与するには法改正が必要とも述べている。

★3 サンフランシスコ平和条約で日本国籍を失った後も，日本に永住する者。

その方向での公職選挙法改正は実現しておらず，在日外国人は国政選挙・地方選挙いずれにおいても，**選挙権・被選挙権を有していない**。

[日本の公職選挙法]
① 外国にいる日本人の選挙権は認められている。
② 日本にいる外国人の選挙権は認められていない。

6 | 新しい人権

環境破壊や高度情報化など，憲法制定時には予測できなかった事態が生まれている。それに対応して主張されているのが，「新しい人権」である。

1 環境権

きれいな空気や景観，静穏（せいおん）などの快適な環境を享受（きょうじゅ）する権利である。憲法第13条の幸福追求権と，第25条の生存権を根拠に主張されている。

大阪空港公害訴訟[★1]で，最高裁判所は**環境権を認めなかった**。また環境基本法を含めて，**環境権を明記した法律も存在しない**。

ただ，環境権の1つである日照権(にっしょうけん)を認めた判例はある。

★1 夜間飛行の差し止めを求めて，空港周辺の住民が起こした訴訟。

2 知る権利

公権力が持つ情報を知る権利である。憲法第21条の表現の自由を根拠に主張されている。

知る権利の保障には情報公開制度が不可欠であり，日本でも複数の自治体で情報公開条例が制定されたのに続いて，以下の内容を持つ情報公開法が1999年に制定された。

❶情報公開請求権の行使主体に，国籍や居住地，年齢も含め**一切の制限はない**[★2]。

❷中央省庁にある行政文書が対象であり，国会や裁判所の文書は対象外である。

❸政府のアカウンタビリティ(説明責任)が明記されている[★3]。

❹「知る権利」は明記されていない[★4]。

★2 法人でも公開請求できる。

★3 個人のプライバシーは対象外である。

★4 裁判所が「取材の自由，報道の自由は国民の知る権利に資する」と述べ，知る権利を認めた判例がある(博多駅事件)。

補説 **知る権利と特定秘密保護法**　防衛・外交・スパイ活動防止・テロ防止の4分野に関する情報を，行政機関の長(大臣)が特定秘密に指定した場合，これらの情報を漏えいした公務員や漏えいするよう働きかけた民間人を処罰する特定秘密保護法が，2013年に成立した。

秘密の範囲があいまいで，行政が一方的に秘密指定をすることができる。秘密指定を監督する仕組みも不十分であり，知る権利を脅かす法律であると指摘する声がある。

3 プライバシーの権利

かつては**知られたくないことを知られない権利**と考えられていたが，現在はそれに加えて**自己の情報を管理する権利**も主張されている。憲法第13条の幸福追求権が根拠とされる。

日本では，モデルとなった政治家のプライバシーが争点となった『宴(うたげ)のあと』[★5]事件で，東京地方裁判所が，**プライバシーの権利を認めた**[★6]。また，プライバシー保護のために，個人情報保護法が制定されている。報道や著述など，適用されない業種がある。

個人情報を管理するために，全国民に**12桁(けた)の番号**を割り当てたマイナンバー法(共通番号法)が制定されたが，プライバシーの侵害にならないよう慎重な運用が求められる。

★5 三島由紀夫(みしまゆきお)の小説。モデルとされた政治家の女性関係が暴露された。

★6 第2審で和解が成立し，裁判は終了した。

補説 **忘れられる権利**　EU(欧州連合)は過去の犯罪歴などについて，データ消去を求める忘れられる権利を認めている。具体的には以下の３点が，EU一般データ保護規則として規定された。
①個人が自らの個人データを，情報管理者に削除させる権利
②個人データの拡散を止めさせる権利
③第三者に個人データの複製を削除させる権利

4 アクセス権

巨大化したマスメディアを開かれたものにして，人々がそれに接近・参入して利用する権利であり，憲法第21条の表現の自由を根拠に主張される。反論権と呼ばれることもある。

日本共産党がアクセス権を主張して新聞社を訴えたサンケイ新聞★7意見広告訴訟において，最高裁判所は表現の自由が優先されるとして**アクセス権を認めなかった**。

★7 現在の産経新聞。

補説 **公共の福祉**(ふくし)　表現の自由とプライバシーの権利のように，人権同士が衝突する可能性がある。その際には**公共の福祉**という原理で，片方あるいは双方(そうほう)の人権を一部制限することがある。

公共の福祉とは，社会に暮らすすべての人々が公平に受け，皆のはたらきや配慮によって大きさを増していくべき幸福である。全体の利益のために少数者の利益を一方的に制約するものではない。例えば国は土地収用(しゅうよう)法によって私有地(しゆうち)を強制的に買い取ることができるが，地主も国に対して損失補償(ほしょう)を請求することができる。

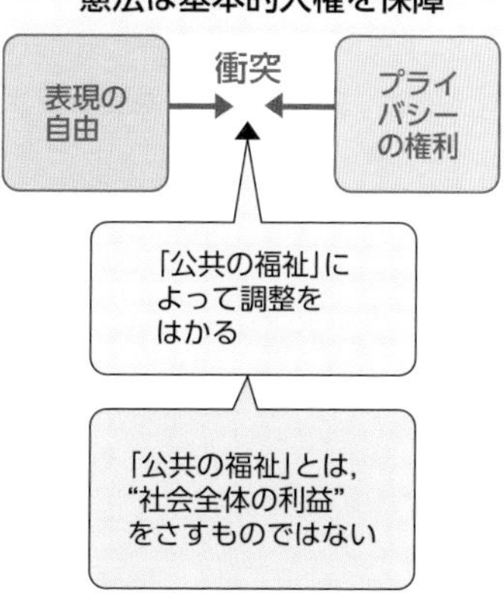

▲公共の福祉

[新しい人権]
① 認めた判例がある→プライバシーの権利，知る権利。
② 認めた判例はない→環境権(日照権は認める)，アクセス権。

CHAPTER

3 » 日本の統治機構

まとめ

SECTION 1 日本の三権 ☞p.118

□ 国会

・**国会の地位**…「国権の最高機関」であり，「唯一の立法機関」である。

・**国会の組織と種類**

常会…1月中に召集。
臨時会…内閣またはいずれかの議院の総議員の4分の1以上の要求で召集。
特別会…衆議院解散後の総選挙から30日以内に召集。
参議院の緊急集会…衆議院の解散中，緊急の必要がある場合に召集。
委員会…実質的な審議が行われる。

・**国会・議院の権限**

立法に関する権限…法律制定権，条約承認権，憲法改正発議権がある。
行政に関する権限…内閣総理大臣の指名権，内閣不信任決議権，国政調査権がある。
衆議院の優越…両議院の議決が異なった場合，衆議院の議決を国会の議決とすることがある。
議員特権…歳費特権，不逮捕特権，免責特権がある。

□ 内閣

・**内閣の組織**…内閣総理大臣と，内閣総理大臣が任命した国務大臣で構成される。

・**内閣・内閣総理大臣の権限**…予算・法案の作成と提出，条約の締結，政令の制定，天皇の国事行為に対する助言と承認，最高裁判所長官の指名とそのほかの裁判官の任命，閣議の主催や国務大臣の任免(内閣総理大臣の権限)などがある。

・**国会との関係**…衆議院が内閣不信任案を可決した場合，内閣は衆議院を解散するか，自ら総辞職するかのいずれかを選択しなければならない。

□ 裁判所

・**裁判所の構成**…最高裁判所と下級裁判所(高等裁判所，地方裁判所，家庭裁判所，簡易裁判所)がある。

・**司法権の独立**

裁判官の身分保障のため，罷免理由は制限されている。
行政機関による懲戒処分は禁止されている。

・**裁判の公開**

判決は必ず公開法廷で行われる。
対審は裁判官の全員一致で非公開にできることがある。

・**三審制・再審**…判決に不服があれば上訴(控訴・上告)することができる。

・**違憲審査権**…法令について憲法判断する権限。違憲とされた法令は，その事件でのみ効力を失う。

・**国民の司法参加**

裁判員制度に基づき，抽選で選ばれた有権者が刑事裁判に参加する。
被害者参加制度で，被害者が質問したり求刑について要望を述べたりできる。

SECTION 2 日本の地方自治 p.130

□ 地方自治の本旨

・**住民自治**…住民が地方行政に参加することを保障する原理。

・**団体自治**…地方自治にある程度の独自性を保障する原理。

□ 地方公共団体の組織と運営

・**立法機関**…一院制の地方議会。

・**行政機関**…首長・補助機関・行政委員会。

・**議会と首長の関係**…議会は首長に対して不信任決議を出すことができる。首長は議会を解散できるほか，議会の議決に対して拒否権を行使することができる。

□ 地方公共団体の事務

・**自治事務**…地方公共団体が独自の判断で行う事務。

・**法定受託事務**…地方公共団体が国に代わって行う事務。

□ 地方財源

・**自主財源**…自由に徴収できる→地方税など。

・**依存財源**…国から供与される→地方交付税，地方債など。

□ 直接民主制の要素

・**住民投票**…条例に基づいて行われる。投票結果に法的拘束力はない。

SECTION 1 日本の三権

▶ 日本はイギリス同様，議院内閣制の国である。アメリカの大統領制ほど厳格（げんかく）な三権分立（ぶんりつ）（ぶんりゅう）ではないが，立法権を持つ国会・行政権を持つ内閣・司法権を持つ裁判所の間には，一定の抑制（よくせい）と均衡（きんこう）が機能する仕組みになっている。

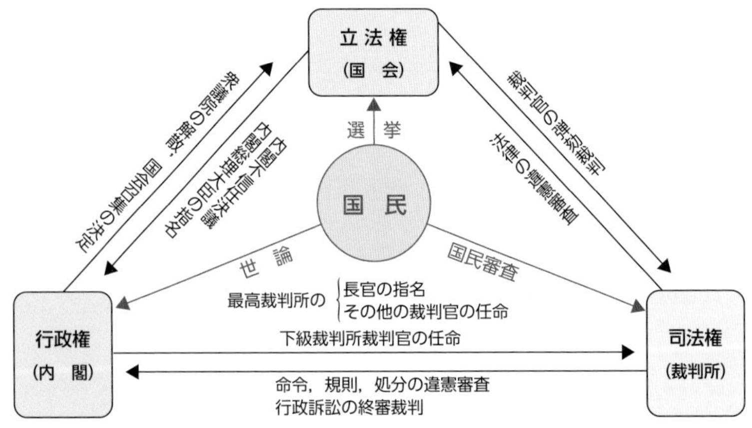

▲日本の三権分立の仕組み

1 国会

日本の国会は，衆議院・参議院の二院制であり，両院とも議員は国民の直接選挙によって選ばれる。

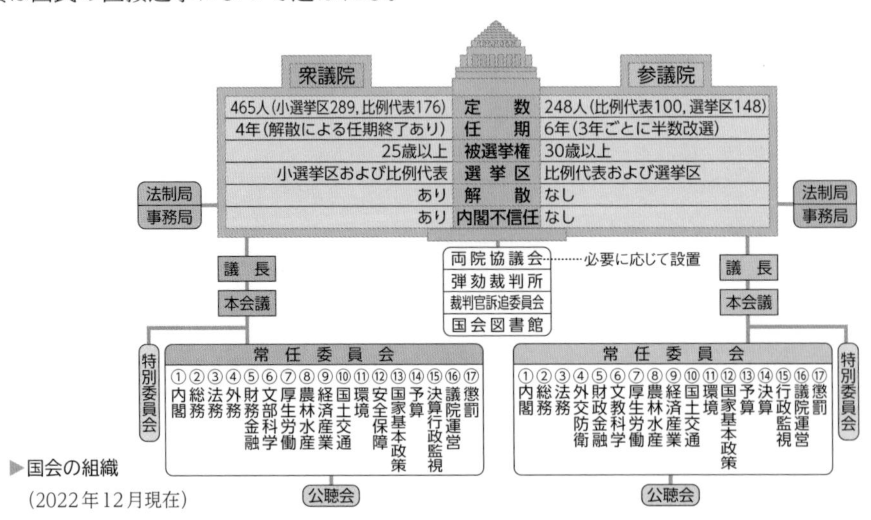

▶国会の組織
（2022年12月現在）

1 国会の地位

❶**国権の最高機関**　国会は**国権(立法権・行政権・司法権)の最高機関**とされる。これは主権者である国民が直接選挙で選ぶので，**主権者の民意を最も直接的に代弁**していると考えられるからである。

❷**唯一(ゆいいつ)の立法機関**　国会は**唯一の立法機関**であるが，国会以外の機関も以下のような立法権を例外的に持っている。

1 両議院の規則制定権。★1

2 内閣の政令制定権。

3 最高裁判所の規則制定権。★2

4 地方公共団体の条例制定権。

★1 院内手続きに関する規則。これにより衆議院と参議院では，本会議の採決方式が異なっている。

★2 訴訟手続きや事務処理に関する規則。

2 国会の組織と種類

❶**二院制**　衆議院議員と参議院議員とを，兼任(けんにん)することはできない。二院制の長所として，**一院の独走に対する他院の抑制や慎重審議**が期待できることがある。審議に時間がかかるのが短所である。

❷**国会の種類**　国会は1年中365日開かれているわけではなく，決まった会期が終了すれば閉会される。両議院の一致で，**会期の延長は可能**★3である。

国会は2017年の常会(じょうかい)で，総議員の4分の1以上の賛成を得て審議のための臨時会の召集を内閣に求めた。当時の安倍(あべ)内閣は3か月以上これに対応せず，ようやく召集した臨時会の冒頭で衆議院を解散したため，審議は行われなかった。

★3 常会が1回だけ，臨時会・特別会は2回まで延長できる。

常会(通常国会)	毎年1回，1月に召集，会期は150日間(延長される場合もある)。次年度の予算審議が中心。
臨時会(臨時国会)	内閣またはいずれかの議院の総議員の4分の1以上の要求で召集。会期は両院一致の議決による。
特別会(特別国会)	衆議院解散後の総選挙から30日以内に召集。内閣総理大臣の指名を行う。
緊急集会	参議院のみの国会。★4

◀国会の種類

★4 衆議院の解散中に，緊急の場合，内閣の求めに応じて参議院だけで開かれる。そこでの決定事項は，次の国会開会後10日以内に衆議院の同意が必要で，それが得られない場合は効力を失う。

[4種類の国会]

国会には常会・臨時会・特別会・緊急集会(参議院のみ)の4種類がある。

❸議院の運営 両議院には少人数の議員で構成される常任委員会・特別委員会が置かれており，議員は最低でも1つの委員会に所属する。**実質的な審議は委員会で行われ**，全議員が集まる本会議では採決だけということが珍しくない(委員会中心主義)。

委員会では，各党が推薦（すいせん）した専門家や利害関係者の意見を聴く公聴会（こうちょうかい）が開催されることがある[★5]。国家の基本問題を与野党（よやとう）の党首が1対1で討論する党首討論を実施する国家基本政策委員会は，特別委員会の1つである。

▲国会の開会式

内閣	国土交通
総務	環境
法務	安全保障
外務	国家基本政策
財務金融	予算
文部科学	決算行政監視
厚生労働	議院運営
農林水産	懲罰
経済産業	

▲衆議院常任委員会
参議院では安全保障委員会がなく，決算委員会と行政監視（かんし）委員会が分離している。

POINT!
[委員会と公聴会]
① 各議院の実質的な審議は委員会で行われる。
② 公聴会は必ず開く場合と，そうでない場合がある。

3 国会・議院の権限

❶立法に関する権限

① **法律制定権** 法案を出すことができるのは**国会議員・委員会・内閣**である。委員会で可決された法案は，本会議で**出席議員の過半数**の賛成を得る必要がある。会期内までに採決できなければ，廃案（はいあん）となる。

★5 予算案・予算関連法案の審議には，必ず開催される。

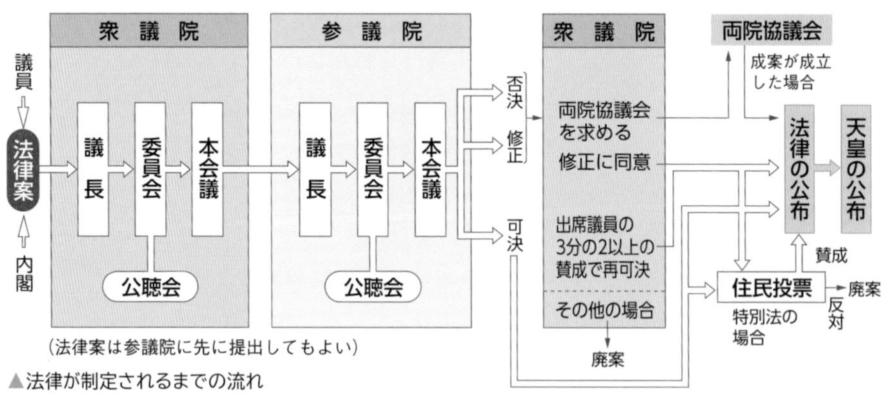

▲法律が制定されるまでの流れ

② **条約承認権** 条約を締結（ていけつ）するのは内閣であるが，**事前あるいは事後**に，国会の承認が必要である[★6]。

★6 ヨーロッパには国民投票の承認が必要な国がある。

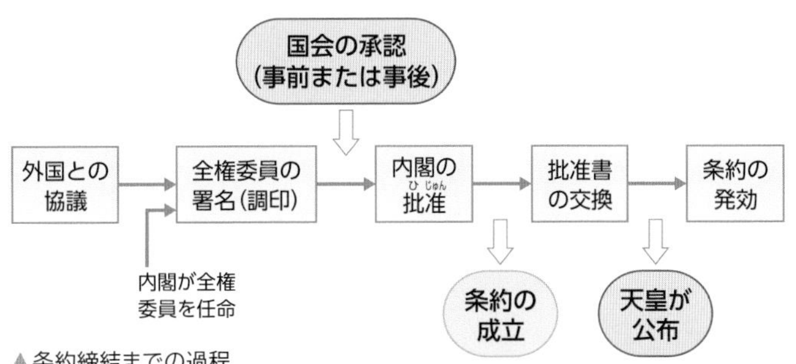

▲条約締結までの過程

3 **憲法改正の発議権**　憲法改正の発議[★7]は，各々の議院で**総議員の3分の2以上**の賛成でなされる。その後，国民投票の承認を経て改正される。

★7 議案を提出することだが，ここでは両院が憲法改正案を可決した時点で国民に対して発議したことになる。

❷行政に関する権限

1 **内閣総理大臣の指名権**　両院それぞれで，**国会議員による選挙**で指名される。内閣総理大臣は必ず国会議員である。

2 **内閣不信任決議権**　この権限があるのは衆議院だけである。参議院は内閣に対して政治的責任を問う問責決議を出すことができるが，**問責決議に法的拘束力はない**。内閣への対決姿勢を示すポーズに過ぎないこともある。

3 **各議院の国政調査権**　各議院は国政全般にわたる調査を行うため，**証人の出頭や証言，記録の提出**を求めることができる。虚偽の証言をした証人は，議院証言法違反で処罰される。

司法の独立を保つため，**裁判の判決内容**の是非については国政調査権の対象外とされている。

❸司法に関する権限　各議院の議員10名ずつ，計20名で構成される訴追委員会が裁判官を弾劾裁判所に訴追する。弾劾裁判所は各議院の議員7名ずつ，計14名で構成される。

弾劾裁判で有罪判決を受けた裁判官は，罷免される[★8]。

★8 罷免の実例がある。

❹財政に関する権限

1 **予算の議決権**　予算を作成するのは内閣だが，国会の議決がなければ予算執行はできない。内閣は作成した予算を，**参議院よりも先に衆議院へ提出**する義務がある。これを衆議院の予算先議権[★9]という。予算以外の法案や条約は，衆議院・参議院どちらへ先に提出しても構わない。

★9 戦前の帝国議会の衆議院も，持っていた権限。

② **決算**　会計年度(4月1日～3月31日)の終わりに実際の歳入と歳出を確定し，予算通りの使い方ができたかを明らかにしたものを決算と呼ぶ。内閣は会計検査院[★10]の報告とともに，**決算を国会に提出する義務**がある。

★10 予算の無駄(むだ)や不正を検査する機関。内閣から独立して行動する。

もし国会が「決算は不当だ」と議決しても，使ってしまったお金は戻らない。せいぜい，内閣支持率が下がるくらいである。

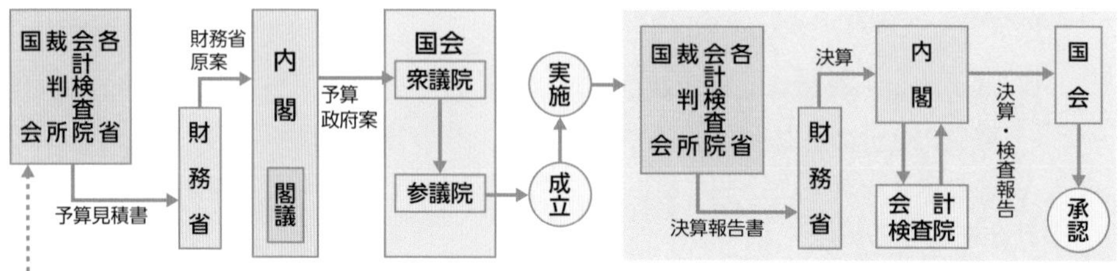

▲予算の成立から決算の承認までの過程

[予算先議権]
衆議院は予算先議権を持つ。

4 衆議院の優越

任期が短く任期中の解散もある衆議院議員は，参議院議員よりも直近の選挙で選ばれた可能性が高い(参議院選挙から次の衆議院選挙までの期間はのぞく)。**より最近の民意を反映している**と考えられるので，衆議院は参議院に優越している。

衆議院だけが持つ予算先議権や内閣不信任決議権も，衆議院の優越の例である。また衆議院が過半数の賛成で可決した法案を参議院が否決しても，衆議院で**出席議員の3分の2以上の賛成で再可決**すれば，法案は成立する。

両議院の議決が異なった場合に開かれる両院協議会は，衆議院議員・参議院議員の各10名，計20名で構成される調整の場である[★11]。憲法改正の発議や国政調査権の行使については，両議院の権限は対等である。

★11 両院協議会で妥協(だきょう)案がまとまっても，各議院に持ち帰って過半数の賛成がなければ成立しない。

▼衆議院の優越

衆議院の優越	異なる議決の場合の両院協議会	両院協議会で不一致，または右の期間内に参議院未議決の場合	参議院に与えられた議決の期間
法律案の議決	開かなくてもよい	衆議院の再議決で法律となる	60日
予算の議決	必ず開く	衆議院の議決を国会の議決とする	30日
条約の承認	必ず開く	衆議院の議決を国会の議決とする	30日
内閣総理大臣の指名	必ず開く	衆議院の議決を国会の議決とする	10日

5 議員特権

❶**歳費**(さいひ)**特権**　議員は**相当額の歳費**を支給される。各省の事務次官の歳費を下回らない額とされている。

❷**不逮捕**(ふたいほ)**特権**　会期中は院の許諾(きょだく)がなければ，逮捕されない。ただし会期中であっても，**現行犯はその場で逮捕**される。

❸**免責**(めんせき)**特権**　院内での発言や表決★12については，**院外で責任を問われない**★13。ただ院内では政治的責任を問われて，一定期間の謹慎(きんしん)や，最悪の場合は議会から除名される可能性もある。

★12 賛成・反対の意志表示。

★13 裁判に訴えられることはない。

3　日本の統治機構

2 内閣

内閣は行政府のトップ集団であり，内閣総理大臣と複数の国務大臣からなる合議制★1の機関である。

★1 話し合いで運営される。

1 内閣総理大臣・国務大臣

❶**内閣総理大臣(首相)**　国会が**国会議員の中から指名**し，天皇が任命する。この任命は形式的な国事(こくじ)行為である。憲法上は参議院議員でも内閣総理大臣になることは可能だが，憲法施行(せこう)以降の内閣総理大臣はすべて衆議院議員の中から指名されている。

大統領制のように，国民自身が内閣総理大臣を直接選挙で選ぶ首相公選制を支持する声があるが，実現には憲法改正が必要である。実現した場合，選ばれた首相の所属政党が国会で少数派であれば，議会運営に苦労することになる。

❷**国務大臣**　内閣総理大臣は国務大臣を**自由に任命し，罷免**(ひめん)**する**ことができる。これには国会や閣議★2の同意は不要である。内閣総理大臣は国務大臣を罷免した後，後任を置かず自らが兼任(けんにん)することができる。

★2 内閣の会議で，決議は全会一致で行う。

国務大臣の**過半数**は，**国会議員**でなければならない。大臣を補佐するため，副大臣・大臣政務官(せいむかん)が置かれている。

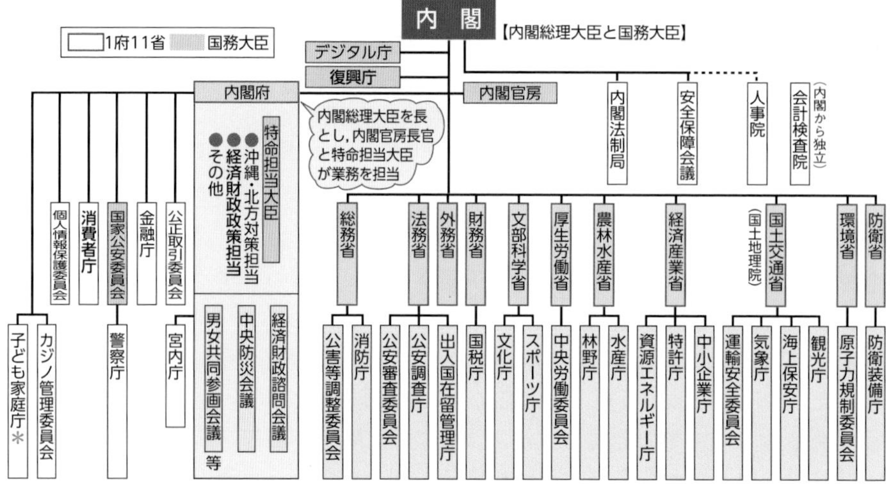

▲日本のおもな行政組織（2022年5月現在）　＊ 子ども家庭庁は2023年4月設置予定。

［大臣の要件］
国務大臣の過半数と内閣総理大臣は，必ず国会議員である。

2 内閣・内閣総理大臣の権限

❶内閣の権限　主に，以下の権限を行使する。

1. **法案や予算案の作成・国会への提出**　国会の議決が必要である。
2. **条約の締結(ていけつ)**　国会の承認が必要である。
3. **政令の制定**　内閣の行政命令であり，法律の委任に基づいて罰則を設けることができる。
4. **天皇の国事(こくじ)行為に対する助言と承認**　天皇に拒否権はない。
5. **最高裁判所長官の指名と，その他の裁判官の任命★3**　最高裁判所長官を任命するのは天皇である。

❷内閣総理大臣の権限　閣議の主催★4や国務大臣の任免のほか，内閣を代表して国会に議案を提出することができる。

★3 最高裁判所が作成した名簿に基づいて任命する。
★4 非公開だが，議事録は官邸(かんてい)ホームページに掲載される。

3 国会との関係

国会との関係で，次の1 2 3の場合に内閣は総辞職★5しなけ

★5 全大臣が辞表を提出すること。

ればならない。

1 衆議院の任期満了にともなう総選挙後の臨時会が開かれたとき。

2 衆議院の任期途中での解散にともなう総選挙後の特別会が開かれたとき。

3 衆議院が内閣不信任案を可決するか内閣信任案を否決して，内閣が衆議院を解散しないとき。

▶1 2の場合は，国会で新しく内閣総理大臣指名を行うので，それまでの内閣は総辞職する。それまでの内閣総理大臣と同じ人物が，指名されることもある。

▶3の場合，衆議院を解散すれば**40日以内に総選挙**を行い，その後**30日以内に特別会**を開く。そこで2のように，内閣は総辞職する。なお，内閣総理大臣が欠けたときも内閣は総辞職する。「欠けたとき」とは，以下の3例を指す。

① 内閣総理大臣を単独で辞任したとき。★6

② 国会議員の資格を失ったとき。

③ 死亡したとき。

★6 内閣は一蓮托生(いちれんたくしょう)である。副総理が総理に自動昇格することはない。

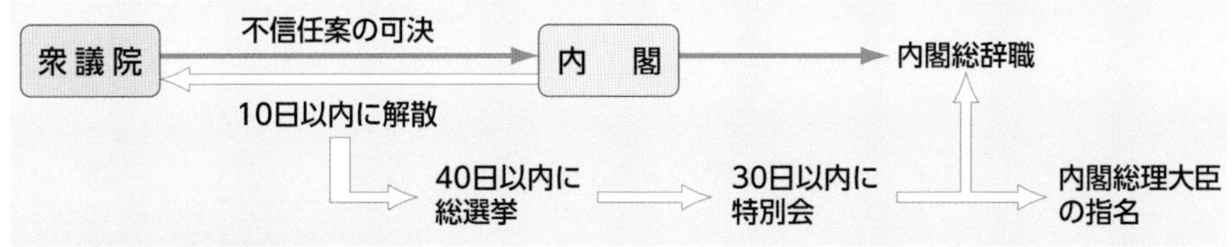

▲不信任案可決以降の動き

［内閣総辞職］
衆議院議員総選挙の後に開かれる国会で，内閣は総辞職する。

補説 **議院内閣制と大統領制** アメリカ型大統領制では，国民が大統領を選ぶ。そのため大統領は国会にではなく，**国民に対して責任を負う**。国会を無視することはできないが，国民に政策を説明する義務があり，同時に国民へ強い指導力を発揮できる。

議院内閣制の国の首相は，それほど国民に向かって説明をしていないが，それは当然である。日本では首相が国会から指名されるので，**国会に対して責任を負う**。国会に向かって説明し，国会からの監督(かんとく)を受け，国会での審議を経た議決に従って政治を行うのが議院内閣制である。

政治が大衆の一時的な(変化しやすい)空気に流されるのを避けて，時間をかけても国会議員というプロの政治家が話し合って判断したほうが安定した政治ができる，というのが議院内閣制の狙いである。

現実の首相が国会に向かって誠実に説明しているのか，国会議員がプロとしてふさわしい見識を備えているのか，それはまた別の問題(個人の資質の問題)である。

3 裁判所

裁判には国家(検察)が私人(個人・法人)を訴える刑事裁判と，私人間の争いである民事裁判とがある。司法権とは，国家が裁判を行う権力である。

司法権を行使するのは憲法に明記された最高裁判所と，法律に基づいて設けられている下級裁判所(高等裁判所・地方裁判所・家庭裁判所・簡易裁判所★1)であり，**すべて国家機関**である。

★1 訴額が140万円以下の民事裁判と，罰金刑以下の刑事裁判を行う。

▼裁判所の種類とその役割

		設置数	特色	裁判官数および審理形式	裁判官の定年
最高裁判所		1 (東京)	違憲立法審査の終審裁判所(「憲法の番人」)	長官と判事(14人)，計15人 大法廷(全員)，小法廷(3人以上)	70歳
下級裁判所	高等裁判所	8	控訴・上告審 内乱罪に関する第一審	合議制(3～5人)	65歳
	地方裁判所	50	普通の事件の第一審	単独裁判，特別の事件は合議制	65歳
	家庭裁判所	50	家事審判や家事調停と，少年事件の裁判	単独裁判が原則，特別の事件は合議制(3人)	65歳
	簡易裁判所	438	少額軽微な事件を裁判	単独裁判	70歳

1 裁判所の構成

▲最高裁判所

❶**特別裁判所の禁止**　最高裁判所を頂点とする司法体系の枠外にあった特別裁判所は，**司法裁判所の司法権を侵害する**という理由で設置が禁止されている。

戦前の日本には，特別裁判所として皇室裁判所・行政裁判所★2・軍法会議が置かれていたが，これらは特定の身分・職業のみを対象とする点で**法の下の平等にも反する**存在だった。

❷**例外としての司法的活動**　裁判ではないがそれに近い司法的活動は，裁判所以外の国家機関も行っている。国会の弾劾裁判や議院の議員資格争訟★3は，例外的に認められている。

行政機関は**終審(最終の審理)としての裁判を禁止されて**

★2 現在の行政裁判は，司法裁判所が民事事件として扱っている。

★3 議院内で議員の資格を問う，議員による裁判的な手続き。

いるが，司法裁判所における裁判の前段階で，前審として司法的活動ができる。労働委員会の仲裁裁定★4はその例であるが，**不服なら司法裁判所へ提訴できる**ので終審ではない。

★4 労働委員会が労使双方の申し立てを踏まえて下す決定。

2 司法権の独立

❶**裁判官の罷免理由**　裁判官は以下の場合を除いて，意に反して罷免されない。

1. **分限裁判**　心身の故障で裁判官職を続けられないと分限裁判★5で判断された場合。
2. **弾劾裁判**　国会の弾劾裁判所で有罪判決を受けた場合。
3. **最高裁判所裁判官の国民審査**　これは最高裁のみが対象となる。

★5 最高裁判所および高等裁判所で開かれる。

❷**行政機関による懲戒処分の禁止**　首相であれ法務省・検察庁であれ，**行政機関は裁判官を懲戒処分にすることができない**。これには，戦前の大津事件などへの反省がある。大津事件は1891年，訪日中のロシア皇太子を負傷させた警察官に対して，内閣が死刑判決を求めた事件である。大審院長(現在の最高裁判所長官にあたる)の児島惟謙(これかた)は法に基づいて圧力を跳ね返し，死刑判決を回避した。

▲児島惟謙

補説　**浦和事件**　実子殺害で罪に問われた被告人・浦和充子に対して浦和地方裁判所が下した刑罰(懲役3年・執行猶予5年)が軽過ぎるとして，**参議院が国政調査権を発動**して裁判官を証人喚問し，量刑不当との決議を出した。
　これに対して最高裁判所は，司法権の独立を損なうものであるとの抗議声明を出し，多くの法律家や世論も最高裁判所を支持した。**国政調査権にも限界がある**ことを示す，画期的な事件であった。

POINT!
[裁判官の罷免]
裁判官を罷免できるのは，裁判所(分限裁判)，国会(弾劾裁判)，国民(国民審査)である。

3 裁判の公開

❶**例外としての非公開**　判決および対審★6は，公開法廷で行われるので，関係者以外でも傍聴できる。許可がなければ**写真撮影や録音はできないが**，メモをとるのは可能である。
　裁判官が全員一致で公序良俗★7を害すると判断した場合，**対審のみ非公開**にできる。この場合でも，判決は必ず公開される。

★6 訴えた側と訴えられた側が双方の主張を述べ合う，判決前の審理。
★7 秩序や風習を指すが，実際には刑事被告人や証人のプライバシーへの配慮が多い。

3 日本の統治機構

❷非公開の禁止 以下の裁判の場合，判決はもちろんだが対審も公開しなければならない。

1 政治犯罪。★8
2 出版に関する犯罪。
3 憲法が保障する基本的人権に関する事件。

▶裁判の公開は裁判への信頼を確保するとともに，主権者国民が裁判官を監視(かんし)するという意味もある。

★8 政治的意見を認めさせることを目的に行われる犯罪。

4 三審制・再審

❶三審制 慎重な裁判のために，3回裁判を受ける権利である三審制が実施されている。

第一審判決に不服なら控訴(こうそ)，第二審(控訴審)判決に不服なら上告(じょうこく)できる。控訴・上告を合わせて上訴(じょうそ)という。判決ではない命令・処分に不服の場合に行う抗告(こうこく)にも，原則として三審制が適用される。

三審制は**司法府内部の権力分立(ぶんりつ)(ぶんりゅう)**という側面も持つ。

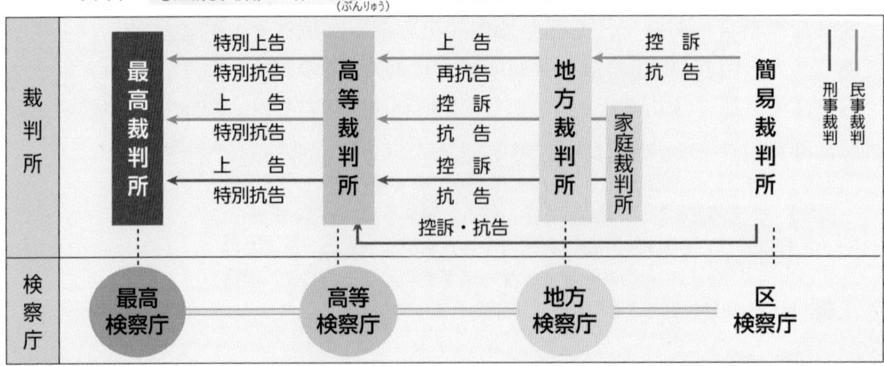

▲日本の裁判制度

❷再審 有罪確定判決に重大な誤りがある可能性があれば，再審が行われる。ただ「開かずの扉(とびら)」と言われるくらい，再審請求は**却下(きゃっか)されることが多い**。

5 違憲審査権(いけんしんさけん)

❶付随的(ふずい)違憲審査制 日本やアメリカの場合，通常の**司法裁判所が違憲審査権を行使する**。具体的事件で使われる法令を対象とする★9付随的違憲審査制であるため，ドイツの憲法裁判所のように事件も訴訟もない段階で「はい，その法律

★9 施行(しこう)前の法令は，審査の対象外である。

は憲法違反です」と宣告することはない。

違憲とされた法令は，その事件においてのみ無効となる。

❷司法消極主義　最高裁判所だけでなく，すべての裁判所が違憲審査権を持っている。

憲法の番人と呼ばれる最高裁判所が憲法判断をする場合には，15人の裁判官全員で構成する大法廷が開かれる。★10

日本では国会中心の発想が強く，司法権が及ぶ範囲を狭く解釈する司法消極主義が根強いこともあって，違憲判決が先進国としては少ない。

★10 小法廷は5人の裁判官で構成される。

［違憲審査権］
日本ではすべての裁判所が違憲審査権を持つが，違憲判決は少ない。

6 国民の司法参加

❶裁判員制度　重大な刑事事件の第一審において，有権者の中から抽選（ちゅうせん）で選ばれた6名の裁判員と3名の職業裁判官が話し合って事実認定★11と量刑（りょうけい）判断★12を行う。裁判員に決まった任期はなく，判決が出た時点で任期終了となる。

アメリカなどで実施されている陪審制（ばいしんせい）と似ているが，陪審制は抽出（ちゅうしゅつ）された陪審員のみで事実認定を行い，量刑判断は職業裁判官のみで行う。ドイツの参審制（さんしんせい）は参審員と職業裁判官が話し合って事実認定と量刑判断を行うが，参審員は政党などの推薦（すいせん）で決まり，任期も定められている。

★11 有罪か無罪かの判断。

★12 懲役（ちょうえき）なら何年か，執行猶予（しっこうゆうよ）をつけるのか否か，という判断。

❷被害者参加制度　一定の刑事裁判では，被害者やその家族などが対審（たいしん）に出席して，被告人（ひこくにん）・証人に質問したり刑罰に関する要望を裁判官に述べたりすることができる。あくまでも要望であり，求刑（きゅうけい）は検察官が行う。

補説 **検察審査会**　有権者の中から抽選で選ばれた11人の審査員で構成され，検察の不起訴（ふきそ）処分について審査することができる。検察審査会は地方裁判所があるところには，必ず設けることになっている。審査員の任期は半年である。

検察審査会が起訴すべきであると決議をした場合，検察は改めて事件を見直し，不起訴が起訴に切り替わることがある。不起訴が維持された場合でも，検察審査会が再度起訴すべきであると決議した場合，裁判所が指定した弁護士が起訴する。これは既に実施されたことがある。

SECTION 2 日本の地方自治

▶ イギリスの政治学者ブライス[★1]は「地方自治は民主主義の源泉であるばかりでなく，民主主義の最良の学校である」と述べている。

大日本帝国憲法には地方自治の規定がなく，知事を天皇が任命し内務大臣が監督(かんとく)する中央集権体制であった。日本国憲法は第8章で地方自治を規定しており，戦前に比べて大幅な地方分権が進んだが，課題も多い。

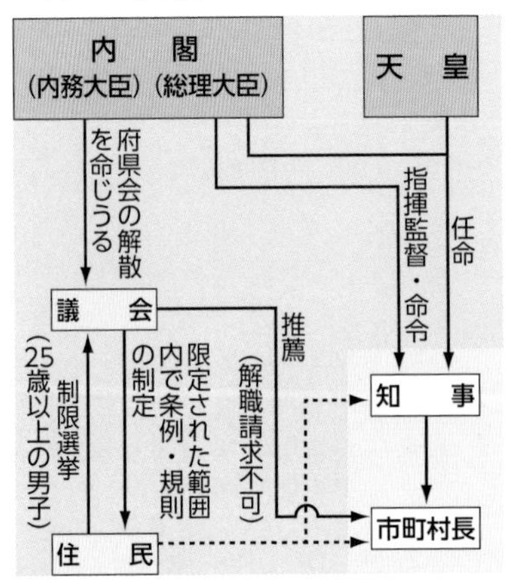

▲戦前の地方政治

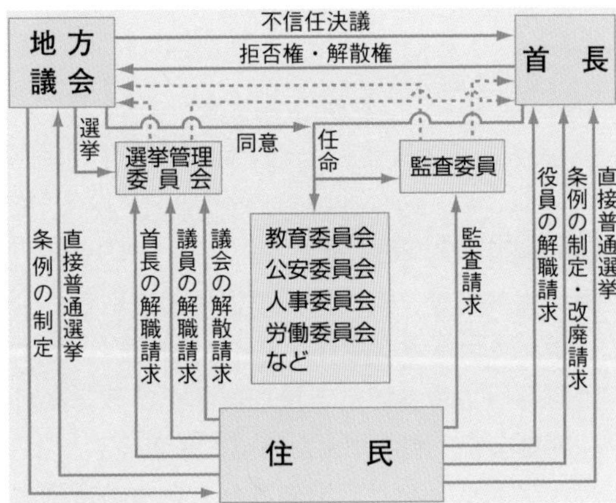

▲戦後の地方自治

★1 ブライス(1838～1922年)の主著は『近代民主政治』。

1 | 地方自治の本旨

地方自治の本旨(ほんし)[★2]を定めているのは，地方自治法である。地方自治の本旨とは，住民自治と団体自治を指している。

★2 変えようのない要素として存在する目的や意味。

1 住民自治

地方行政への住民参加を保障する原理である。そのために首長・議員の直接選挙や，署名を集めての直接請求権(☞p.132)，住民投票権などが保障されている。

各種国政選挙や住民投票で沖縄県民が何度も反対の意志表示をしたのにもかかわらず，国が辺野古(へのこ)沖での米軍基地建設[★3]を進めることは，住民自治を踏みにじるものだという批判がある。

★3 普天間(ふてんま)基地の移設を受けて建設が進んでいる。

2 団体自治

地方公共団体(地方自治体)が国から相対的に独立して政治を行う**独自性を保障する**原理である。そのために地方議会には，条例制定権が与えられている。その地方だけに適用されるルールである条例には，**罰則を設けることができる**。

新型コロナウイルス対策で各都道府県が異なる対応策をとったのは，団体自治の例である。

[地方自治の本旨(ほんし)]
① 住民自治…住民の政治参加を保障する。
② 団体自治…地方公共団体の独自性を保障する。

3 日本の統治機構

2 地方公共団体の組織と運営

1 統治機構

❶立法機関　地方議会は一院制で，議員の任期は4年である。条例の制定・改廃(かいはい)や予算の議決，決算の承認などを行う。

地方自治法第100条に基づき設置される，いわゆる百条委員会は地方行政全般にわたって調査する権限を持つ。国会の各議院が持つ**国政調査権**(☞p.121)**に似ている**。

❷行政機関

1 **首長**　都道府県知事と市町村長は住民の直接選挙で選ばれ，任期は4年である。アメリカ大統領と異なり，**再選回数の上限はない**。条例の執行(しっこう)や予算案の提出などを行う。★1

★1 地方税の徴収(ちょうしゅう)も，首長の権限に含まれる。

2 **補助機関**　副知事や副市長村長は，議会の同意を得て首長が任命する。

3 **行政委員会**　合議制で運営される行政機関である。

種別	人員		選出方法	業務
	都道府県	市町村		
教育委員会	5名	3~5名	首長が任命	学校などの教育機関の管理
公安委員会	3~5名	—	知事が任命	警察の管理・運営
選挙管理委員会	4名	4名	議会が選挙	選挙に関する事務を管理
人事委員会	3名	3名	首長が任命	地方公務員の人事行政を分担
農業委員会	—	20名ほど	首長が任命	農業の発展や農地の調整を促進
監査委員	4名	2名	首長が任命	地方公共団体の行政・会計監査

◀**地方行政委員会**
このほか，労働委員会・収用(しゅうよう)委員会がある。監査(かんさ)委員は委員会としないことに注意。

❸**議会と首長の関係**　議院内閣制の要素と大統領制の要素が，併存(へいぞん)している。

1 **議院内閣制の要素**　議会が首長に対する不信任決議案を可決した場合，首長は**10日以内**に議会を解散しなければ辞職する。不信任決議がない段階で，首長が一方的に議会を解散することはできない。

2 **大統領制の要素**　首長は議会が可決した予算・条例を再議に付(ふ)すことができる★2。この場合，議会が**出席議員の3分の2以上**の賛成で再可決すれば予算・条例は成立する。

★2 拒否権行使に該当する。

2 直接請求権

いくつかの直接請求権が，地方自治法で認められている。

▼地方自治に関する直接請求権

	直接請求の種類		必要な署名数	請求先	請求後のとり扱い
住民発案	条例の制定・改廃		有権者の $\frac{1}{50}$ 以上	首長	議会を招集して採決し，結果を公表。
	監査の請求			監査委員	監査を実行し，その結果を公表するとともに，首長や議会などに報告。
解散・解職請求	議会の解散		有権者の $\frac{1}{3}$ 以上*	選挙管理委員会	解散について住民(有権者)の投票を実施し，過半数の同意があれば，解散する。
	リコール(解職請求)	首長・議員			解職について住民(有権者)の投票を実施し，過半数の同意があれば，解職が成立。
		副知事など		首長	3分の2以上が出席する議会で4分の3以上が賛成すれば，解職が成立。

＊ 有権者が40万人を超える場合，40～80万人の部分については有権者の6分の1以上，80万人を超える部分については8分の1以上を必要署名数とする。

3｜地方公共団体の事務

1991年の地方分権一括(いっかつ)法で，従来の固有事務・団体委任事務・行政事務が，自治事務と法定受託(じゅたく)事務に再編され，機関委任事務が廃止された。

1 自治事務

地方公共団体が**独自の判断**で行う。地方税の徴収や条例の執行，都市計画の決定などがある。

2 法定受託事務

本来は国がすべき業務を，法令に基づいて地方公共団体が執行する事務。[★1] パスポートの交付や戸籍事務，国政選挙に関する事務などがある。

★1 国は実施方法を指示できる。

4 地方財源

1 自主財源

自由に徴収して使える財源。地方税や手数料などがあり，歳入全体の5割程度である。各地方公共団体は**村おこし・町おこしの事業支援**などで自主財源を増やす努力をしているが，すべてが結果を出しているわけではない。

2 依存財源

国から与えられる財源。国が地方をコントロールする手段になる恐れがある。

❶**地方交付税**　**地方財政の格差是正を目的**として，国が国税の一定割合[★1]を，地方の財政規模や人口，面積に配慮して交付する。財政規模が巨大な東京都のように，交付されない自治体がある。**使途は自由**である。

★1 所得税・法人税・酒税・消費税・地方消費税の一部。

❷**国庫支出金**　国が**使途を指定**して交付する補助金である。余っても他の目的に使用できないのが難点である。不足分は自治体の持ち出しとなる(超過負担)。

❸**地方債**　地方公共団体の債務。国から来るものではないが，都道府県が発行する場合には総務大臣との事前協議が必要[★2]なため，依存財源扱いになる。

★2 市町村が発行する場合には，都道府県知事との事前協議が必要。

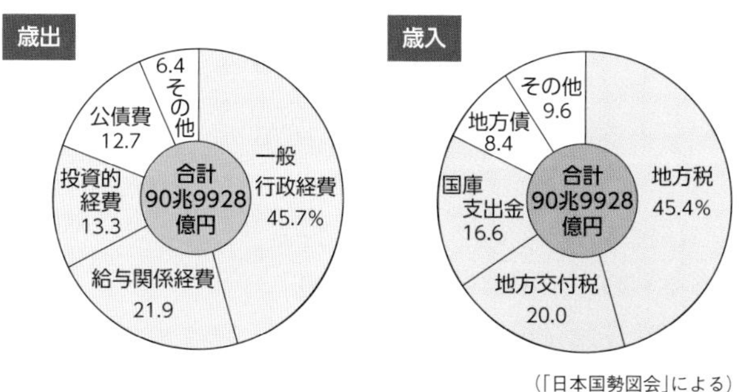

▲地方財政(2022年度)

依存財源のうち…
① 使途が自由なものが地方交付税。
② 国から使途が指定されているものが国庫支出金。

3 三位一体の改革

財政面で地方の自主性を高めるため，**国から地方への税源移譲・国庫支出金の削減・地方交付税の見直し**を進める改革が行われた。だが住民や企業が少ない地方公共団体では，税金を徴収する権限を得ても税収は増えない。結果的に多くの地方公共団体では，財政がかえって悪化した。

4 平成の大合併

財政基盤の強化を目指して，2000年以降に**市町村の合併が進んだ**(平成の大合併)。行政の効率化が進んだ反面，自治体面積や住民数が増えたことで，きめ細かい行政サービスが困難になった。

▼地方公共団体の数

年月	市の数	町の数	村の数	合計
1999年3月	670	1994	568	3232
2012年10月	788	747	184	1719

5 直接民主制の要素

前述の直接請求権以外に，**条例に基づいて行う住民投票**が各地で行われている。テーマは原子力発電所や産業廃棄物処分場建設，米軍基地建設の是非を問うものや，市町村合併に関する事項など多岐にわたる。投票権を中学生以上の住民や，永住外国人に与えた地方公共団体もあった。★1

住民投票は住民自治の深化や住民にとっての学習効果，議会政治を補完するなどの意義はあるものの，**投票結果に法的拘束力はない**。なお憲法や法律に基づく住民投票は，結果が法的拘束力を持つ。

★1 公職選挙法とは無関係なので許される。

CHAPTER

4 » 政党・選挙と官僚制

まとめ

1 政党 p.136

□ **政党政治の変化**

制限選挙時代の名望家政党から，普通選挙時代の大衆政党へ変化した。
政党政治には，二大政党制と多党制とがある。

□ **日本における政党の歴史**

・**戦前**…政党は存在したが，戦時体制下で消滅した。
・**戦後・55年体制**…自由民主党が与党，日本社会党が野党の構図。
・**多党化の時代**…野党の数が増えた。　・**政権交代**…連立政権が常態化した。

□ **日本における政党の特徴**

・党議拘束の強さや党員の少なさ，密室での国対政治などが指摘されている。
・**圧力団体**…特定の利益の実現を求めて，各方面に働きかける団体。

2 選挙 p.139

□ **民主的選挙の原則**　普通選挙，平等選挙，秘密選挙，直接選挙が原則。

候補者個人に投票する選挙区制と，政党に投票する比例代表制がある。
小選挙区制では１選挙区につき定数１名，大選挙区制は定数２名以上を選出。

□ **日本の国政選挙**

・**衆議院**…小選挙区比例代表並立制。比例代表選挙は拘束名簿式を採用している。
・**参議院**…選挙区制と比例代表制。比例代表選挙は非拘束名簿式を採用している。

□ **日本における選挙の問題点**　戸別訪問の禁止，企業・団体の政党への献金，政党交付金，棄権の増加などが問題となっている。

3 日本の官僚制 p.144

□ **行政の肥大化**

内閣提出法案の成立率が高いこと，委任立法や許認可権の多さが指摘されている。
官僚制は規則万能主義や前例踏襲主義，縦割り行政などをもたらす。

□ **行政の民主化**

・外部からの統制として，行政手続法やオンブズ・パーソン(行政監察官)制度がある。
・行政自身のスリム化として，独立行政法人化や民営化がある。

政党

▶ 政党とは，政治的な主義・主張の近い人々が集まり，有権者に政策を示し，選挙を通じて政権獲得(かくとく)を目指す集団である。内閣に大臣を出して政権を担(にな)う政党が与党(よとう)，それ以外は野党(やとう)である。アメリカの場合，大統領の所属する政党が与党になる。

1 政党政治の変化

1 政党の性格変化

❶名望家政党(めいぼうかせいとう)　教養(きょうよう)と財産がある名望家[★1]により構成されていた。財産で選挙権が制限される制限選挙の時代では，一般的な存在であった。

❷大衆政党　議員以外の，様々な職業を持つ大衆[★2]が多数存在する。一定年齢になると誰でも選挙権を持つ普通選挙の時代において，一般的な存在である。

★1 資本家や地主，弁護士など。

★2 新たに選挙権を得た人々や労働者など。

▼名望家政党と大衆政党の違い

	名望家政党	大衆政党（近代政党）
選挙	制限選挙（19世紀）	普通選挙（20世紀）
議員	「教養と財産」のある地方名望家	労働者階級の代表など大衆の進出
規律	綱領なく穏やかなサロン風クラブ	綱領と規約による厳格(げんかく)な規律と党幹部の指導
特色	議員政党，議員だけで構成，議会内で活動	組織政党，広く大衆を組織，議会外での日常活動

[政党] …政権獲得を目指す集団。
① 名望家政党…制限選挙時代の政党。
② 大衆政党…普通選挙時代の政党。

2 政党政治の類型

政党政治とは選挙の結果，議会で多数の議席を獲得した政党（あるいは政党連合）が，議会運営の主導権を握る政治を指す。社会主義国のような一党独裁体制は，政党政治とは異なる。

❶二大政党制　政権交代が可能な**2つの大政党**が存在する。第3の党以下，小政党が議席を持つこともある。

❷多党制 **小党分立**となり，議会で単独過半数を占める政党が存在しないことが起こりうる。

▼政党政治の形態

	国	長所	短所
二大政党制	イギリス {保守党 {労働党 アメリカ {共和党 {民主党	①一党単独政権により，**政権が安定**する。 ②もう1つの政党との政策の比較がしやすく，**選挙人の選択が容易**。 ③**政治責任の所在が明確**で，かつ有力野党の存在により，与党の独善を抑制できる。	①多数党が**政権を長期独占**する危険性がある。 ②国民は結局，2つの立場しか選択できず，**少数意見が反映されない**。 ③両党の意見が近すぎると二党の存在意義がなく，離れすぎると政策の大転換となる。
多党制	フランス イタリア	①国民の**多様な意見**を，広く**公平に政治に反映**できる。 ②**連立政権**により，政策に弾力性がある。 ③世論の変化による**政権交代**が可能で，機動的。	①**連立政権**になり，**政権が不安定**になりがち。 ②**政治責任の所在が不明確**になりやすい。 ③主導権争いが激化して，政治の非能率化をまねきやすい。

2 日本における政党の歴史

1 戦前の政党

日本初の政党は，1874年に板垣退助らが結成した愛国公党である。第一次世界大戦後には，初の本格的な政党内閣（原敬内閣）が誕生した。だが軍部の台頭とともに政党は力を失い，1940年には相次いで自ら解党し，政府が創設した戦争協力組織である大政翼賛会★1になだれ込んでいった。政党の，そして政党政治の自滅であった。

★1 政府がお膳立てした組織であり，政党ではない。

▲板垣退助

2 戦後の政党

❶55年体制の開始 敗戦から約10年の混乱を経て1955年，左派社会党と右派社会党が合併して日本社会党を結成した。同年，危機感を持った資本主義政党のうち，自由党と日本民主党が合併して自由民主党を結成した。その後38年間**政権交代はなく，自由民主党＝与党，日本社会党＝野党という構図**が続いた。とはいえ日本社会党の議席は自由民主党の半分程度★2であり，二大政党制とは言い難かった。

❷野党多党化の時代 1960年に日本社会党を離脱した議員が民主社会党（後の民社党）を結成した。1964年には公明党が

▲原敬

★2 1と1／2政党制と呼ばれた。

誕生し，議席がほとんどなかった日本共産党も国会内に議席を確保した。1976年には，自由民主党を離脱した議員[★3]が新自由クラブ[★4]を結成した。

❸**55年体制の終焉**　1993年の総選挙で自由民主党が敗北し，自由民主党と日本共産党以外の7党による細川連立内閣が発足した。その後は政党の離合集散が激しくなり，**連立政権が常態化**していった。

❹**自由民主党の野党転落**　1993年から野党に甘んじていた自由民主党は，1994年に村山連立内閣[★5]で与党に返り咲いた。その後は与党の中心であったが，2009年の総選挙で大敗し，民主党を中心とする鳩山連立政権が生まれた。

❺**自由民主党の政権奪回**　東日本大震災への対応が不適切であったり，与党間の足並みが乱れたりしたこともあって，民主党政権は急速に支持を失っていく。2012年の総選挙において，自由民主党と公明党は衆議院で議席の3分の2以上を得て，連立政権を発足させた。

★3 ロッキード事件に象徴される，自由民主党の金権体質に反発した。

★4 1983年から3年間，自由民主党と連立内閣を構成した。

★5 自由民主党・日本社会党・新党さきがけの3党連立内閣。

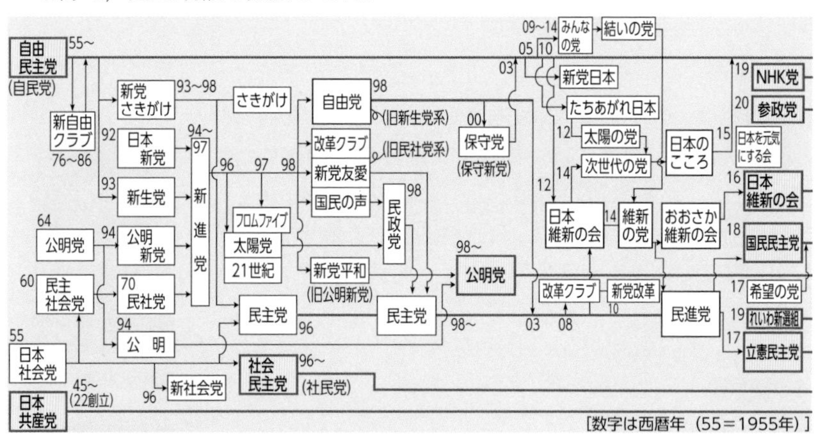

▲おもな政党の移り変わり（2022年12月現在）

3｜日本における政党の特徴

1 強い党議拘束

法案や予算案の賛否に関しては，**議員が党議（党の決定）に従う**のが一般的である。このような党議拘束はヨーロッパの政党でも見られるが，日本の拘束はとりわけ厳しい[★1]。

★1 アメリカの政党は，ほとんど党議拘束をしない。

2 少ない大衆党員

公明党と日本共産党を除くと**党員数が少ない**ので，党員が納める党費だけでは政党活動を賄(まかな)うことが難しく，選挙運動(ポスター貼りなど)にも限界がある。そのため外部の企業や労働団体などに，資金・活動面で依存することが多い。これは**外部の言いなりになってしまう**という懸念(けねん)がある。

3 密室での国対(こくたい)政治

各党には国会対策委員を務める議員がいて，議院運営★2について協議をしている。問題は**協議が密室で行われ**，一般党員や有権者から見えないところで取引がなされることである。このような国対政治は議会での審議を形だけのものにしており，有権者の政治不信を高める一因となっている。

★2 本来は，常任委員会の1つである議院運営委員会でなされるべきである。

補説 **圧力団体**　圧力団体は自己の**特定の利益**を実現するために，政党や個々の議員，官庁などに働きかける団体である。選挙運動の支援をすることはあるが，自ら候補者を立てて選挙に臨むことはほとんどなく，**政権獲得(かくとく)も目指さない**。経済団体の日本経済団体連合会(日本経団連(けいだんれん))や労働団体の日本労働組合総連合会(連合)のほか，日本医師会や全国知事会などが知られている。

議会を補完する意義があるが，政党との癒着(ゆちゃく)が**金権政治をもたらす**などの弊害(へいがい)がある。貧困(ひんこん)家庭のような本当に助けを必要とする人がほとんど加入しておらず，**格差拡大を助長している**面もある。

アメリカでは圧力団体の代理人として議員と折衝(せっしょう)する**ロビイスト**(議会内のロビーで圧力活動をする人々)が議会に登録され，活動報告の義務を負っている。

SECTION 2 選挙

▶ 日本のように間接民主制を中心とする国においては，主権者が選挙を通じて選んだ政治家に主権の行使を委ねることになる。その意味で，民意を忠実に反映する選挙制度の設計は重要である。

1 民主的選挙の原則

1 普通選挙の実現

年齢以外の制限がない普通選挙を求める声は，市民革命を経

4 政党・選挙と官僚制

たヨーロッパで広がった。19世紀前半にイギリスで展開されたチャーティスト運動[★1]は敗北したが，フランスでは男子のみではあったが普通選挙が実現した。

★1 1837～50年代，人民憲章を掲げた労働者の運動。

日本では1925年に25歳以上の**男子普通選挙**が，1945年には20歳以上の**男女普通選挙**が実現した。現在の選挙権年齢は男女とも18歳以上である。

▼おもな国の普通選挙実現

年	主な国の選挙法改正
1848	フランスで男子普通選挙
67	イギリスの第2次選挙法改正（都市の労働者に選挙権）
70	アメリカで黒人に選挙権
84	イギリスの第3次選挙法改正（鉱山労働者・農民に選挙権）
1918	イギリスの第4次選挙法改正（男子普通選挙と一部婦人）
19	**ドイツで男女普通選挙**
20	アメリカで婦人に参政権
25	**日本で男子普通選挙**
28	**イギリスで男女普通選挙**
44	フランスで男女普通選挙
45	**日本で男女普通選挙**

2 民主的選挙の原則

❶**普通選挙**　一定の年齢に達したすべての国民に選挙権を付与する⟷制限選挙。

❷**平等選挙**　有権者の票の価値を平等にする[★2]⟷差別選挙。

❸**秘密選挙**　有権者の秘密を守るため無記名投票とする⟷公開選挙。

❹**直接選挙**　有権者が候補者を直接選ぶ⟷間接選挙。

★2 日本では一票の格差が残っている。

3 選挙制度の類型と特徴

有権者が候補者個人に投票する選挙区制と，各政党の得票に応じて議席を配分する比例代表制に区分できる。選挙区制は1つの選挙区から1名だけ当選する小選挙区制と，複数(2名以上)当選する大選挙区制に分かれる。

▼小選挙区制と大選挙区制の長所・短所

	小選挙区制	大選挙区制
長所	①多数党の出現または二大政党制となり，**安定政権**が成立する。 ②選挙運動の**費用**が**節約**される。 ③**選挙人が候補者をよく知る**機会が多い。 ④政党の候補者間の同志討ちを防げる。 ⑤投票や選挙結果が単純でわかりやすい。	①**死票**（落選者の得票）**が減り**，小政党も代表を出せるし，新人も出馬しやすい。 ②**国民の意思が議会に公平に反映される。** ③選挙区のせまい利害にとらわれない国民の代表にふさわしい人物を選出できる。 ④選挙干渉・買収などの**不正が減少**する。
短所	①**死票が多く**，多数党に有利になる。 ②**国民の意思が議会に公平に反映されない。** ③新党の出現を妨げる傾向がある。 ④選挙区の利害にとらわれる議員が増える。 ⑤私情のからむ**不正選挙の誘惑**が多い。	①**小党分立による政局の不安定**をまねく。 ②**選挙費用**が多くかかる。 ③議員と選挙人との関係が疎遠になる。 ④大政党の候補者間で同志討ちになる恐れがある。 ⑤補欠選挙や再選挙を行いにくい。

[小選挙区制と大選挙区制]

選挙区制のうち…

① 大政党に有利なのが小選挙区制。

② 小政党にも議席獲得（かくとく）のチャンスがあるのが大選挙区制。

2 | 日本の国政選挙

衆議院議員選挙・参議院議員選挙とも有権者は2票持ち，**1票を選挙区で，もう1票を比例代表で行使**する。

▲選挙運動

★1 立候補にあたって供出（きょうしゅつ）する供託金（きょうたくきん）が戻ってこない得票数である。

★2 ベルギーの数学者ドントが考案した。

1 衆議院議員選挙――小選挙区比例代表並立（へいりつ）制

❶ **重複（ちょうふく）立候補の採用**　小選挙区の候補者は，比例代表名簿（めいぼ）にも名前を載せることができる。そのため**選挙区で落選しても，比例代表で当選する可能性**がある。ただし選挙区での得票率が10%を下回った場合[★1]，復活当選はできない。

❷ **全国11ブロックの比例代表制**　比例代表選挙は全国を11ブロックに分割して行う。各党はブロックごとに，候補者名簿を発表して選挙に臨む。

議席配分はドント式[★2]で決める。各党の得票数を整数で割り，商の大きい順に定数（ていすう）分まで順位をつけて獲得議席数を定める。

❸ **拘束（こうそく）名簿式**　比例代表選挙では，有権者は投票用紙に**政党名を記入**する。当選者の決定は，**名簿の順位に従う**。順位は党幹部が決めることが多いので，党幹部に疎（うと）まれた候補者は，名簿上位に名前を載せてもらえない可能性が高い。

①各党が名簿を作る

A党候補者名簿
1位…氏名
2位…氏名
3位…氏名
⋮

②届出された名簿を公表

③選挙は政党名を書いて投票

A党の得票数	B党の得票数
10,000票	6,000票
比例配分	
⇩ 当選人は10人	⇩ 当選人は6人
⇩ 名簿の1位から10位までの人が当選者になる	⇩ 名簿の1位から6位までの人が当選者になる

【拘束名簿式,定数16の場合】

▲比例代表制の仕組み

2 参議院議員選挙――選挙区制と比例代表制

❶ **重複立候補の不採用**　衆議院で採用されている重複立候補は禁止されている。

❷ **全国1単位の比例代表**　選挙区は原則として**都道府県単位**である[★3]。比例代表制はブロック分割せず，**全国1単位**となっている。

❸ **非拘束名簿式**　比例代表選挙では，有権者は投票用紙

に**政党名か候補者名を記入**する。政党の得票と候補者の得票の合計をドント式で処理して，各党の獲得議席数を定める。議席数の中で，**個人での得票が多い候補者から当選**が確定する。有権者が候補者を選べるメリットはあるが，政党が得票を狙(ねら)って，知名度が高い有名人を名簿に並べる例が見られる。

★3 有権者数が少ない島根県と鳥取県，高知県と徳島県が合区(ごうく)となった（2015年）。

❹特定枠の存在　政党は比例代表候補者の一部に，優先的に当選者となる順位をつけた特定枠を適用できる。一種の優先枠であり，枠内に何名入れるかは政党の自由とされる。★4

★4 特定枠は使用しなくてもよい。

［比例代表選挙の投票］

比例代表選挙で有権者は，衆議院では政党に，参議院では政党か候補者個人に投票する。

3｜日本における選挙の問題点

1 戸別(こべつ)訪問の禁止

公職選挙法は，有権者の自宅を訪問して投票を依頼する**戸別訪問を禁止**している。★1 これについては，表現の自由を定めた憲法第21条に違反しているとして違憲訴訟が起こされた。

★1 戸別訪問を禁止しているのは，主要国で日本だけである。

最高裁判所は「戸別訪問を認めると，情に流されて投票する例が増える」として**戸別訪問の禁止は合憲**だとした。自宅に来たことで投票したくなるものか疑問の声もあるが，解禁した方が政治への関心が高まる可能性もある。

2 政治資金規正法

政治資金規正法は，**企業・団体が，政治家個人に献金(けんきん)することを禁止**している。政党への献金は自由であるが，この点について金権選挙を助長するとか，企業・団体の利害関係者★2（企業なら従業員や株主(かぶぬし)，消費者など）の同意を得ていないなど，批判も強い。

★2 ステークホルダー（stakeholder）という。

3 政党助成法

政党助成法は一定の要件(国会議員が5人以上いる，あるいは直近の国政選挙で2%以上の得票(とくひょう)があった)を満たした政党に対して，**国会議席数と得票数に応じて**，国庫から政党交付金を支給することを定めている。大政党ほど，多額の交付金を得る。しかも財源は税金であるから，納税者は自分が支持しない政党に納めた税金が使われることになる。

[政党交付金]

政党交付金を受け取る政党は一定の要件が求められ，金額は一律(いちりつ)ではない。

4 インターネット選挙

2013年4月から，インターネットを通じた選挙運動が解禁された。TwitterやFacebookなどのSNS，YouTubeなどの動画共有サービスを利用できる。メールに関して，**候補者や政党の利用は可能であるが有権者の利用(選挙運動)は禁止**されている。★3 インターネットでの投票もできない。誹謗中傷(ひぼうちゅうしょう)やなりすまし，デマの拡散(かくさん)にどう対応するかが課題である。

★3 LINEのグループで，特定候補を応援するやり取りは可能。

5 棄権(きけん)の増加

政治的無関心の広がりとともに，棄権が増加している。**若年層(じゃくねんそう)**にその傾向が強い。また衆議院選挙より**参議院選挙の方が，投票率が低い**傾向にある。

棄権の増加は組織票を持つ政党を有利にする。確かに一票への無力感は否定できないが，カントのように「結果はどうであれ，やるべきことをやる」という姿勢も主権者に求められる。

制度としては，本来の投票日以前に投票できる期日前投票の手続きが簡略化された。★4 投票の締(し)め切(き)りも，午後6時から午後8時になっている。

★4 期日前投票する理由を説明する義務がなくなった。

SECTION 3 日本の官僚制

社会の複雑化に対応して，専門知識を持つ官僚の役割が増大した。専門能力を基準に採用・配置される官僚制[★1]の強化は，現代の必然である。とはいえ主権者である国民が選んだ議員が官僚に対してリーダーシップを発揮できないのは問題であり，その対応策が模索(もさく)されている。

★1 現代の官僚制をビューロクラシーと呼ぶ。

1 行政の肥大化

1 内閣提出法案の高い成立率

議員提出法案よりも，**内閣提出法案の方が成立する割合が高い**。議会の多数派が内閣を構成する議院内閣制では，当然のことではある。問題は，内閣提出法案の大半は内閣の大臣自身が立案したものではなく，**官僚が立案したもの**を閣議で十分な議論をせず国会に出されているケースが多いことだ。国会が官僚の立案を承認するだけの場になっているならば，「国権の最高機関」に相応(ふさわ)しいとはいえない。

2 委任立法の増加

行政の効率化に貢献(こうけん)しているとはいえ，法律の枠内で**官僚の裁量(さいりょう)範囲が拡大する**ことは，国会の軽視につながりかねない。

3 許認可(きょにんか)権と行政指導

国民の生命や自然環境，社会秩序を維持するために規制は不可欠である。だが官僚の許認可がなければ何もできないことになれば，許認可を受けたい側との間の，**官民癒着(ゆちゃく)が進行**する[★2]。

また，民間への行政指導は**法的根拠がない**まま行われるので，指導を受ける側はどこまで従うのか，無視できるのかわからない。結果として**必要以上に自粛(じしゅく)する**ことになりかねない[★3]。

補説 **官僚制の問題点** **指揮命令が文書化されている**のは，責任の明確化につながる。同時に文書化されていないことはやらない**規則万能(ばんのう)主義**や，前例のないことはしない**前例踏襲(とうしゅう)主義**(事なかれ主義)を生み出す。

また，省庁ごとの**縦割り(たてわ)行政**は横の連携を阻(はば)んで，**政策の不整合**をもたらす[★4]。これを超えるため，首相官邸(かんてい)主導で省庁の人事とそれに関

★2 これに政治家が加わると，鉄の三角形と呼ばれる支配者連合になる。

★3 このことを批判したのが，フランクフルト学派のハーバーマスである。

★4 これがセクショナリズムである。

連する制度の企画立案などをリードする**内閣人事局**が設けられた。これについても，官僚が人事を気にして首相官邸に迎合（げいごう）する例が報告されている。

2　行政の民主化

1 行政手続法

行政指導の透明化を目的に1993年，行政手続法が制定された。その後の法改正で，行政機関が政策を実施する前にその政策を明らかにして，国民から意見を募（つの）るパブリックコメント制度（意見公募手続き）[★1]が明記された。

★1 一部の自治体も，条例に基づいて実施している。

2 オンブズ・パーソン制度

行政サービスについて国民の苦情を受け付け，調査・勧告をするのがオンブズ・パーソン（行政監察官）制度[★2]である。政党に支配されがちな議会と異なり，政治的には中立の立場から行政を監視（かんし）する役割が期待できる。日本では川崎市など一部自治体が条例に基づいて導入しているが，**国政レベルでは存在しない**。

★2 スウェーデンで生まれた制度。

3 行政のスリム化

行政を外部からチェックするだけでなく，行政自身の肥大（ひだい）化抑制（よくせい）も重要である。

❶**独立行政法人**　中央省庁から**研究機関や事業部門を分離・独立させ**，法人格を与えて運営させるもの。国立美術館や病院が対象となる。行政機構の簡素化につながる。

独立行政法人通則法に基づいて国が再評価する組織であり，民営化[★3]ではない。

★3 民営化とは株式会社化することである。

❷**民営化**　1980年代から，国営事業の民営化が進められた。1980年代の3公社（こうしゃ）民営化で日本電信電話公社がNTTに，専売公社がJTに，日本国有（こくゆう）鉄道がJRに移行した。2007年には，日本郵政公社が民営化された。

[行政スリム化の例]

①民営化ではない独立行政法人。

②株式会社化する民営化。

特集

死刑制度と加害者更生

死刑の賛否

日本国憲法第36条に「公務員による拷問及び残虐な刑罰は，絶対にこれを禁ずる」とある。では，死刑という刑罰は憲法違反にならないのだろうか。

◯最高裁は「合憲」

最高裁判所は1948年，「死刑そのものが直ちに“残虐な刑罰”に該当するとは考えられない」とした。この判例は1993年の最高裁判決でも踏襲されている。

1948年の判決は，火あぶり・はりつけ・さらし首・釜ゆでのように，やり方が酷い場合は残虐と言えるが，そうでない限りは合憲とした。同時に，「国家の文化が高度に発達して正義と秩序を基調とする平和的社会が実現し，公共の福祉のために死刑による威嚇による犯罪の防止を必要としない状態に達したならば，死刑もまた残虐な刑罰として国民感情により否定されるに違いない」と述べた補足意見が付されている。

つまり国民感情の変化によっては，死刑制度が違憲となる可能性がある。

◯死刑存置論

死刑存置論の根拠は，おおむね以下の通りである。

❶死刑制度をなくすと，凶悪犯罪が増加する。
❷他者の命を断つ行為は，自分の命を断つことでしか償うことはできない。
❸被害者本人やその家族（遺族）の感情がおさまらない。

◯死刑廃止論

死刑廃止論の根拠は，おおむね以下の通りである。

❶死刑制度を廃止した国で凶悪犯罪が増加した国はない。アメリカでは死刑制度が存置されている州と廃止された州があるが，人口比での殺人事件発生率は，廃止された州の方がやや低い。
❷生きていてこそ，償いができる。
❸人の支配を否定して法の支配を尊重するのであれば，法を感情で運用することは許されない。

付け加えるなら，もし冤罪であった場合は刑が執行されてしまうと，取り返しがつかないことも，廃止論の根拠としてあげられる。

▼死刑・無期懲役の確定後に再審で無罪となった事件（戦後）

事件名（発生年）	確定判決	再審判決（確定年）
免田事件（1948年）	死刑	無罪　（83年）
財田川事件（50年）	死刑	無罪　（84年）
松山事件　（55年）	死刑	無罪　（84年）
梅田事件　（50年）	無期懲役	無罪　（86年）
島田事件　（54年）	死刑	無罪　（89年）
足利事件　（90年）	無期懲役	無罪（2010年）
布川事件　（67年）	無期懲役	無罪　（11年）
東電ＯＬ殺人事件　（97年）	無期懲役	無罪　（12年）

◯遺族の感情――死刑に賛成

通り魔的な犯行で娘を殺害された男性（本人が匿名を希望）は，加害者の死刑が執行された前後の心境を語った。

「毎朝，仏壇に手を合わせるんですよ。その時必ず，拘置所の犯人を思い出す。ああ，奴は今も生きていて，ご飯を食べて歯を磨いて新聞読んでトイレに行く。

娘はもう，何もできないんです。そのことを思うと，もう毎日毎日，心がむしばまれていくんです。そのうち発狂するんじゃないかと思いました」

「犯人が死刑になっても，娘は戻ってきません。だから気持ちがおさまったとか，すっきりしたとかは全然ない。でも**その日から，心がむしばまれていくような感覚はなくなりました**」

◎遺族の感情——死刑に反対

少年犯罪で母親を殺害された塚本猪一郎さんは，参考人として呼ばれた国会で発言した。

「少年法は少年が更生するという前提でできているはずです。被害者は政府から，何の援助も受けていないわけです。その中で少年の罪はどうしたらいいかと問われたら，厳罰に処してくださいと，感情的に言うしかないのです。でもこれは，江戸時代でいう仇討ちの思想なんです。たとえ仇討ちしたところで，僕らは何も救われません」

「社会に対する罪は刑罰で償われますけれども，**被害者に対する罪は，本当の意味での更生によってしか償われない**のです」

加害者の更生の可能性

世間の注目を集めるような事件でも，裁判で判決が確定すれば，急速に忘れられることが多い。だが，加害者がどのように立ち直っていくかということについては，あまり知られていない。

ここでは保護司という仕事を紹介する。

◎保護司という仕事

保護司は法務大臣から委嘱されたボランティアで，全国に約4万6000人(2022年)いる。給与はないが，交通費などは実費で支給される。

刑期満了前に保護観察を受けている人の立ち直りを支援する「処遇活動」と，地域住民に立ち直り支援への理解・協力を求める「地域活動」を行っている。

❶処遇活動　中心は「保護観察」である。保護観察は犯罪や非行をして保護観察を受けている人と月に2～3回面接をし，相談に乗ったり約束事を守るように指導したりする。

保護観察は，犯罪者処遇の専門家で国家公務員である「保護観察官」と，地域ボランティアの保護司が，ペアを組んで行う。

❷地域活動　住民向けの啓発イベントを開催している。また，地域で住民集会を開催したり，学校と連携して活動をしたりしている。学校で講演することも多い。

❸保護司になった動機　動機は「父親が保護司だった」「義理で断れなかった」「育児中は地域のお世話になったので，地域に恩返ししたかった」「自分がかつて非行少年で立ち直った経験があり，加害者に同じように立ち直ってほしい」「神社の神主としての使命感」「長年務めると，褒賞される」など，様々である。

❹保護司の経験で得たもの　東京都内で保護司を務める男性(58歳)は，息子が大学生になった頃に「自分の年齢を考えて，そろそろ若い人のために何かやりたい」と思い，非行少年の更生を手助けしたいと考えた。その過程で，厳罰化に疑問を持つようになったという。

「例えば覚醒剤なんかの麻薬犯罪，1回やったら6割から7割は同じことを繰り返す。刑罰を重くしても，意味ないんだよね。出所した後，まわりがどういうケアをするのかが大事なわけ」

非行少年に向かって，必ずかける言葉があるという。

「人は1回は大きな失敗をする。君はそれが，早かっただけだ」

男性は，裏切られることもあるが，信頼に応えてくれる方が多いという。基本的には，保護観察を終えたら関係を終了する。街で偶然顔を合わせても，知らないふりをしなければならない。だが，相手から近づいてきて「お世話になりました」「おかげで真面目にやってます」とあいさつされることがある。一番のやりがいを感じる瞬間だそうだ。

☑ 要点チェック

CHAPTER 1 民主政治の歩み		答
□ 1	絶対王政を支えた思想は何か。	1 王権神授説
□ 2	イギリスでプロテスタントを中心とする市民が起こした革命は何か。	2 ピューリタン革命（清教徒革命）
□ 3	名誉革命の成果をまとめた文書は何か。	3 権利章典
□ 4	世界で初めて自然権を明記した文書は何か。	4 バージニア権利章典
□ 5	フランス人権宣言が不可侵とした権利は何か。	5 財産権
□ 6	ホッブズは自然状態を何と形容したか。	6 万人の万人に対する闘争
□ 7	政府が人民の自然権を侵害した場合，政府に対して行使できるとロックが考えた権利は何か。	7 抵抗権（革命権）
□ 8	常に全体の利益を目指す人民の意志をルソーは何と呼んだか。	8 一般意志
□ 9	その国のあり方を最終的に決める権力は何か。	9 主権
□ 10	13世紀，イギリスで封建貴族が国王に対して特権の保障を求めて突き付けた文書は何か。	10 マグナ・カルタ（大憲章）
□ 11	「国王といえども神と法の下にある」という言葉を引用して国王を諫めたのは誰か。	11 コーク（クック）
□ 12	法の支配を確保するため，アメリカなどの裁判所が持つ権限は何か。	12 違憲審査権
□ 13	法に従うという形式さえ守れば法の内容は問わないとする考え方を何というか。	13 法治主義（法治国家思想）
□ 14	『法の精神』を著して三権分立（ぶんりゅう）を唱えたのは誰か。	14 モンテスキュー
□ 15	権力分立を否定した社会契約論者は誰か。	15 ルソー
□ 16	イギリス議会で内閣不信任決議権を持つのは，どちらの院か。	16 下院（庶民院）
□ 17	政権交代に備えてイギリスの野党が組織するものは何か。	17 影の内閣（シャドー・キャビネット）
□ 18	アメリカ大統領が立法などを勧告するため，議会に送付するものは何か。	18 教書

□ 19	アメリカ大統領の任期は何年か。	19 4年
□ 20	アメリカ大統領の条約締結(ていけつ)に同意を与える機関は何か。	20 議会(上院)
□ 21	フランスのように大統領の権限が強いが，議院内閣制の要素もある体制を何というか。	21 半大統領制
□ 22	中国で議会にあたる機関は何か。	22 全国人民代表大会(全人代)

CHAPTER 2 日本国憲法と日本の政治		答
□ 1	明治政府に対して，憲法制定を求めた運動は何か。	1 自由民権運動
□ 2	明治政府が憲法制定にあたって参考にした国はどこか。	2 プロイセン(ドイツ)
□ 3	天皇など君主が定めた憲法を何というか。	3 欽定(きんてい)憲法
□ 4	戦前の天皇が持っていた，軍隊用兵に対する権限は何か。	4 統帥権(とうすいけん)
□ 5	1945年に日本が受諾(じゅだく)して降伏した宣言は何か。	5 ポツダム宣言
□ 6	日本国憲法が公布されたのはいつか。	6 1946年11月3日
□ 7	憲法に規定された直接民主制的な制度の1つで，最高裁判所裁判官に対して行われるものは何か。	7 国民審査
□ 8	通常の法律よりも改正手続きが厳しい憲法は何と呼ばれるか。	8 硬性(こうせい)憲法
□ 9	日本の再軍備の第一歩として1950年に発足(ほっそく)した組織は何か。	9 警察予備隊
□ 10	在日米軍の装備に重要な変更がある場合，日米両政府が行う協議は何か。	10 事前協議
□ 11	日米安全保障条約及び駐留米軍が争点となった事件は何か。	11 砂川(すながわ)事件
□ 12	高度に政治的な国家行為については，裁判所が憲法判断すべきではないという学説を何というか。	12 統治行為論
□ 13	自衛隊の最高指揮権を持つのは誰か。	13 内閣総理大臣
□ 14	日本の武器輸出に関する規定は何か。	14 防衛装備移転三原則
□ 15	PKO協力法に基づいて，自衛隊が最初に派遣(はけん)された国はどこか。	15 カンボジア
□ 16	他国への攻撃を自国への攻撃と見なして武力行使する権利を何というか。	16 集団的自衛権
□ 17	重要影響事態法では，他国軍に対して自衛隊は何をできると定めているか。	17 後方支援

	問	答
□ 18	候補者の男女比をなるべく等しくするよう，政党に求める法律は何か。	18 候補者男女均等法
□ 19	県が神社に公費から寄附金を支出したことが争点となった訴訟は何か。	19 愛媛玉串料訴訟
□ 20	家永教科書訴訟で争点となった制度は何か。	20 教科書検定制度
□ 21	犯罪や刑罰について，予め定めておかなければならないという考えを何というか。	21 罪刑法定主義
□ 22	逮捕や捜索に必要な令状を発行するのは誰か。	22 裁判官
□ 23	判決が確定した事件のやり直しをする裁判は何か。	23 再審
□ 24	世界で初めて社会権を明記した憲法は何か。	24 ワイマール憲法
□ 25	憲法の生存権のような規定は，国民の権利を直接保障したものではないという考えを何というか。	25 プログラム規定説
□ 26	労働三権の1つで，団体行動をとる権利を何というか。	26 団体行動権(争議権)
□ 27	公務員の不法行為で損害を受けた者が，賠償を求める権利は何か。	27 国家賠償請求権
□ 28	参議院議員の被選挙権年齢は何歳以上か。	28 満30歳以上
□ 29	知る権利の根拠とされる人権は何か。	29 表現の自由
□ 30	マイナンバー制度は全国民に何桁の番号を割り当てているか。	30 12桁
□ 31	マスメディアを利用する権利は何か。	31 アクセス権(反論権)

CHAPTER 3 日本の統治機構

	問	答
□ 1	最高裁判所が持つ立法権は何か。	1 規則制定権
□ 2	予算審議を中心とする国会は何か。	2 常会(通常国会)
□ 3	臨時会はいずれかの議院でどれだけの議員が要求したら召集されるのか。	3 総議員の4分の1以上
□ 4	参議院のみで召集される国会は何か。	4 緊急集会
□ 5	専門家などの意見を聴くために国会で開かれるのは何か。	5 公聴会
□ 6	憲法改正の発議には，各議院でどれだけの賛成が必要か。	6 総議員の3分の2以上
□ 7	各議院が持つ，証人の出頭や証言を求める権限は何か。	7 国政調査権

		答
□ 8	弾劾裁判所は何名の議員で構成されるか。	8 14名
□ 9	予算の無駄や不正を検査する機関は何か。	9 会計検査院
□ 10	両議院が異なる議決をした際に開かれるのは何か。	10 両院協議会
□ 11	国民自身が総理大臣を直接選ぶ制度を何というか。	11 首相公選制
□ 12	国務大臣を補佐するため，副大臣とともに置かれているのは何か。	12 大臣政務官
□ 13	衆議院解散後，いつまでに総選挙を行わなければならないか。	13 40日以内
□ 14	全国に最も多く設置されている裁判所は何か。	14 簡易裁判所
□ 15	戦前の日本に存在した，皇室裁判所・軍法会議とならぶ特別裁判所は何か。	15 行政裁判所
□ 16	裁判官を裁くため，最高裁判所及び高等裁判所で開かれる裁判は何か。	16 分限裁判
□ 17	行政による司法への干渉が問題となった戦前の事件は何か。	17 大津事件
□ 18	第1審判決に不服の者が第2審へ行う上訴は何か。	18 控訴
□ 19	第2審判決に不服の者が第3審へ行う上訴は何か。	19 上告
□ 20	アメリカなどで行われている，市民が裁判に参加する制度は何か。	20 陪審制
□ 21	地方行政全般を調査する地方議会の組織は何か。	21 百条委員会
□ 22	副知事などの解職を求める場合の請求先はどこか。	22 首長
□ 23	地方議会の解散請求をする場合，どれくらいの署名数が原則として必要か。	23 有権者の3分の1以上
□ 24	本来は国がすべき業務を，法令に基づいて地方自治体が執行している事務は何か。	24 法定受託事務
□ 25	国が使途を指定して，地方自治体に交付する補助金は何か。	25 国庫支出金

CHAPTER 4　政党・選挙と官僚制		答
□ 1	制限選挙制の時代に一般的だったのは，どのような政党か。	1 名望家政党
□ 2	日本最初の政党名は何か。	2 愛国公党
□ 3	1940年に政党をまとめる形で政府が組織した戦争協力組織は何か。	3 大政翼賛会
□ 4	55年体制は両党の議席差から，しばしば何と呼ばれたか。	4 1と1／2政党制
□ 5	自由民主党を離党した議員が，1976年に結成した政党は何か。	5 新自由クラブ

□ 6	1993年の政権交代で発足（ほっそく）した連立内閣は何か。	6 細川（ほそかわ）内閣
□ 7	党の決定に議員を従わせることを何というか。	7 党議拘束（こうそく）
□ 8	各党の国会対策委員によって議院運営が決められる政治を何というか。	8 国対（こくたい）政治
□ 9	普通選挙を求めて，19世紀のイギリスで展開された運動は何か。	9 チャーティスト運動
□ 10	無記名（むきめい）投票の選挙は何というか。	10 秘密選挙
□ 11	1つの選挙区から1名当選する選挙制度は何か。	11 小選挙区制
□ 12	落選者へ投じられた票を何というか。	12 死票
□ 13	日本の比例代表選挙で用いられている議席配分方式は何か。	13 ドント式
□ 14	参議院の比例代表選挙で採用されている方式は何か。	14 非拘束名簿式
□ 15	参議院選挙で比例代表候補者が優先的に当選できる枠は何か。	15 特定枠
□ 16	公職選挙法で禁止されている有権者の自宅を訪問して投票を依頼する選挙運動を何というか。	16 戸別（こべつ）訪問
□ 17	企業・団体が政治家個人に献金（けんきん）することを禁止している法律は何か。	17 政治資金規正法
□ 18	国庫から政党交付金を支給することを定めた法律は何か。	18 政党助成法
□ 19	本来の投票日前にできる投票を何というか。	19 期日前投票
□ 20	政治家・官僚・民間企業の癒着（ゆちゃく）は何と呼ばれるか。	20 鉄の三角形
□ 21	首相官邸（かんてい）主導で官僚人事をリードするために設置されたのは何か。	21 内閣人事局
□ 22	行政指導の透明性を目指して制定された法律は何か。	22 行政手続法
□ 23	政策実施前に国民の意見を募（つの）る制度は何か。	23 パブリックコメント制度（意見公募手続き）
□ 24	行政サービスに対する苦情を受け付け，調査・勧告する職はカタカナで何というか。	24 オンブズ・パーソン
□ 25	中央省庁から独立して法人格を与えられた組織を何というか。	25 独立行政法人

第3編

経済と向き合う

・・・・

• CHAPTER

1 » 現代経済の仕組み

まとめ

SECTION 1 資本主義経済の誕生と成長 ☞p.156

□ **資本主義経済の誕生**

- 産業革命…イギリスで起きた産業革命が，近代資本主義経済を確立させた。
- **資本主義の経済**…生産手段の私有，商品生産と利潤追求の自由を原則とする。

□ **資本主義経済の成長**

- **産業資本主義**…多数の企業による自由競争が行われていた。
  アダム＝スミスが分析した→自由放任主義。
- 独占資本主義…少数の大企業が市場を支配した。
  レーニンが批判した→帝国主義戦争の恐れ。
- 修正資本主義…世界恐慌が自由放任主義からの決別を迫った。
  ケインズが主張した→「大きな政府」。
- 新自由主義…ケインズ政策の限界が露呈した。
  フリードマンが主張した→「小さな政府」。
- **技術革新**…技術革新(イノベーション)の継続が，資本主義を発展させる。
  シュンペーターが主張した→創造的破壊。

□ **社会主義経済**

生産手段の社会的所有と計画経済を柱とする。
戦前のソ連に続き，戦後は多くの社会主義国が誕生した。
社会主義国の多くは，市場経済に移行した→ソ連・東欧諸国。
市場経済との融和を目指す国もある→中国・ベトナム。

SECTION 2 市場機構 ☞p.160

□ **市場機構**

価格が需要量と供給量を調整する。
需要と供給によって価格が決まる。
右下がりの需要曲線と右上がりの供給曲線で説明できる。

□ **独占・寡占の成立**　重化学工業分野で多く，近年は情報通信産業でも目立つ。

- カルテル…同一業種企業の協定。
- トラスト…同一業種企業の合併。

・**コンツェルン**…異業種企業のグループ。

・**コングロマリット(複合企業)**…異業種企業の合併。

・**多国籍企業**…複数の国に子会社や生産拠点を置く企業。

□ **寡占市場の特徴**(とくちょう)

・**価格の下方硬直性**(かほう)…価格が下がりにくくなることがある。

・**管理価格**…プライスリーダーシップに他社が追随(ついずい)して形成される。

・**非価格競争**…品質改善や広告など，価格以外の面での競争。

・**独占禁止政策**…自由競争の促進を目的とする。

・**再販売価格維持制度**…生産者が価格を指定して守らせる制度。原則禁止だが，書籍など例外的に認められている商品がある。

□ **市場の失敗**

・**公共財・公共サービス**…非排除性があるため，民間では供給が困難である。

・**外部効果**…ある経済主体が別の経済主体に，市場を経由せずに与える影響。

・**情報の非対称性**…経済主体間の情報格差。

SECTION 3 企業 ☞p.167

□ **企業の種類**

・**会社企業の種類**…合名会社，合資会社，合同会社，株式会社。

□ **株式会社**

・**株主総会**…会社の最高意思決定機関は株主総会で，議決は1株1票である。株主総会で取締役が選任される。

・**所有と経営の分離**…株主総会(所有)と取締役会(経営)は分離している。

・**合同会社**…議決権と出資額の関係などを自由に決められる。
ベンチャー企業の起業に向いている。

□ **企業の社会的責任(CSR)**

・**フィランソロピー**…社会貢献(こうけん)。

・**メセナ**…文化・芸術への支援活動。

・**コンプライアンス**…法令遵守(じゅんしゅ)。

・**コーポレート・ガバナンス(企業統治)**…ディスクロージャーや社外取締役の導入。

資本主義経済の誕生と成長

▶ かつてイギリスのチャーチル首相は「民主主義は最悪の政治形態である。過去のすべての政治形態を除いて」と述べた。これは資本主義についても当てはまるかもしれない。個人や企業の自由な経済活動を前提とするのが，資本主義である。資本主義はある局面では絶対王政の抑圧を受け，別の局面では社会主義の挑戦を受けるなど，変質しながら成長を続けてきた。

1 | 資本主義経済の誕生

1 産業革命

18世紀後半からイギリスでは，産業革命と呼ばれる一連の技術革新が起きた。**蒸気機関を中心に機械制工業の発展を促した**産業革命は，封建制にとって代わる近代資本主義を確立させた。生産力の飛躍的拡大と，資本家・労働者という二大階級★1の登場である。

この産業革命は，瞬く間にヨーロッパやアメリカ，日本へ波及し，近代資本主義経済を確立させる土台となった。

★1 階級は生産手段の所有・不所有によって成立する上下関係。世襲の身分関係ではない。

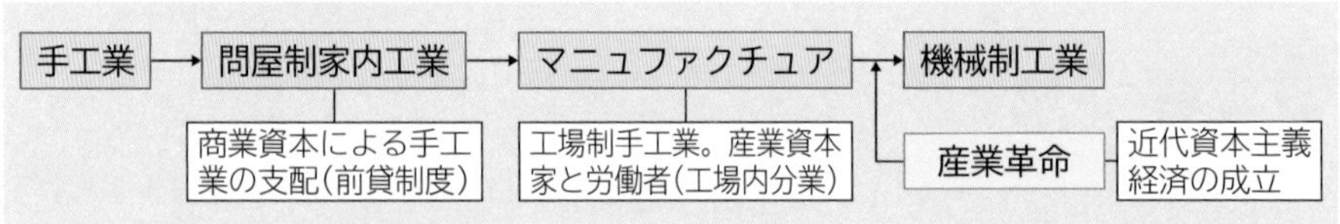

▲近代資本主義経済が成立するまで

2 資本主義の経済

❶**生産手段の私的所有**　土地や工場，機械など生産に必要な生産手段を，民間の企業や個人が**私的に所有する**ことができる。

❷**商品生産の自由**　商品は自分のためではなく誰かへ売るために生産される。商品は通貨と交換されるので，賃金と交換される**労働力も資本主義では商品**なのである。

商品の価格は，市場★2での需要と供給によって決定される。政府は原則として価格決定に介入しない(自由放任主義)。

❸**利潤追求の自由**　何人も自由に利潤を追求できる。

★2 売り手と買い手が出会う場。

利潤＝売上高（うりあげだか）－生産費（原材料費，地代，人件費など）であるから，利潤を拡大するには売上高を増やすと同時に，生産費を削減しなければならない。労働者はなり手が多く競争が激しいので★3，生産費の中では人件費の削減が最も容易であるが，労働者にとっては人件費（賃金）の上昇が大きな目標であるので，利害衝突は避けがたい。

★3 機械が導入されると，熟練工に求められる希少な職人技（わざ）は不要になった。

POINT!

［近代資本主義経済の確立と特徴］

①近代の資本主義は，18世紀のイギリスで始まった**産業革命**で確立した。

②生産手段の私的所有，商品生産，利潤追求は自由である。

2｜資本主義経済の成長

1 産業資本主義

❶自由競争　18世紀までは，少数の大企業が市場を圧倒するような段階ではなく，**多数の企業が自由に競争**していた。この時代の国家は経済活動を民間に任せ，自（みずか）らは国防と治安維持に専念する夜警（やけい）国家★1であった。

❷アダム＝スミスの主張　アダム＝スミス（☞p.48）は，人々が意図的に公益を追い求めるよりも，**利己心を満たすため自由に行動した方が，結果的に公益を実現する**と説いた。利己心は市場メカニズム★2で調整され，商品は自動的に最適な価格と生産量になるという，自由放任主義の主張である。

アダム＝スミスは「分業によって生産量を増やし，良い商品を供給すれば，売り手の利益になり，買い手も豊かな生活を送ることができる」とした。

★1 ドイツの社会主義者ラッサール（1825～64年）が，批判的に形容した言葉。

★2 これが「見えざる手」である。

▲アダム＝スミス

2 独占資本主義

❶自由競争の衰退（すいたい）　全員が勝つ競争はない。競争に破れて市場（しじょう）から撤退する企業がある一方で，競争に勝ち，資本の集積★3や資本の集中★4を通じて，さらに規模を拡大する企業もある。19世紀後半には，**勝ち残った少数の大企業が市場を支配**する，独占資本主義の時代が到来した。

❷レーニンの予言　史上初の社会主義革命であるロシア革命を指導することになるレーニン★5は，著書『帝国主義論』で，

★3 企業が利潤（りじゅん）を蓄えて生産規模を拡大すること。

★4 企業が他企業を吸収合併（がっぺい）すること。

★5 レーニン（1870～1924年）はマルクス主義の革命家。

1　現代経済の仕組み

独占資本は国家権力と結びついて国家独占資本になること，植民地の争奪戦である帝国主義戦争が不可避であることを予言した。例えば日露戦争は，朝鮮半島や満州(中国東北部)をめぐる，日本とロシアの帝国主義戦争である。

3 修正資本主義

❶政府の介入――ニューディール政策　1929年のニューヨークにおける株価暴落に始まる世界恐慌★6は，社会主義国ソ連を除く各国を不況のどん底に叩き込んだ。この中でアメリカはローズベルト大統領が主導して，公共投資を軸に政府が経済へ積極的に介入するニューディール政策を展開した。第二次世界大戦後は多くの国で，**政府が経済に介入することが常態化**した。

これ以降の資本主義は伝統的な**自由放任主義を採らない**ため，修正資本主義と呼ばれる。経済の中に**民間部門と政府部門が併存**していることから，混合経済とも言われる。

★6 恐慌は短期間で起きる激しい景気後退。19世紀には発生していた。

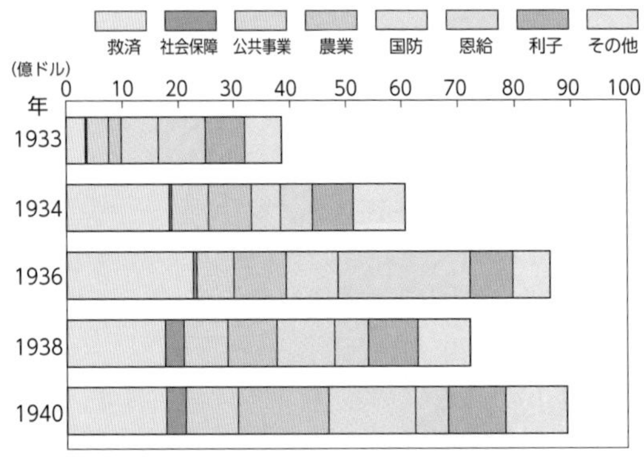

▲アメリカ連邦政府支出の内訳

❷ケインズの分析　イギリスの経済学者ケインズは著書『雇用・利子および貨幣の一般理論』で修正資本主義を分析，正当化した。

ケインズは不況は貨幣支出をともなう有効需要(**消費＋投資＋輸出－輸入**)が不足することで起きると考えた。そこで政府が減税で消費を喚起し，自ら公共投資を行えば，景気は回復すると主張した。いわゆる大きな政府路線である。

ケインズは公共投資が，その何倍もの**波及効果をもたらす**という乗数理論に基づき，公共投資の拡大を訴えた。

▲ケインズ

世界恐慌 ― 国家の介入
- ニューディール政策(アメリカ合衆国)…ケインズ理論の適用 → 第二次世界大戦後，各国で採用 ― **修正資本主義＝混合経済**
- ファシズム(ドイツ・イタリア・日本) → 戦争への道

▲ケインズ理論の適用と拡大

4 新自由主義

❶**ケインズ政策の限界**　絶えず有効需要を刺激するケインズ政策は，慢性的な**財政赤字やインフレーション**(物価の持続的な上昇)に悩むことになる。また政府の経済への介入は効率的でなく，**民間の活力を圧迫**するようになった。このようなケインズ政策の限界が露呈したのを背景に，1970年代から小さな政府路線が模索されるようになった。

❷**フリードマンの主張**　アメリカの経済学者フリードマン★7は，政府の役割を縮小すべきだと述べた。具体的には**規制緩和や減税，国営事業の民営化**などの主張である。民営化の対象として国立公園や社会保障，徴兵制まで含めている。

フリードマンは不況対策としても財政拡大は不要だと主張し，定められた金融政策だけで十分であるとするマネタリズムの信奉者だった。

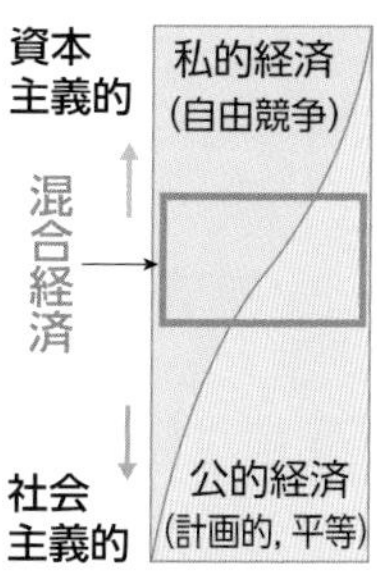

▲2つの経済体制

★7 フリードマン(1912～2006年)はシカゴ大学を拠点とするシカゴ学派の中心メンバーだった。

補説 **技術革新**　オーストリアの経済学者**シュンペーター**(1883～1950年)は資本主義を発展させる原動力として**技術革新(イノベーション)**を挙げた。技術革新とは**生産技術の変化**だけではなく，**経営組織の改革**や**新たな資源の開発**，**新規販路の開拓**などを含む。

シュンペーターは絶えず技術革新を行う**創造的破壊**を重視し，それができる**企業家精神**が継承されることで資本主義は発展するとした。社会が豊かになるとともに企業家精神が衰退して，資本主義が行き詰まることも予測している。事実，ゼロから新商品開発をするリスクを避けて，新商品を開発した他社を買収する動きが増えている。

▲シュンペーター

3 社会主義経済

1 社会主義経済の理論

社会主義経済は，生産手段の社会的所有(例えば国有)と，中央政府の指令に基づく計画経済を柱とする。国営企業は政府の計画を実施するだけの存在であり，**利潤追求の自由はない**。商品価格も市場で決まるのではなく，政府が決定する。

2 社会主義経済の発展と衰退

ロシア革命によって社会主義国家のソ連が誕生したのに続き，戦後は東欧や中国，キューバなど多くの社会主義国が誕生した。

だが官僚主導の計画経済は，**効率が悪かった**★1。冷戦下で軍事

★1 倒産して失業するリスクがないので，コスト意識が高まらない。

部門が優先されて食品や家電，自動車などの耐久消費財の生産が停滞したため，**勤労意欲も高まらない**ままであった。冷戦終結とともにソ連は崩壊し，市場経済の導入が進んだ。東欧諸国も同様であった。

3 市場経済との融和

　こうした中で，市場経済との融和を図る国もある。中国は社会主義市場経済を憲法に明記し，政治面での共産党独裁は維持しつつ，経済面では市場経済を導入する動きを進めている。★2 とはいえ売上高や雇用に占める国営企業の存在感はいまだに大きい。ドイモイ(刷新)政策を掲げるベトナムも，市場経済を部分的に導入するなど，中国に近い路線を選択した。

★2 沿岸部に経済特区を創設して，外資導入を進めている。

[社会主義経済]…生産手段の社会的所有と計画経済を特徴とする。
① ソ連・東欧は市場経済へ移行した。
② 中国・ベトナムは市場経済との融和を図った。

SECTION 2 市場機構

▶ 市場は売り手と買い手が，商品と通貨を交換する場である。経済主体である家計・企業・政府は，基本的に市場を通じて結びついている。

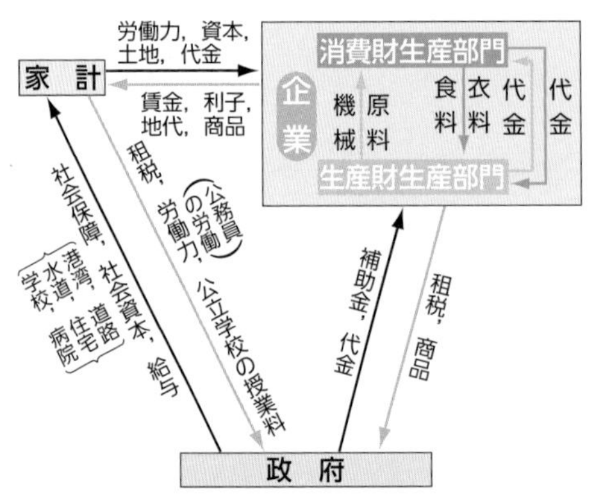

◀経済主体の間を流れる商品
商品は政府や家計で消費され，企業は政府や家計に商品を提供し，租税を納める。

1 | 市場機構

多数の売り手・買い手が存在し，両者とも**価格のみを行動基準**とする完全競争市場[★1]では，市場それ自体に資源の最適配分を実現する機能が存在する。これが**市場機構**であり，需要量と供給量の不均衡が生じても，**価格が不均衡を解消させる**。

★1 市場への参入，市場からの撤退は自由である。

1 需要曲線・供給曲線

❶**需要曲線**　価格が上がれば購買意欲が後退して，需要は減少する。価格が下がれば，逆の動きになる。このような需要者の行動をグラフで示すと，**右下がりの曲線**になる。

❷**供給曲線**　価格が上がれば生産意欲が高まって，供給が増加する。価格が下がれば，逆の動きになる。このような供給者の行動をグラフで示すと，**右上がりの曲線**になる。

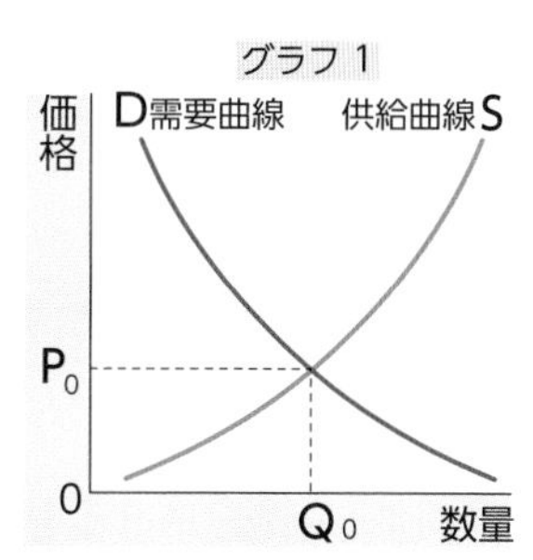

両者を重ねたグラフ1が，需要曲線と供給曲線である。需要曲線と供給曲線が一致する均衡点での価格P_0が，均衡価格[★2]である。この価格では需要量も供給量もQ_0で一致する均衡数量（均衡取引量）が成立する。

★2 供給した商品の全部に需要があり，過不足のない理想の取引が成立する価格。

2 需要曲線の移動

所得の向上や減税，商品人気の高まりなどで，需要が増加することがある。この場合，グラフ2で示すように価格がP_1で変わらなくても，需要量はQ_2からQ_4へ増加する。価格がP_2であっても，需要量はQ_1からQ_3へ増加する。こうして，需要曲線全体が右へ移動する。需要が減少した場合，需要曲線は左に移動する。

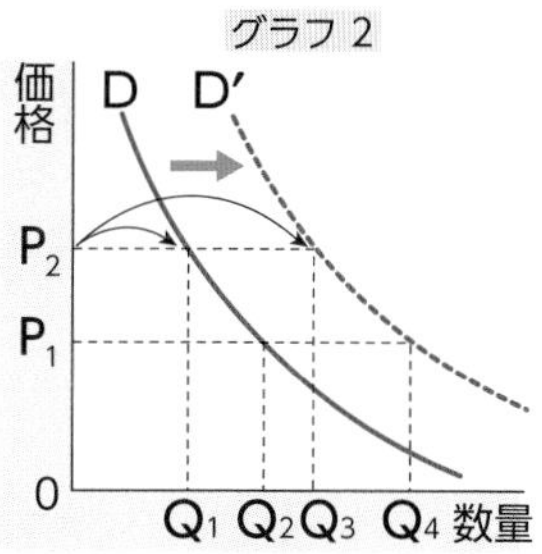

供給が変化しなければグラフ3で示すように，需要増加で均衡点が移動するので，均衡価格はP_0からP_1へ上昇し，均衡数量はQ_0からQ_1へ増加する。

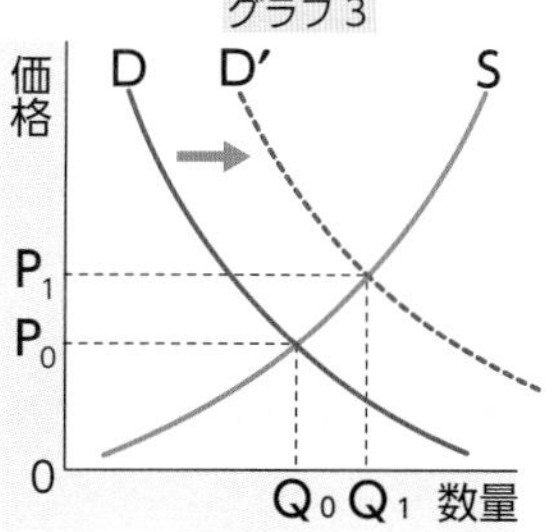

1
現代経済の仕組み

3 供給曲線の移動

原材料の価格低下や生産技術の向上などで，供給が増加することがある。この場合，グラフ4で示すように価格がP_0であっても，供給量はQ_0からQ_1へ増加する。需要が変化しなければ，供給増加で均衡点が移動するので，均衡価格はP_0からP_1へ下落する。

供給が減少した場合は，逆の動きになる。天候不順で野菜が不作になった場合，値上がりしがちなのは供給曲線が左に移動したことを示す。

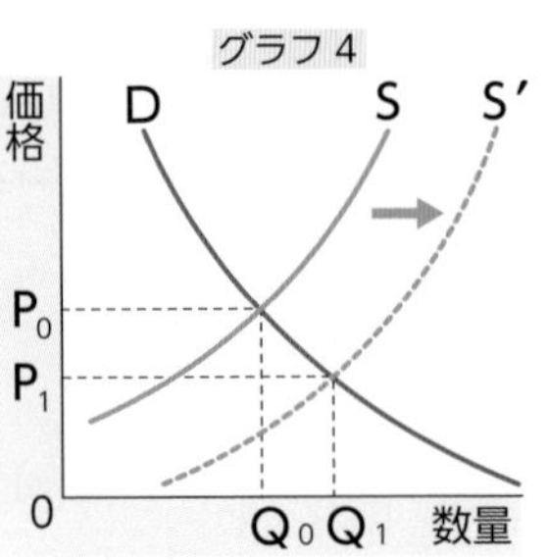

4 価格の自動調節機能

均衡価格P_0より高いP_1という価格になると，均衡価格時より供給が増えて需要が減るので，超過供給が発生する。この場合，超過供給を解消するために(売れ残りを売りさばくために)，価格を下げざるを得ない。そうすると需要(じゅよう)が増えて供給が減るので，均衡価格に落ち着いて超過供給は解消される[★3]。

均衡価格より低いP_2という価格になると，均衡価格時より供給が減って需要が増えるので，超過需要が発生する。この場合は品不足(しなぶそく)なので，価格を上げても売れると判断される。価格が上がれば需要が減って供給が増えるので，均衡価格に落ち着いて超過需要は解消される。

このように**需給(じゅきゅう)のアンバランスは，価格によって解消**される。これを価格の自動調節機能という。

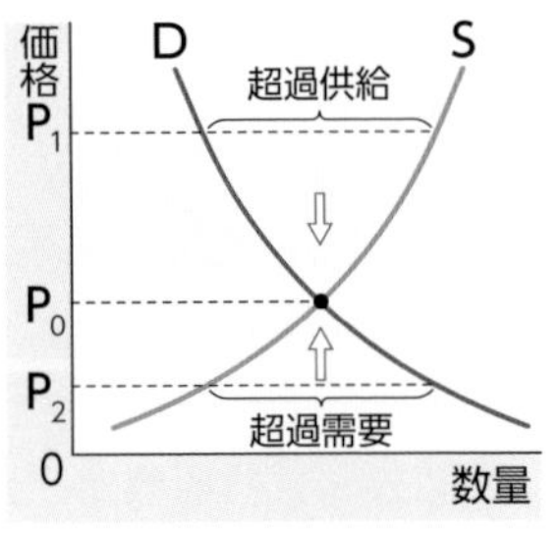

▲価格の自動調節機能

★3 スーパーマーケットが閉店間際(まぎわ)に惣菜(そうざい)などを値引きするのは，このためである。

POINT!
[市場のメカニズム]
①価格上昇→需要減少・供給増加　②価格下落→需要増加・供給減少
③需要増加→価格上昇　④需要減少→価格下落
⑤供給増加→価格下落　⑥供給減少→価格上昇

2 | 独占・寡占の成立

19世紀半ば以降，膨大(ぼうだい)な設備と資本を必要とする**重化学工業分野を中心**に，少数の巨大企業が市場を支配する状況が生まれた。21世紀に入るとGAFA(ガーファ)(グーグル，アマゾン，フェイスブック[★1]，

★1 フェイスブックは，2021年10月に社名を「メタ・プラットフォームズ」に変更した。

アップル)のような**情報通信分野**でも目立つようになっている。

1社が支配していれば独占，少数の企業が支配していれば寡占(かせん)である。寡占市場ではしばしば，企業結合・企業の巨大化が見られる。

1 カルテル

同一業種に属する企業が**価格や生産量，販売ルートなどについて協定を結ぶこと**。カルテルが横行すると，買い手は不当に高い価格で買うことを強いられる。独占禁止法[★2]では禁止されているが，内部告発がなければ摘発(てきはつ)は難しい。

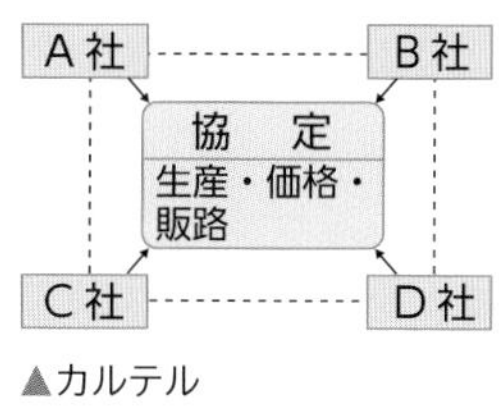

▲カルテル

★2 独占・寡占を制限して自由競争・公正取引を確保することを目指すための法律。

2 トラスト

同一業種に属する企業が，**合併(がっぺい)する**こと。カルテルと異なり違法ではないが合併で規模が大きくなり過ぎると，公正取引委員会[★3]が分割を命じることがある。近年は国境を越えたトラストが増えている。

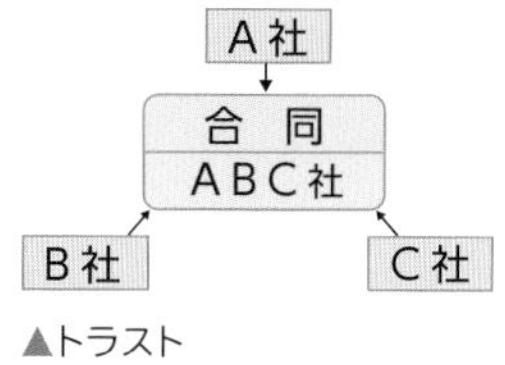

▲トラスト

★3 独占禁止法を運用する行政委員会。

3 コンツェルン

持株会社(もちかぶがいしゃ)[★4]が**異なる業種に属する複数の企業**の株式を所有することで経営を支配する，**ピラミッド型の企業グループ**。戦前日本の財閥(ざいばつ)は，コンツェルンの典型であった。

持株会社の傘下(さんか)に入った企業は，資金調達や経営干渉排除に気を遣うことなく，経営に専念できる。

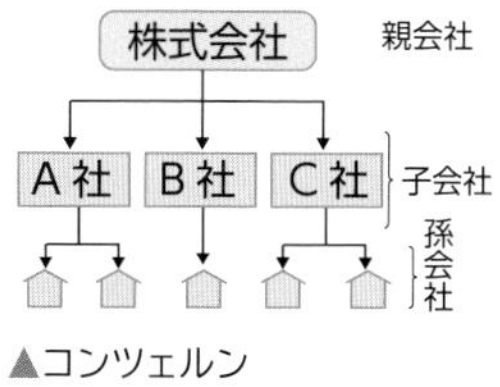

▲コンツェルン

★4 他社の株式を保有することで，株主として支配することに専念する会社。独占禁止法で禁止されてきたが，1997年の法改正で解禁された。

POINT!

[企業結合の形態]

① カルテル…同一業種企業の協定。
② トラスト…同一業種企業の合併。
③ コンツェルン…異業種企業のグループ。

4 企業の巨大化

❶**コングロマリット(複合企業)** **関連がない企業を吸収合併**して自社の一部門とした企業。1950年代からアメリカの大企業が多国籍化を開始し，1960年代にヨーロッパや日本の大企業が続いた。

経営多角化によるリスク分散が期待できる。トラストではないので，公正取引委員会の命令を気にせずに企業規模を拡大できる。

❷**多国籍企業** **複数の国に子会社(こがいしゃ)や生産拠点**を置き，国境を越えて活動する企業。国外の安価な**労働力や資源の確保**が狙いである。法人税がゼロか極端に低いタックス・ヘイブン[★5](租税(そぜい)回避地)と呼ばれる国・地域に拠点を移して，**節税することを目的とした多国籍化**も見られる。実体がないペーパーカンパニーが，住所の登録のみ行うことがある。[★6]

★5 カリブ海のケイマン諸島や香港，シンガポールなどが知られる。

★6 この実態を各国のジャーナリストが協力して解明したのが，パナマ文書である。

3 寡占市場の特徴

1 価格の下方(かほう)硬直性

競争する多数の企業が存在しないので，カルテルがなくても**価格が下がりにくい**傾向が見られる(価格の下方硬直性)。寡占(かせん)市場(しじょう)が発達している社会はそれなりに豊かな社会であり，耐久(たいきゅう)消費財が普及している。これらの商品は，必ずしも「安いものほどよく売れる」とは限らない。

2 管理価格

寡占企業の中でも特に影響力を持つ，プライスメーカーとされる大企業が，プライスリーダーシップ(価格先導制)を発揮して価格を設定すると，カルテルがなくても他社が横並び的に追随(ついずい)[★1]して，高い価格が形成されることがある。こうして決まる価格が管理価格である。

★1 従う他社は，プライステーカーと呼ばれる。

3 非価格競争

企業は自社製品を，なるべく高く売りたい。しかし，安価な他社製品に顧客を奪われたくもない。そこで価格競争(値下げ合戦)はせず，自社製品の市場占有率[★2]を高めることを狙った非

★2 一企業の商品が，その産業の市場全体に占める割合。100%なら独占である。

価格競争が活発になる。具体的には**品質改善や広告・宣伝，モデルチェンジ，アフターサービス**などである。当然ながらコスト増になり，資源の浪費(ろうひ)につながる可能性もある。

[寡占市場では]
① 価格の下方硬直性が見られる。
② プライスリーダーシップに基づいて，管理価格が形成されることがある。
③ 非価格競争が活発になりやすい。

4 独占禁止政策

世界初の独占禁止法は，1890年にアメリカで制定されたシャーマン反トラスト法[★3]であると言われる(州法レベルでは，より早期のものがある)。日本では「私的独占の禁止及び公正取引の確保に関する法律」として，1947年に制定された。**競争を促進**して，価格の固定化を防ぐことを目指している。

★3 持株(もちかぶ)会社を認めており，それほど強力な独占禁止ではなかった。

補説 **再販売価格維持制度** あるメーカーが，消費者ニーズに合わない商品を生産したとする。当然売れず，店頭には在庫の山ができる。困った販売店はメーカーの希望を無視して，叩(たた)き売りに近い値下げをする。利益を出せなくなったメーカーは，市場からの撤退を迫(せま)られる。

これは売れないような商品を生産するのは資源の浪費であり，そのような企業には生産継続を断念してもらうべきという考え方に基づいている。そのため独占禁止法は，生産者が卸売(おろしうり)価格や小売(こうり)価格を指定して守らせる**再販売価格維持**を**禁止**している[★4]。

例外的に**書籍や新聞などは，文化の多様性や表現の自由という観点から，再販売価格維持制度が認められている**。これらは「売れている商品は良い商品」とは，一概(いちがい)に言えないからである。

★4 メーカーは希望小売価格を販売者に伝えることができるが，販売者はこれを無視できる。

4 市場の失敗

現実の市場においては，市場機構(きこう)がうまく機能しない場合がある。これを市場の失敗[★1]という。**市場の独占・寡占**が進んで適切な価格が設定されにくくなることが典型だが，ほかにも以下のような事例がある。

★1「失敗」と言っても全体の利害とは必ずしも一致せず，利益を得る層が生まれることがある。

1 公共財・公共サービス

公園や道路などの公共財・公共サービスは，多くの人が同時に消費・利用することができ[★2]，料金を支払っていないフリーライダーの使用を排除することが難しく[★3]，利潤を求める**民間企業に任せていては，十分に供給されない**可能性が高い。反対に選挙での集票目的で，政治家が採算のとれない公共工事を誘導することもある。

★2 これを「非競合性」という。
★3 これを「非排除性」という。

公共財・公共サービスは必要な存在だが，存在そのものが市場の失敗であるとも言える。

2 外部効果

ある経済主体が市場を経由せず[★4]，他の経済主体に与える影響を外部効果という。

★4 お金のやり取りをせず，ということ。

❶**外部経済**　外部効果のうち，良い影響。「将来は高速道路が通る」という噂だけで地価が上昇すれば，地主にとっては外部経済である。

❷**外部不経済**　外部効果のうち，悪い影響。**公害が典型**である。工場は汚染水を売ったわけではなく，周辺住民は汚染水をお金で買ったわけではない。にもかかわらず，公害という被害が発生してしまう[★5]。

★5 価格がないので，価格を下げて供給を減らすことができない。

なお，豊作でかえって農家の所得が減ってしまう**豊作貧乏は，市場の失敗ではない**。「供給増加→価格下落」という市場機構が機能しているからである。

3 情報の非対称性

情報の非対称性とは，**経済主体間で持っている情報量に差が**あり，資源の効率的な配分が難しくなることを指す。多くの場合，家計が持つ情報は企業に比べて圧倒的に少ない。

[市場の失敗]

市場機構が機能しない「市場の失敗」には，
①独占・寡占の成立　②公共財・公共サービス
③外部効果　④情報の非対称性　などがある。

企業

▶ 企業は家計・政府と並ぶ経済主体である。中でも会社企業抜きに資本主義を語ることはできない。

1 企業の種類

会社法[★1]に明記された会社企業は，合名（ごうめい）会社・合資（ごうし）会社・合同会社・株式会社の4つである。資本主義の発達にともない企業が巨大化する必要が出てくる[★2]と，**多数の出資者から多額の資金を集めやすい株式会社**が，会社企業の中心的存在となった。

★1 株式会社の最低資本金制度撤廃（てっぱい）などを定めている。
★2 重化学工業は設備投資に多額の資金が必要である。

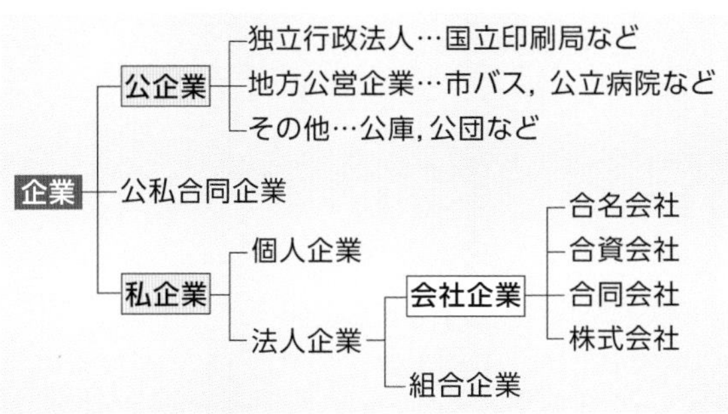

▲日本における企業の種類と分類

▼会社企業の種類

合名会社	無限責任社員[★3]で構成。小企業に多い。
合資会社	無限責任社員と有限責任社員で構成。
合同会社	2006年施行（しこう）の**会社法**で設立された新しい形の会社。有限責任社員のみ。少人数で起業するのに適する。
株式会社	有限責任社員で構成。大企業に多い。

＊ これまで存在していた有限会社は，会社法で新設が廃止された。

★3 会社が持つ資産で債務（さいむ）を返済できない場合，自分の個人財産を返済に当てる責任がある出資者。責任が出資額の範囲にとどまる出資者は，有限責任社員という。社員とは出資した個人・法人であり，雇用された従業員ではない。

2 株式会社

株式[★1]とは，企業が必要とする資本を分割した1単位である。以前は株券という紙で売買されていたが，今では電子登録されている。株式を買った出資者である**株主は，すべて有限責任社員**である。

★1 英語でshareやstock。株主はshareholder, stockholder。

1 現代経済の仕組み

1 株主総会

株主総会とは，**株式会社の最高意思決定機関**である。年1回の定例総会以外に，臨時総会が開催されることもある。株主は保有する株式数に応じて，会社の利益から配当(はいとう)[★2]を受け取る権利がある。また株主総会で議決権を行使できるが，議決権は持ち株数に比例する**1株1票制**である。

株式を購入する形で投資された資本は会社の自己資本[★3]であり，株主が返還を求めることはできない。一方で株主は，保有する株式を自由に売却でき，その際に値上がり益(キャピタルゲイン)を得ることがある。もちろん，値下がり損(キャピタルロス)を被(こうむ)る可能性もある。

★2 会社の業績に応じて増減があり，ゼロになる(無配(むはい))こともある。

★3 会社に帰属する資本。社債(しゃさい)や借入れで得た資本は，他人資本である。

2 所有と経営の分離

会社の合併や解散，配当の決定などを行う株主総会は年に数度の開催なので，株主は日常的に会社を経営することはできない。そこで，株主総会で選任された取締役によって構成される取締役会が経営を担(にな)うが，取締役は株主とは限らない[★4]。現代の大企業では，**会社を所有する機関(株主総会)と，経営する機関(取締役会)が分離**しているのが一般的である。中小企業は必ずしもそうとは限らず，社長が最大，場合によっては唯一の株主という例がある。

★4 株主や従業員ではない，外部の専門家を社外取締役にする大企業が多い。

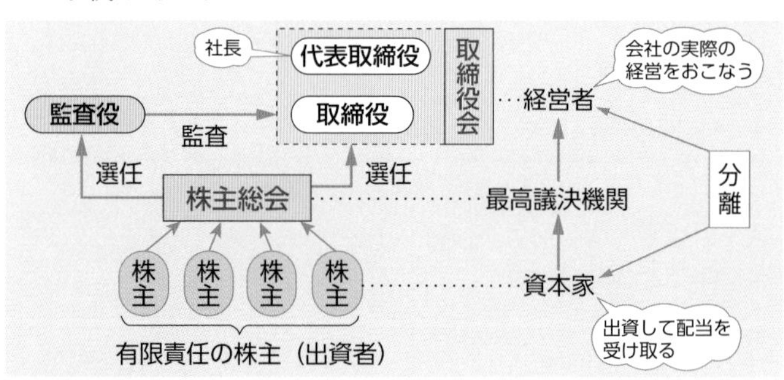

▲株式会社の仕組み

代表取締役を一般に社長というが，CEO(最高経営責任者)が経営の最終責任を負い，COO(最高執行(しっこう)責任者)らと共同して実務を担う会社もある。

[株主総会と取締役会]
株式会社を所有する株主総会の議決は1株1票で，会社経営にあたる取締役会とは分離していることが多い。

補説 **合同会社**　株式会社に似ているが，議決権と出資額を比例させてもさせなくても構わない。ベンチャー企業の起業を考える者が，多額の資本集めを優先するなら株式会社にするのが妥当である。だが起業後も大株主の言いなりにならず，自らも経営に影響力を保持していたいのであれば，そのような規約を定めた合同会社にするのが賢明である。
　事実，会社法で合同会社が認められてからの起業は増加した。

3｜企業の社会的責任(CSR)

企業は法人であり，一定の人権が保障される[★1]。同時に社会的影響力があるので，企業の社会的責任(CSR)[★2]を果たすべきだとも考えられている。

★1 財産権や表現の自由など。
★2 Corporate Social Responsibilityの略。

1 フィランソロピー

環境保全や社会福祉などへの，企業の貢献活動や寄付。海外での植林活動に取り組むなど，国境を越えた活動が増えている。

2 メセナ

企業による文化・芸術活動への支援。劇場の建設や美術展の後援など，多面的になされている。

▲企業が支援するコンサート

3 コンプライアンス

法令遵守と訳されるが，法律だけでなく社会規範・道徳を守ること[★3]も含む。ルールを守るのは当然のことであるが，粉飾決算や不当解雇などは，残念ながらなくなっていない。

★3 国籍を理由に会社説明会への参加を拒否するというのは，コンプライアンスに反している。

4 コーポレート・ガバナンス

企業統治と訳される。経営者が企業を私物化することを防ぎ，**効率的な経営**確立を目指すことである。
具体的には財務内容などを公開するディスクロージャー[★4]や，経営を公正に監視できる社外取締役の導入などが実施されている。

★4 投資家に判断材料を提供することになる。

CHAPTER

2 » 財政と金融

まとめ

SECTION 1 財政政策 p.172

□ **財政の3機能**

・**資源配分の調整**…公共財，公共サービスを提供をする。

・**所得の再分配**…累進課税制度と社会保障の給付で，格差是正を図る。

・**経済の安定化**…景気の変動幅を抑える。

□ **財政政策**

・**裁量的(伸縮的)財政政策(フィスカル・ポリシー)**…裁量的な財政政策。

・**自動安定化装置(ビルト・イン・スタビライザー)**…自動的に景気変動幅を抑える。

SECTION 2 日本の財政 p.174

□ **予算**

・**一般会計**…通常の歳入と歳出にかかわる予算。

・**特別会計**…特定の事業や資金運用のための予算。

□ **租税**

・**直接税と間接税**

直接税…納税者と担税者が同一の租税。
間接税…納税者と担税者が異なる租税。

・**公平の原則**

垂直的公平…担税能力に応じて課税するべきとする。
水平的公平…同額の所得なら同額の税負担をすべきとする。
クロヨン…所得の種類(給与所得・事業所得・農業所得)により，所得の捕捉率が異なるという問題がある。

□ **国債**

・**国債の種類**

建設国債…公共事業費を賄う。
赤字国債…一般会計の赤字を補てんする。

・**市中消化の原則**…国債の日銀引受けは，禁止されている。

・**国債発行の歴史**…1965年に戦後初めての赤字国債が，1966年に戦後初めての建設国債が発行された。

・国債発行の問題点

財政の硬直化。
後の世代の負担(増税)。
市中金利の上昇。

SECTION 3 金融 ☞p.179

□ 金本位制から管理通貨制度へ

・金本位制…紙幣(しへい)は金との交換を保証された兌換(だかん)紙幣。

・管理通貨制度…紙幣は金との交換を保証されない不換紙幣。

□ 通貨と金融

・**通貨の種類**…現金通貨と預金通貨がある。

・**金融の種類**…直接金融と間接金融がある。

・**金利**…元本(がんぽん)に対する利子の割合。お金の借り賃である。

SECTION 4 日本銀行の金融政策 ☞p.181

□ 日本銀行の機能

・**発券(はっけん)銀行**…唯一の発券銀行として，日本銀行券を発行する。

・**銀行の銀行**…民間金融機関と取引する。

・**政府の銀行**…国庫金の出納(すいとう)を行う。

□ 金融政策　中央銀行によるマネーストックの調節である。

・**公開市場(しじょう)操作(オープン・マーケット・オペレーション)**…市中銀行と有価(ゆうか)証券の売買を行う。

・**政策金利**…市中銀行への貸出金利を上下させる。

・**預金準備率操作**…預金準備率を上下させる。

□ 金融の自由化

・**金利の自由化**…預金金利が自由化された。

・**金融業務の自由化**…銀行，証券，保険の業務に相互(そうご)参入できるようになった。

・**国際資金移動の自由化**…外国為替(かわせ)取引が自由化された。

・日本版金融ビッグバン…金融に対する規制緩和が進んだ。

・**金融制度改革**…日本銀行の独立性が強化された。

財政政策

▶ 財政とは国や地方公共団体が租税(そぜい)や公債(こうさい)などによる収入を原資とし，支出する★1ことで行う経済活動である。

アダム・スミスは政府の経済活動を，国防・治安維持・公共事業に限定すべきだとしたが，現代においては財政の役割はそれにとどまらない。財政規模が拡大するとともに，問題点も浮上している。

★1 財政では収入を歳入(さいにゅう)，支出を歳出(さいしゅつ)と表記する。

1 | 財政の3機能

1 資源配分の調整

道路や公園などの公共財，警察や消防などの公共サービスの提供である。これらは市場を通じては，適切には供給されにくい。なぜなら，公共財は対価を支払わない者(フリーライダー)の利用を排除できない**非排除性**(☞ p.166)を持つので，利潤追求が目的の私企業には供給を求めることが困難なためである。政府による公共財の供給は，**市場の失敗**(☞ p.165)を**是正**(ぜせい)することでもある。

2 所得の再分配

所得格差の是正である。所得の増加に伴って税率が高くなる**累進課税制度**(るいしんかぜいせいど)★2で高所得者からより多く徴税(ちょうぜい)し，それを社会保障の給付という形で低所得層へ給付すれば，格差をなくすことはできないまでも，格差拡大に歯止めをかけることができる。

★2 相続税にも導入されている。

3 経済の安定化

景気変動の調整★3である。景気が悪化しているときには財政支出を拡大して，有効需要(じゅよう)の創出を目指す。景気が過熱しているときには財政支出を縮小して，有効需要を抑制(よくせい)しようとする。

★3 財政の3機能の中では，比較的新しいものである。

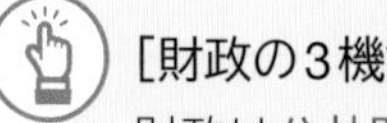

［財政の3機能］

財政は公共財の供給，所得格差の是正，景気変動の調整を目的とする。

2 | 財政政策

1 裁量的(伸縮的)財政政策(フィスカル・ポリシー)

裁量的に景気の調整を行う政策である。不況期には減税で消費を，公共投資で投資を喚起して有効需要を創出する。最も1970年代以降，**不況対策としての公共投資は効果が薄れている**。自由貿易が進み，公共投資に必要な資材や機械を輸入で賄うことが増えた。そのため公共投資を増やしても，その恩恵すべてを国内企業だけが受けるわけではない。この場合，政府が公共投資に投じた資金の一定程度が，輸入代金の支払いという形で海外に流出することとなる。

それ以前に，膨大な財政赤字を抱える日本などは，公共投資の拡大それ自体が難しいという問題を抱えている。

景気過熱時には増税と公共投資削減を実施して，有効需要を抑制する。こちらは好景気を望む世論が壁となり，実施できないことがある。

2 自動安定化装置(ビルト・イン・スタビライザー)

裁量的に何かをしなくても，**自動的に景気変動幅が抑制される仕組み**は財政自身に組み込まれている。不況だと賃金の引き下げなどで所得が下がるが，累進課税制度によって税率も下がるので，減税と同じ効果が期待できる。また失業者が増加しても，雇用保険制度があれば失業給付が支給されるので，消費の減少をある程度抑えることができる[★1]。

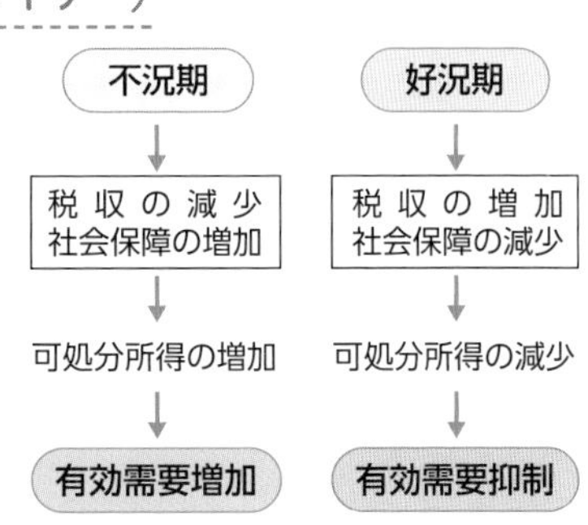

▲自動安定化装置の仕組み

用語 **可処分所得**

可処分所得＝所得－(租税＋社会保険料)

★1 不況で所得が低下した場合，生活保護の受給対象になる可能性もある。

[財政政策]

① 裁量的(伸縮的)財政政策…裁量的に行う財政政策。
② 自動安定化装置…自動的に景気調整が作用する仕組み。

日本の財政

▶ 少子高齢化が急速に進む日本の財政支出では，社会保障費が最大比重を占める。歳入の柱は租税と国債であるが，後者については先進国最悪と言われる財政赤字への対応が課題である。

1 予算

予算は財政の見積もりである。内閣が作成し，国会の議決を経て，新年度[★1]から内閣が執行するのが本予算である。災害や景気悪化などのため，年度途中で本予算を修正したものが補正予算，本予算の成立が遅れたときに，つなぎとして組まれるのが暫定予算である。いずれも本予算同様，国会の議決を要する。

★1 会計年度は4月1日から翌年3月31日までである。

予算ではないが，政府の信用を背景に調達した資金で社会資本の整備などを行う財政投融資も，執行前に国会の議決が必要である。

1 一般会計

国の通常の歳入および歳出にかかわる，基本的な予算。歳出の上位3項目は，**社会保障費・国債費(債務返済費)・地方交付税交付金**である。

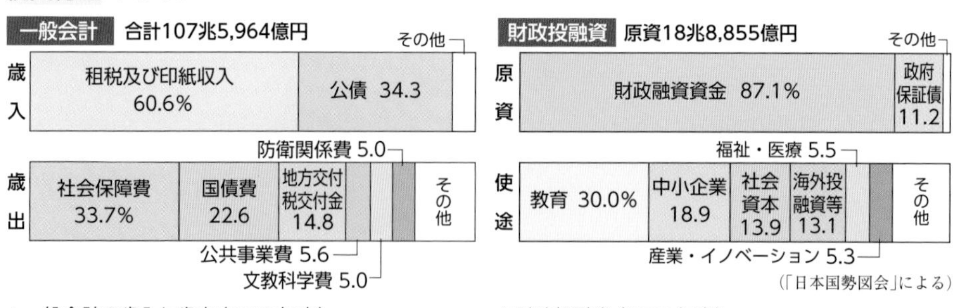

▲一般会計の歳入と歳出(2022年度)

▲財政投融資(2022年度)

2 特別会計

国が特定の事業や，特定の資金を保有してその運用を行うために，一般会計とは区別して組まれる予算[★2]。年金やエネルギー対策，東日本大震災復興など13の特別会計が存在する。

★2 規模は一般会計よりも大きい。

2｜租税

1 直接税と間接税

国や地方公共団体に納税するのが納税者，税を実際に負担する人が担税者(たんぜい)である。

直接税は納税者と担税者が同一の租税(そぜい)で，所得税や法人税などが該当する。景気悪化で税収が落ち込みやすい。**間接税は納税者と担税者が異なる**租税で，消費税や関税などが該当する。景気変動の影響は，直接税よりは少ないとされる。

租税は国に納める国税と，地方公共団体に納める地方税という区分もある。

▼主な租税の種類

		直接税	間接税
国税		所得税 法人税 相続税 贈与(ぞうよ)税 地価税	消費税 酒税 たばこ税 関税 揮発油税
地方税	(都)道府県税	(都)道府県民税 事業税 不動産取得税 自動車税	ゴルフ場利用税 地方消費税 (都)道府県たばこ税
	市(区)町村税	市(区)町村民税 固定資産税 軽自動車税 都市計画税	入湯(にゅうとう)税 市(区)町村たばこ税

［直接税・間接税］
納税者と担税者が…
① 同一であるのが直接税。
② 異なるのが間接税。

補説　**消費税の軽減税率**　日本の消費税は1989年に導入されたとき，税率が3%であった。税率は1997年に5%，2014年には8%へ引き上げられた。2019年に10%へ引き上げられた際には，8%の軽減税率が導入された。対象となるのは「酒類・外食を除く飲食料品」と「週2回以上発行される新聞(定期購読契約に基づくもの)」となっている。

消費税は生活必需品にも課税されるため，**低所得層へ配慮**するという狙いはもっともである。だが問題点も多い。標準税率と軽減税率が混在するため，販売店は対応レジの導入が負担となった。政府としては軽減税率の分，減収となる。何よりも，生活必需品の定義が不透明である。女性にとって生理用品は必需品であるが，税率は10%である。メロンパンが8%であることを考えると，軽減税率については公正の観点から再検討する余地がある。ちなみにインドやオーストラリア，ケニアでは生理用品が非課税である(2022年現在)。

2 公平の原則

嫌でも納めなければならない租税であるから，その負担は公平であるべきである。問題なのは公平に2種類あり，しかも両者がしばしば矛盾(むじゅん)することである。

❶垂直的公平　**担税能力が高い者ほど，多額の納税をするべき**という原則に基づく。垂直的公平は**格差是正(ぜせい)**を目的とし

ており，累進課税制度の所得税や相続税は，垂直的公平の実現に貢献できる租税である。消費税は**低所得者層ほど負担割合が大きくなる逆進性**があり[★1]，垂直的公平には反する。

❷**水平的公平** **同額の所得であれば，同額の納税をするべき**という原則に基づく。所得金額が同じなのに，所得の種類が異なることで負担が異なるのは不公平である。そのため水平的公平は，**脱税防止を目的**としている。消費税や酒税は本体価格と同時に税額も負担しているので，税部分だけ脱税することは難しい。

★1 所得によってそれほど極端な支出差が生じない生活必需品(例えばトイレットペーパーなど)にも，消費税は同率が課税される。

補説 **クロヨン** 数字自体は語呂合わせであって正確ではないが，**9・6・4(クロヨン)**と呼ばれる税負担の不公平さが指摘されている。**給与所得は9割が税務当局に捕捉されているのに対して，事業所得は6割，農業所得は4割しか捕捉されていない**という不満である。これは水平的公平に反するものである。

サラリーマンなどの給与所得は**源泉徴収**で，会社が本人に代わって納税した残りが口座振り込みとなる。サラリーマンは月給を受け取った時点で納税が終わっており，脱税の余地はない。一方で自営業者や農家は，自らの確定申告で納税額が決まる**申告納税**である。そこで必要経費と称して領収書を提出すれば，税負担が軽くなる。あくまで理論的に可能というだけであり，自営業者や農家が脱税しているというわけではない(はずである)。

[租税における公平の原則]
① 垂直的公平…格差是正を目指す。
② 水平的公平…脱税防止を目指す。

3 国債

国債は政府の債務であり，株式などと同じような有価証券である。

1 国債の種類

❶**建設国債** **公共事業費の不足分を補う**ために，**財政法第4条**の但し書きに基づいて発行される[★1]。この資金で供給される社会資本は，後世代も利用できる。後の世代に債務負担を残すだけではないという理由で，財政法が容認した。

❷**赤字国債** **一般会計の歳入不足分を埋める**目的で発行される。

★1 そのため4条国債という別名がある。

財政法では禁止されているので，1年間だけ有効の特例法を制定し，これに基づいて発行する[★2]。

★2 特例国債が正式名称である。

[2種類の国債]
① 建設国債…財政法に基づいて発行される。
② 赤字国債(特例国債)…特例法に基づいて発行される。

2 市中消化の原則

政府が新たに発行した国債を日本銀行が直接購入する**日銀引受けは，禁止**されている。これを市中消化の原則という。インフレの防止が目的である。ただ，市中銀行[★3]が保有している国債を，日本銀行が購入することは可能である。

★3 日本銀行以外の銀行。

3 国債発行の歴史

不況で税収が落ち込んだため，**1965年[★4]に戦後初めて赤字国債が発行**された。**1966年からは毎年，建設国債が発行**されて今日に至る。その後の高度経済成長で税収が確保できたため，赤字国債はしばらく発行されなかった。だが1975年から1990年度まで，さらに1994年度以降は毎年発行されている。

★4 昭和40年だったので「40年不況」と呼ばれた。

4 国債発行の問題点

❶**財政の硬直化**　債務返済費である国債費[★5]は国の信用がかかっているので，財政難だからといって猶予・減額してもらうことはできない。したがって，これが増えると**他の歳出を圧迫する**。「不況対策として公共工事を増やそう」などということが，難しくなる。

★5 元本＋利子＋事務経費。

❷**後の世代の負担**　これまでは国債費を捻出するために，新たに国債を発行していた。借金を返すために，借金をしていたのである。これは国債を発行すれば誰かが必ず買ってくれたからであるが，**国債購入が任意**である以上，それがいつまでも続く保障はない。**国債費に当てる資金を国債発行で調達できなければ**，後の世代への増税[★6]しかない。

★6 赤字国債の場合は後の世代も利用できる社会資本が残らず，税負担だけ押しつけられるという世代間の不公平が発生する。

❸**金利の上昇**　政府が国債を売るということは，国債を購入した資金が市場から政府に吸収されるということである。

資金不足になった市場では，**金利が上昇**する可能性がある。そうなるとお金を借りて消費や投資をしようという動きが鈍り，**景気が悪化**する恐れがある。

[国債の問題点]
財政硬直化，後の世代の税負担，金利上昇の可能性がある。

5 プライマリーバランス

プライマリーバランスとは，歳入と歳出のうち，国債に関わる部分を除いた基礎的財政収支である。

(歳入－国債収入)－(歳出－国債費)という式で表せる。

プライマリーバランスがゼロになれば，その年度の国債費は今年度の国債収入で賄(まかな)えているので，国債残高(ざんだか)は増えない。今の国の財政は赤字なので，その分が**累積(るいせき)債務となって国債残高**[★7]を増やし続けている。

★7 2022年3月31日現在，国および地方の長期債務残高は約1,017兆円である。

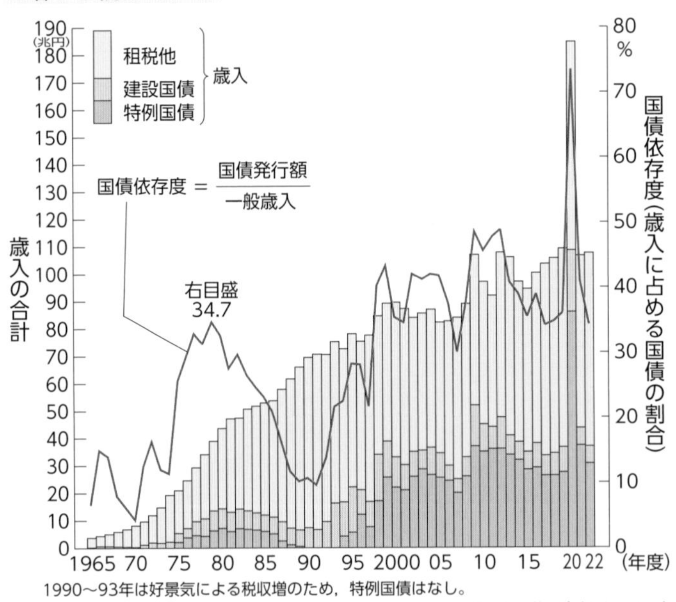

▲国の歳入と国債依存度

金融

▶ 金融は「お金を融通(ゆうずう)する」ことである。お金が今すぐには必要でない主体，お金が余っている主体から，お金が今すぐ必要な主体，お金が足りない主体へお金を流すことを意味する。流れるお金の量を調整するのが金融政策であるが，これは政府ではなく中央銀行が担(にな)っている。

1 | 金本位制から管理通貨制度へ

1 金本位制

金本位制★1においては，中央銀行が発行する銀行券(紙幣(しへい))は，一定量の金との交換が保証された兌換(だかん)紙幣であった。文字通り金が本位であり，紙幣は金の一時的代替品という位置付けである。金も兌換紙幣も，決済★2に使用できた。

不況に対しては，無力な制度であった。紙幣の発行量は中央銀行が保有する金の保有量に制約されるため，不況になっても紙幣を大量に印刷して「やれ減税だ，それ公共投資だ」とばらまくことができなかったからである。

★1 1816年にイギリスで鋳造貨幣(ちゅうぞうかへい)条例が実施され，金本位制の幕開けとなった。

★2 受け取り・支払いのこと。

2 管理通貨制度

管理通貨制度★3においては，中央銀行が発行する銀行券は，金との交換が保証されず国への信用に根拠を置く不換紙幣である。銀行券は金の保有量という制約がないので，**景気に応じて増減できる**。紙幣が乱発されて**インフレとなる危険性**はある。

現在は全世界が，管理通貨制度を採用している。

★3 ケインズ(☞p.158)が推奨した。

[銀行券]

① 金本位制の紙幣…金と交換できる兌換紙幣。

② 管理通貨制度の紙幣…金と交換できない不換紙幣。

2 | 通貨と金融

通貨の役割として，価値尺度・交換手段・価値貯蔵手段・支払い手段が挙げられる。

1 通貨の種類

❶**現金通貨** 日本銀行が発行する日本銀行券(紙幣)と，政府[★1]が発行する硬貨とがある。

★1 厳密には独立行政法人造幣局が鋳造している。

❷**預金通貨** 預金があればクレジットカードなどを使って買い物ができ，公共料金などの支払いもできるので，**預金は現金と同じような通貨**と考えることができる。

当座預金，普通預金のように常に引き出せる要求払い預金(流動性預金)と，一定期間は引き出せない定期性預金などに分かれる。量としては，**現金通貨より預金通貨の方が多い**。

2 金融の種類

❶**直接金融** **株式や社債を発行**して資金を調達すること。高度経済成長期が終わってからは，直接金融で資金を得る企業が増えてきた。

❷**間接金融** **銀行からの借入れ**によって資金を調達すること。この資金は他人資本であり，満期が来れば利子をつけて償還[★2]しなくてはならない。

★2 債務の返済。

3 金利

金利は**元本(借りたお金，貸したお金)に対する利子(利息)の割合**である。100円の元本を借りて110円返すなら金利は10%，利子は10円ということになる。

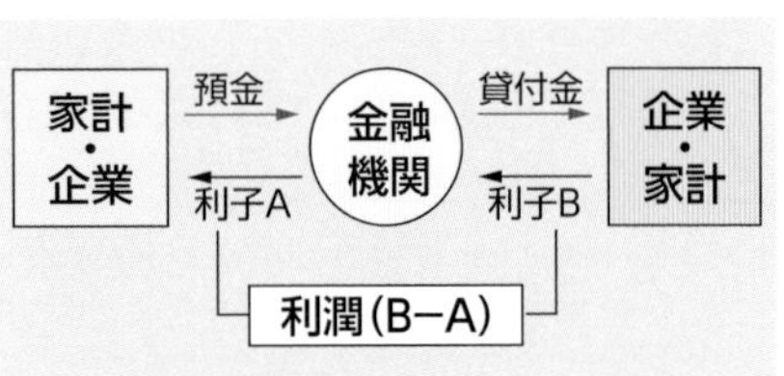

▲銀行などの金融機関と利子の関係

利子Aが預金金利，利子Bが貸出金利である。

家を借りれば家賃を払うように，お金を借りれば利子を払う。利子はいわばお金の借り賃である。住宅不足で家賃が上がるように，お金の量が少なければ金利が上昇しやすい[★3]。反対に，市場にたくさんのお金が供給されると金利が下がる可能性がある。

★3「供給減少→価格上昇」という市場機構が機能する。

借りる期間が長い方が金利は高い。また，普通預金よりも定期預金のほうが預金金利は高くなる。

POINT!

[通貨と金融]

① 通貨＝現金通貨＋預金通貨

② 金融＝直接金融(株式・社債の発行)＋間接金融(銀行借入れ)

日本銀行の金融政策

▶ 日本の中央銀行である日本銀行(日銀)は，政府機関ではなく株式会社である。ただし株式の大半を政府が所有する公私合同企業★1という位置にある。

政府の財政政策の多くが国会での審議を必要とし，実施までに時間がかかる。日本銀行による金融政策は，財政政策よりも機動的に発動できるのが特徴(とくちょう)である。

★1 JTやNTTも同様である。

1 | 日本銀行の機能

1 発券(はっけん)銀行

日本銀行券の発行を唯一認められている会社である。

2 銀行の銀行

民間金融機関への貸出しなどを行う。**金融機関以外の企業や家計と取引は行わない。**

3 政府の銀行

政府の金庫番として，国庫金の出納(すいとう)などを行う。

補説 **金融機関の種類**　預金業務ができる銀行や信用金庫，信用組合の他，預金業務ができない証券会社や保険会社，ノンバンク★2も金融機関である。

★2 消費者金融やクレジットカード会社。

2 | 金融政策

総裁(そうさい)，副総裁(2名)，審議委員(6名)の計9名からなる政策委員会が，金融政策を決定する。

金融政策はマネーストック★1を増減させることで，景気の調整や物価の安定を図っている。マネーストックを増やすのが金融緩和，減らすのが金融引締めである。

★1 国内の家計や法人の持っている通貨の合計。統計上，金融機関や中央政府が所有する預金は含まない。

1 公開市場(しじょう)操作(オープン・マーケット・オペレーション)

❶買いオペレーション(買いオペ)と売りオペレーション(売りオペ)

日本銀行が市中(しちゅう)銀行を相手に，国債(こくさい)や手形(てがた)★2などの有価(ゆうか)証券を売買する。

日本のみならず，世界各国で**金融政策の中心**となっている。

★2 一定の利息を乗せて発行し，予(あらかじ)め定めた支払い期限が来たら現金に変えられる証券。

2 財政と金融

日本銀行が有価証券を買う買いオペ(資金供給オペ)をすればマネーストックが増えて，市中金利(市中銀行の預金金利・貸出金利)が下がり，景気回復をもたらす。有価証券の買取り代金は，市中(しちゅう)銀行が日本銀行に設(もう)けている日銀当座(とうざ)預金口座に振り込まれる。**買いオペをすれば，日銀当座預金残高(ざんだか)が増える**ことになる。

売りオペ(資金吸収オペ)をすれば，反対の結果が生じる。

❷異次元の金融緩和　当座預金に預金金利はつかない。当座預金残高が増えてもお金を寝かせておくのはもったいないので，市中銀行は家計・企業向け貸出金利とともに，市中銀行間の貸借市場(コール市場)での貸出金利(無担保コールレート)を下げてでも貸出しを増やそうとする。安倍(あべ)内閣・黒田日本銀行総裁の下(もと)で，**コールレートがゼロになるまで買いオペを継続**するゼロ金利政策が実施された。さらに，**日銀当座預金残高そのものの増加を目指す買いオペ**である量的緩和政策★3も行われている。

★3 異次元の金融緩和と呼ばれたが，名称は異なっても買いオペであることに変わりはない。

▼公開市場操作

インフレの場合	①**日銀**…売りオペ。日銀が市中銀行へ有価証券を**売る**。 ②**市中銀行**…資金が有価証券になって，貸出枠が減少。 預金の貸出し，投資が**抑制(よくせい)される**。 ③**企業**…銀行から資金が**借りにくい**。 ④**企業・国民**…投資活動や景気が抑制される。 →金融引締め
デフレの場合	①**日銀**…買いオペ。日銀が市中銀行から有価証券を**買う**。 ②**市中銀行**…資金が現金になって，貸出枠が増大。 預金の貸出し，投資が**促進される**。 ③**企業**…銀行から資金が**借りやすい**。 ④**企業・国民**…投資活動や景気が刺激される。 →金融緩和

2 政策金利

日本銀行が市中銀行にお金を貸出す時の貸出金利を基準割引率および基準貸付利率★4という。日銀はこれを上下させて，マネーストックを調整する。この貸出金利を上げれば日本銀行へ吸収されるお金が増える分，マネーストックが減少して市中金利も上昇し，景気が抑制(よくせい)されることになる。

★4 かつては公定歩合(こうていぶあい)と呼ばれた。

以前は市中金利と連動していたが，現在は市中金利が自由化されている。このため，金融政策としての意義は失われた。

3 預金準備率操作（支払い準備率操作）

市中銀行は**預金を全額貸出しにまわすことはできず**，預金の一定割合を準備預金として日本銀行に預けなければならない。この一定割合が預金準備率（支払い準備率）である。預金準備率を上げれば日本銀行へ吸収されるお金が増える分，マネーストックが減少して景気が抑制されることになる。

▼預金準備率操作

インフレの場合	①日銀…預金準備率の**引上げ**。 ②**一般の銀行**…日銀に預金を多く預けなければならない。 預金の貸し出し，投資が**抑制される**。 ③**企業**…銀行から資金が**借りにくい**。 ④**企業・国民**…投資活動や景気が抑制される。 →金融引締め
デフレの場合	①日銀…預金準備率の**引下げ**。 ②**一般の銀行**…日銀に預ける預金が少なくてすむ。 預金の貸し出し，投資が**促進される**。 ③**企業**…銀行から資金が**借りやすい**。 ④**企業・国民**…投資活動や景気が刺激される。 →金融緩和

補説 **信用創造（預金創造）**　準備預金制度を利用して，最初の預金以上の貸付を生み出すのが信用創造である。預金準備率を下げれば預金総額・貸付総額が増え，景気を刺激する。

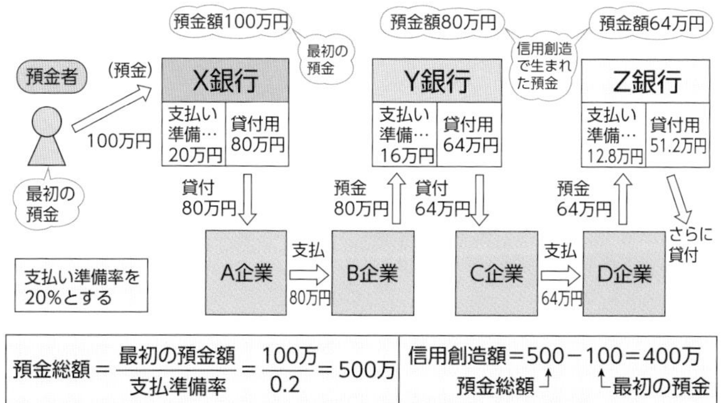

▲信用創造の仕組み

[金融政策]
景気が悪いとき，日本銀行はマネーストックの増加を図る。
→買いオペ，基準割引率および基準貸付利率の引下げ，預金準備率の引下げを実施する。(景気過熱時には反対の政策を実施する)

3｜金融の自由化

1 金利の自由化

従来の日本では，強力な大銀行の競争力を抑えてでも弱小銀行を保護する護送船団方式[★1]と呼ばれる金融行政が実施されていた。大銀行が高い預金金利で預金を独占し，弱小銀行への預金がなくなることを防ぐものであった。

だが**利回りの良い国債が大量発行**されるようになると，大銀行からも競争上，自由に金利を設定することを認めてほしいという声があがった。そのため1990年代には**預金金利の自由化が完了**[★2]し，各銀行は自由に預金金利を設定・変更できるようになっている。預金獲得競争に敗れて破綻する銀行があっても止むを得ないという，**新自由主義的発想**が背景にある。

★1 本来は商船を護衛する駆逐艦の艦隊を意味する海軍用語。

★2 貸出金利は以前から自由化されている。

2 金融業務の自由化

銀行・証券会社・保険会社の垣根がなくなり，**業務の相互参入が自由化**された。例えば，銀行で国債を購入することが可能になっている。

3 国際資金移動の自由化

自国通貨と外貨を交換して手数料を取る外国為替業務は，一部の銀行だけが認められていた。1997年の外国為替及び外国貿易法で自由化され，銀行以外の企業も外国為替取引ができるようになり，**国際資金移動の自由化**が進んでいる。

[金融の自由化]
預金金利・業務分野・国際資金移動の自由化が進んでいる。

4 日本版金融ビッグバン

イギリスでビッグバン[★3]と呼ばれた金融・証券制度の大改革を受けて，日本でも以下のような規制緩和が進んだ。スローガンは「フリー・フェア・グローバル」である。

❶金融持株(もちかぶ)会社が認められた。

❷メーカーや流通など，**異業種から金融業に参加**する企業が認められた。

(例)ソニー銀行(ソニー)，セブン銀行(セブン－イレブン)

❸生命保険と損害保険の相互参入が可能になった。

❹証券会社の手数料が自由化された。

▶店舗を持たないネット証券は家賃(やちん)負担がないので，手数料を引き下げることができる。

なお，スマートフォン決済サービスの普及など，IT(情報技術)を用いて金融界を変革するフィンテック[★4]が加速したことも，金融ビッグバンの延長線上にある。

★3 本来は宇宙創造の大爆発を意味する天文用語。

★4 フィンテック(Fin Tech)は金融(finance)と技術(technology)を掛け合わせた造語。

5 金融制度改革

❶**財金分離**　旧大蔵省が担(にな)っていた金融行政が金融庁に引き継がれ，財務省は財政に専念することとなった。これを財金(ざいきん)分離という。

❷**日本銀行の独立性**　旧大蔵省は日本銀行を強力に支配していた。大蔵大臣は日本銀行総裁(そうさい)を解任できたことのほか，大蔵官僚が議決権を持つ政策委員会のメンバーでもあった。

1997年の日銀法の改正で，日本銀行の役員は**意に反して解任されることはなくなっている**。財務官僚は政策委員会に出席することはできるが，あくまでオブザーバー参加[★5]である。

★5 発言できるが議決権はない。

[日銀法改正]

日本銀行の，政府からの**独立性**が**強化**されている。

CHAPTER

3 » 国民所得と戦後日本経済

まとめ

SECTION 1 国民所得 ☞p.188

□ **ストック**　一時点の経済量。国富(こくふ)が代表的なものである。

- **国富に含まれるもの**…国内実物資産と対外純資産。
- **国富に含まれないもの**…国内金融資産。

□ **フロー**　一定期間に変化した経済活動。GDP(国内総生産)が代表的なものである。

- GDP(国内総生産)＝国内の総生産額－中間生産物の価額
- GNP(国民総生産)＝GDP＋海外からの純所得
  ＝国民の総生産額－中間生産物の価額
- NNP(国民純生産)＝GNP－固定資本減耗(げんもう)(減価償却(げんかしょうきゃく))
- NI(国民所得)＝NNP－間接税＋補助金
- **国民所得に含まれるもの**…農家の自家消費，持ち家の帰属家賃(やちん)。
- **国民所得に含まれないもの**…移転所得，値上がり益。

□ **三面等価(さんめんとうか)の原則**

- **三面等価の原則**…生産国民所得，分配国民所得，支出国民所得は金額上，等しくなる。

SECTION 2 経済成長 ☞p.193

□ **名目GDPと実質GDP**

- **名目GDP**…価格と生産量から計算する。
  →名目GDPの変化を示す名目経済成長率。
- **実質GDP**…価格変動の影響を除去して計算する。
  →実質GDPの変化を示す実質経済成長率。

□ **景気変動**

- **コンドラチェフの波**…技術革新を原因とする50～60年周期の循環。
- **クズネッツの波**…建設投資を原因とする15～25年周期の循環。
- **ジュグラーの波**…設備投資を原因とする8～10年周期の循環。
- **キチンの波**…在庫投資を原因とする3～4年周期の循環。

□ **物価変動**

- **インフレーション(インフレ)**…物価の持続的な上昇。
- **デフレーション(デフレ)**…物価の持続的な下落。

・スタグフレーション…不況下のインフレ。
・デフレスパイラル…物価下落と景気後退の悪循環。
・インフレターゲット…中央銀行による物価上昇率の目標設定。

SECTION 3 戦後日本経済の歩み ☞p.197

□ 復興期

・**三大民主化**…GHQ(連合国軍総司令部)主導で農地改革，財閥(ざいばつ)解体，労働の民主化が進められた。
・**インフレとの戦い**…傾斜(けいしゃ)生産方式で加速したインフレを抑えるため，ドッジ・ラインが実施された。
・**特需**…インフレ収束後の安定恐慌は，特需で克服された。

□ 高度経済成長期　年平均10%の実質成長率を達成した。

・**高度経済成長前半**…民間設備投資が好景気を牽引(けんいん)したが，国際収支の天井という壁があった。
・**高度経済成長後半**…輸出と公共投資が好景気を牽引し，1968年にはGNPが資本主義国第2位となった。

□ 低成長の時代

・**石油危機**…狂乱物価と呼ばれるインフレに対応して，減量経営や輸出拡大がなされた。
・**プラザ合意以降**…円高(えんだか)不況を乗り越えてバブル景気が到来したが，バブル経済が崩壊後は「失われた10年(20年)」と呼ばれる長期低迷に陥(おち)った。
・**金融システムの安定化**…破綻(はたん)前の銀行への公的資金投入や破綻(はたん)した銀行の一時国有化，ペイオフ制度の凍結(現在は解禁)などが実施された。

□ 産業構造の変化

・**産業構造の高度化**…ペティ＝クラークの法則。産業の比重(ひじゅう)が第1次産業→第2次産業→第3次産業へとシフトする。
・**経済のソフト化・サービス化**…第1次・第2次産業でもソフト部門の比率が拡大し，ホワイトカラーが増えた。

国民所得

▶「日本は経済大国だ」といった場合，何の大きさをもって大国というのだろうか。日本は人口ではインドネシアに及ばず，国土面積ではロシアに及ばない。経済大国とは，いくつかの経済指標が大きな国のことである。経済指標はストックの概念でまとめられるものと，フローの概念でまとめられるものとがある。

1 ストックとフロー

1 ストック

一定時点においてその国に存在する経済量を示すのがストックで，国富(こくふ)はその代表的な指標である(あくまで「代表」であり，「唯一」ではない)。

国富＝国内実物資産＋対外純資産
(国内実物資産＝有形(ゆうけい)固定資産＋有形非生産資産)

▶国内実物資産とは自国民(家計・企業・政府)が保有する有形固定資産(建物や機械，道路などの社会資本)と，有形非生産資産(土地や地下資源，漁場[★1]など)の合計である。

対外純資産＝対外資産－対外債務(さいむ)[★2]

▶対外純資産は自国民が保有する外国の金融資産である対外資産(現金や株式，債券(さいけん)など)から，外国民が保有する自国の金融資産である対外債務を差し引いたものである。

国富に占める**土地の比重(ひじゅう)が高い**のが，日本の特徴(とくちょう)である。

★1 例えば海流の流れが変化して漁獲量が減れば，国富の低下につながる。
★2 ここでの債務は，借金ではない。

補説 **国富に含まれるもの，含まれないもの** 国富は「売れば〇〇円」と金額に換算できるものとも言える。そのため現時点では売り出しを待って倉庫に眠っている**在庫は，国富に算入される。**

一方で自国民が保有する**自国の金融資産は，国富に算入されない。**日本政府が発行した国債(こくさい)をある家計が保有している場合，その家計にとっては資産であるが，政府にとっては負債(ふさい)である。そのため差し引きゼロになる。

2 フロー

3か月間や1年間など，**一定期間に変化(増減)した経済活動量**を示すのがフローで，複数の指標が存在する。

◀ストックとフロー
（1年間の例）

［経済指標］
① ストック…一定時点における経済量。
② フロー…一定期間に変化した経済活動量。

2｜フローの諸概念

1 GDP（国内総生産）

GDPは**国内で生まれた**付加価値[★1]の合計であり，**生産者の国籍は無関係**である。

GDP＝国内の総生産額－中間生産物の価額

中間生産物[★2]の価額とは原燃料や部品，容器など，**企業間で取引された商品の価額**である。これを差し引かなければ，同じ商品の二重計算になってしまう。賃金は中間生産物にカウントしない。

★1 新しく生み出された価値。

★2 商品として生産されたが別の商品の生産に使われたもの。

2 GNP（国民総生産）

GNPは**国民が生み出した付加価値**であり，**価値が生まれた国は無関係**である。

GNP＝GDP＋海外からの純所得

海外からの純所得＝海外からの要素所得－海外への要素所得

❶**海外からの要素所得**　その国のGNPには算入されるが，その国のGDPには算入されない。例えば日本企業がベトナム国内の工場で生産した商品の価値は，日本のGNPに算入されるが，日本のGDPには算入されない[★3]。

❷**海外への要素所得**　その国のGDPには算入されるが，その国のGNPには算入されない。例えばアメリカ企業が日本国内の工場で生産した商品の価値は，日本のGDPに算入されるが，日本のGNPには算入されない[★4]。

★3 この商品の価値はベトナムのGDPに算入されるが，ベトナムのGNPには算入されない。

★4 この商品の価値はアメリカのGNPに算入されるが，アメリカのGDPには算入されない。

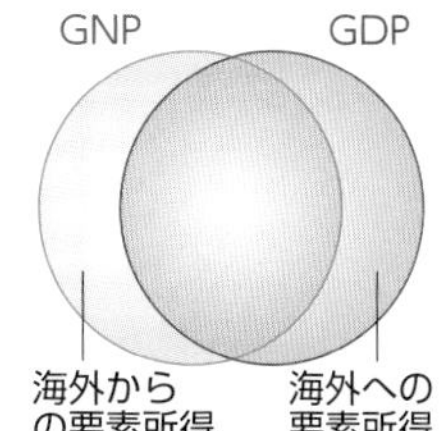

▲GNPとGDPの関係

国外に多くの生産拠点を持つ**先進国は，GDPよりGNPの方が大きくなる。**

GNPは以下の式でも示すことができる。

GNP＝国民の総生産額－中間生産物の価額

[GDPとGNP]

① GDP…誰が生産したかは問わず，その国の国内で生まれた付加価値。

② GNP…どこで生産されたかは問わず，その国の国民が生んだ付加価値。

3 NNP(国民純生産)

NNP＝GNP－固定資本減耗(減価償却)

生産者は古くなった**設備を更新するための固定資本減耗(減価償却)**を，商品価格に上乗せして積み立てている。積み立て分だけ商品価格が実際の価格より高くなっているので，これをGNPから差し引くことで純付加価値(純粋に新しい価値だけの合計[★5])が得られる。

★5 GDPやGNPは，余分な要素を含む粗付加価値である。

4 NI(国民所得)

NI＝NNP－間接税＋補助金

商品に**間接税が賦課されると，その分値上がり**する。付加価値とは無関係なので差し引く。生産者は**補助金の分，商品を値下げして供給**できる。それだけ本来の価格より安価になるので，こちらは加えることで狭い意味での国民所得[★6]が得られる。

★6 計算が面倒なので多少は余計な要素があっても，GDPやGNPも広い意味での国民所得として扱うことがある。

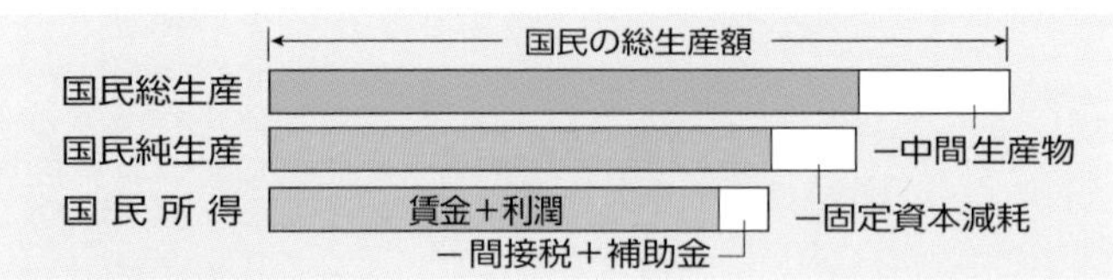

▲国民所得の相互関連

補説 **国民所得に含まれるもの，含まれないもの** 農家の自家消費と持ち家の帰属家賃[★7]は，市場で取引されていないが，国民所得に算入される。公害防除費用も算入されるが，公害がなければ生まれなくて済んだ価値である。

年金や相続，失業給付などの**移転所得**や，土地・株式の**値上がり益**は新しく生み出された価値ではないので，国民所得に算入されない。主婦・主夫の家事労働やボランティア活動は，市場で取引されていないので算入されない。

★7 もし他者に貸し出せば取ることができた家賃。

3 三面等価の原則

1 生産国民所得

生産国民所得＝第１次産業＋第２次産業＋第３次産業(所得)

生産国民所得は第１次産業・第２次産業・第３次産業という産業別に，付加価値を計算したものの合計である。**第3次産業が7割以上**を占める。

2 分配国民所得

分配国民所得＝雇用者報酬(ほうしゅう)＋財産所得＋企業所得

分配国民所得は各産業が生み出した付加価値を，生産に何かを提供した者への見返りとして分配したものの合計である。

❶**雇用者報酬**　労働力の見返り。[★1]

❷**財産所得**　財産提供の見返り。[★2]

❸**企業所得**　法人税納付後，企業に残る部分。

▶**雇用者報酬が最大比重(ひじゅう)**を占める。

★1 賃金や印税など。

★2 利子や配当(はいとう)，地代など。

3 支出国民所得

支出国民所得＝消費＋投資＋経常海外余剰

支出国民所得は**分配された所得の使途の合計**である。国内で生産された商品は国の内外で，消費と投資の対象になる。**消費が最大比重**を占める。経常海外余剰は「輸出と海外からの所得」から「輸入と海外への所得」を差し引いたものである。

生産国民所得・分配国民所得・支出国民所得は，**同じ国民所得を生産・分配・支出の三面から見た**ものなので，金額上等しくなる。この三面等価(さんめんとうか)の原則は，他の国民所得の指標にも当てはまる。

❶GDP(国内総生産)・GDI(国内総所得)・GDE(国内総支出)は，金額上等しくなる。

❷GNP(国民総生産)・GNI(国民総所得)・GNE(国民総支出)は，金額上等しくなる。[★3]

★3 近年は指標として，GNPよりGNIの方が多く用いられる。

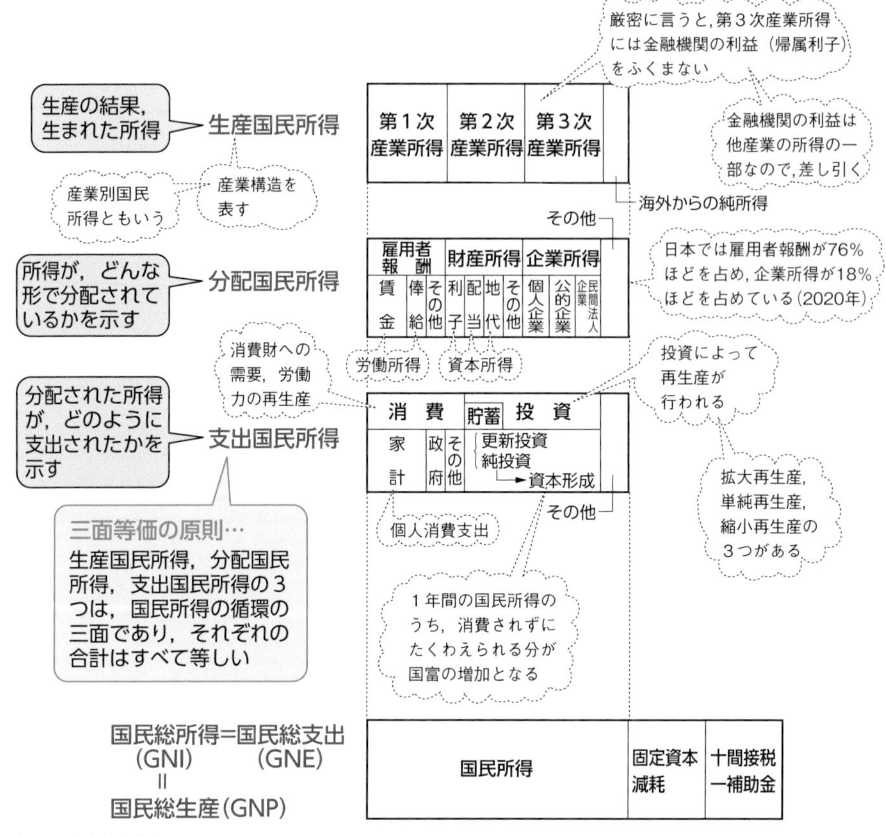

▲3つの国民所得

4 国民所得に代わる指標

国民福祉をより正確に示すため，国民所得に代わる指標が考案されている。ただ計算が大変なため，ほとんどの国で公式の経済指標としては採用されていない。

❶**国民純福祉(NNW)** GNPに余暇時間や家事労働などの評価額を加え，環境汚染や都市化に伴う損失などのマイナス面を差し引く。

❷**グリーンGDP** GDPから環境破壊による経済損失を差し引く。**EDP(環境調整済国内純生産)**とも呼ばれる。

❸**国民総幸福(GNH)** 良い政治，経済的な平等，伝統文化の維持，生態系の豊かさという４つの指標を組み合わせて算出する。ブータンが憲法に明記したことで有名になった。

経済成長

▶ GDPの拡大を経済成長，拡大率を経済成長率という。経済成長率が高ければ好況，経済成長率が低い，あるいはゼロ(マイナス)であれば不況である。[★1]

好況→後退→不況→回復の循環(じゅんかん)が，景気変動(景気循環)であり，原因によって異なる周期がある。

★1 経済成長率が何%以上なら好況，という普遍的基準はない。

1｜名目GDPと実質GDP

1 名目GDP

該当年の価格×該当年の生産量で示す。生産量が変わらなくても価格が上昇すれば，名目GDPは増大する。

2 実質GDP

GDPデフレーター(物価指数)[★2]を用いて，名目GDPから**物価変動の影響を除去したもの**である。生産量のみに着目した指標と言える。

★2 基準年の物価水準を100とした場合，比較年の物価水準を指数で示したもの。

$$実質GDP=\frac{名目GDP}{GDPデフレーター}\times 100(\%)$$

3 名目経済成長率

名目GDPの変化を示す。

$$名目経済成長率=\frac{(比較年の名目GDP-基準年の名目GDP)}{基準年の名目GDP}\times 100(\%)$$

4 実質経済成長率

実質GDPの変化を示す。

$$実質経済成長率=\frac{(比較年の実質GDP-基準年の実質GDP)}{基準年の実質GDP}\times 100(\%)$$

物価が上昇しているときには，名目経済成長率が実質経済成長率を上回(うわまわ)る。**物価変動の影響を名目経済成長率は受け，実質経済成長率は受けない**からである。

補説 **経済成長の限界**　第二次世界大戦後，先進国・途上国，資本主義国・社会主義国を問わず，経済成長は各国政府の(そして多くの国民の)最優先目標となった。だが現代では，経済成長が今後も持続できるのか，持続させていいのか，疑問視する声がある。

人口学の研究では，民主化や識字率の向上などを背景に**経済成長するにつれて，出生率が低下する**ことが明らかになっている。人口が減少したから経済成長できないのではなく，経済成長の結果として人口減少が起きていることになる。経済成長のために人口を増やそうというのは，実は本末転倒である。

経済成長の成果が，平等に分配されていないという問題もある。バブル経済崩壊後の日本では実質賃金が上がらない一方で，過去最高の利益をあげた企業が多数存在した。

資源・エネルギーの有限性や地球環境への負荷を考えても，「経済成長しない＝不幸」という図式を組み替えることは，おそらく避けられない。

[2つの経済成長率]
① 名目経済成長率…物価と生産量の変化を示す→物価変動に影響される。
② 実質経済成長率…生産量だけの変化を示す→物価変動に影響されない。

2｜景気変動

資本主義経済である以上，永遠の好況も果てしない不況もあり得ない。好況と不況は交互に起きるものであり，これを景気変動(景気循環)という。総需要(じゅよう)と総供給が常に一致するとは限らず，必ず**超過需要・超過供給が発生する局面**がある。最終的に市場機構(しじょうきこう)が解決することはあるが，一時的に需給(じゅきゅう)の不均衡(ふきんこう)が発生することは避けられない。

景気変動にはいくつかの種類があり，それぞれ発見者の名前が付けられている。

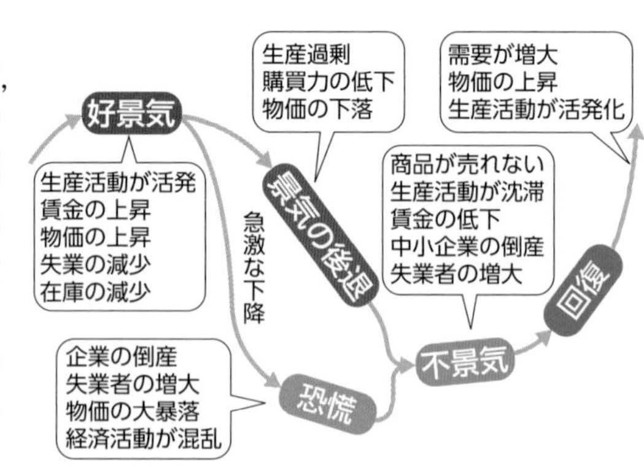

▲景気変動

❶**コンドラチェフの波**　長期波動とも呼ばれる**50年から60年**の周期。画期的な技術革新が原因。

❷**クズネッツの波**　**15年から25年**の周期。建設投資(住宅投資[★1])が原因。

❸**ジュグラーの波**　中期波動とも呼ばれる**8年から10年**の周期[★2]。設備投資が原因。

❹**キチンの波**　短期波動とも呼ばれる**3年から4年**の周期。在庫投資が原因。

★1 住宅の建て替え(リフォーム)は多くの場合，家電や家具の更新を伴うので波及効果が大きい。

★2 発生する確率が高く，主循環とも呼ばれる。

3｜物価変動

物価とは個々の商品価格ではなく，**諸価格の平均的な水準**を指すものであり，指数で表すことが多い。原材料など企業間で取引される商品を対象とする企業物価指数[★1]と，消費者が購入する最終生産物を対象とする消費者物価指数[★2]に分かれる。物価は景気変動に連動することが多い。

★1 日本銀行が発表する。

★2 総務省が発表する。

1 インフレーション(インフレ)

物価の持続的な上昇である。**景気回復期から好況期**に見られることが多い。

インフレは**貨幣(かへい)価値の下落**をもたらす。1万円持っていれば，かなり豪華なランチを食べることができるが，ラーメン1杯10万円になれば，1万円の価値はかなり下がったことになる。物価が上がっても所得はそれほど増えない定額所得者[★3]の生活は苦しくなる。貨幣価値が下がってからお金を返すことになる債務(さいむ)者にとっては，ありがたい債務者利得(りとく)をもたらす。

★3 年金や金利で生活する者。

2 デフレーション(デフレ)

物価の持続的な下落である。**景気後退期から不況期**に見られることが多い。

インフレの反対であり，**貨幣価値の上昇**をもたらす。**債務者の負担は増す**ことになる。

3 スタグフレーション

不況下のインフレ[★4]で，**第1次石油危機後に，多くの先進国で発生**した。不況下で購買力が低下していても原料価格が高騰(こうとう)すれば，原料を加工してつくる最終商品価格(店頭での価格)を上げなければ元が取れない。不況でも値上げが実施されることになる。

★4 スタグフレーション stagflation は，景気停滞 stagnation と物価上昇 inflation の合成語。

4 デフレスパイラル

物価下落と景気後退の悪循環を指す。[★5]

市場機構(しじょうきこう)によれば，価格が下がれば需要(じゅよう)が増えるはずである。ところが豊かになってモノ余りの時代では，必ずしもそうではない。過去におけるテレビなどの耐久(たいきゅう)消費財購入での経験から，「もっと待てばもっと安くなるだろう」と買い控えしたりすることもある。価格が下がって消費も減るなら，企業収益が低下して賃金低下につながる。そうすると，ますます消費が減るという，負のスパイラルが発生する。

★5 バブル経済崩壊後の日本で見られた。

[デフレスパイラル]
価格低下・消費減少→企業の収益低下→賃金低下→消費減少→…という悪循環の発生。

補説 **インフレターゲット** 政府や中央銀行が中長期的なインフレ率の目標を示し，緩やかな物価上昇を導く政策が**インフレターゲット**である。本来は激しいインフレを抑えるための政策であるが，日本銀行は長引くデフレへの対策として，インフレを起こすためのインフレターゲットを設定した。目標は**2%のインフレ率**である。

2022年になって，2%のインフレ率という目標は達成された。これはロシアのウクライナ侵攻に伴(ともな)う資源・穀物価格の世界的な高騰が主な原因であり，日本銀行の成果とは言えない。

そもそも，好景気になって賃金が上がり，その結果として物価も上がる，というのが目指すべき展開である。物価を上げれば景気が良くなる，というのは論理として整合性を欠く。

戦後日本経済の歩み

▶ 第二次世界大戦後の日本経済は，3つの時期に区分される。敗戦からの10年は復興期で，インフレとの戦いが最大の課題であった。これを乗り越えて，高度経済成長期という大躍進の時期が到来する。製造業の中心が，軽工業から重化学工業へシフトするのがこの時期である。石油危機で高度経済成長が終わってからは，安定成長期という名の低成長期が始まり，現在に至る。

1 | 復興期

1 三大民主化

GHQ(連合国軍総司令部)による経済の民主化が進められた。

❶**農地改革**　政府が寄生地主★1の農地を強制的に買い上げ，自分の農地を持たない小作農に譲渡することで自分の農地を持つ**自作農を創設**した。農業規模の拡大にはつながらなかったが，地主－小作という**封建的な関係を打破**した民主化の意義は大きい。

★1 自らは耕作せず小作料収入だけで暮らす地主。

▼耕作地のうちの小作地の割合（%）

年度	田	畑	全体
1941	53.1	37.4	45.9
1947	44.1	33.6	39.6
1950	9.9	7.2	9.4

▲自小作別農家数の割合の変化
自小作は小作もしている自作農。小自作は自作もしている小作農。

❷**財閥解体**　財閥★2の本社である**持株会社を解体**した。これにより，持株会社に支配されていた企業が独立していく。同時に過度経済力集中排除法に基づき，大企業の分割を進めた★3。財閥が軍部と結託して日本を戦争に導いたとの認識から，日本の**軍事大国化を防ぐ**狙いがあった。**寡占体制が崩壊**したことで競争が促進されるなど，経済活性化に貢献した。

★2 巨大コンツェルンとして寡占体制を形成していた。

★3 例えば日本製鉄が，富士製鉄と八幡製鉄に分割された。

❸**労働の民主化**　戦前の労働運動は，しばしば弾圧の対象であった。戦後は**労働組合活動が法的に保障**され，労働者の**生活水準を引き上げる**ことに貢献した。都市部での民主化である。

経済の民主化は農民・労働者の所得を向上させたが，短期的には**インフレの原因**となるものでもあった★4。

★4 市場機構が機能すれば，「需要増加→価格上昇」となる。

[経済の民主化の成果]
自作農の創設・寡占体制の崩壊・労働者の生活向上をもたらした。

2 インフレとの戦い

❶**傾斜生産方式** 100%政府出資で設立された復興金融金庫(復金)が，石炭・鉄鋼などの基幹産業★5へ融資を行った。結果的には，高度経済成長を支える重化学工業の基盤整備になった。だが融資資金を復金債の日銀引き受けで賄ったため，**通貨量が増えてインフレを加速**させた。国債の日銀引き受け禁止は，この反省を踏まえたものである。

★5 他に電力や肥料も対象となった。

❷**経済安定9原則とドッジ・ライン** インフレ激化を懸念したGHQは，均衡予算★6，融資規制などを含む経済安定9原則を日本政府に提示した。さらにデトロイト銀行頭取のドッジを招き，インフレの収束に当たらせた。ドッジは**超均衡予算，復金債の発行禁止，ガリオア援助★7・エロア援助★8の停止，単一為替レート**(1ドル＝360円)の設定など，ドッジ・ラインと呼ばれる経済安定政策を日本政府に実行させた。

これにより**インフレは収束**したが，その反動で日本は安定恐慌と呼ばれる**深刻な景気後退**に突入した。

★6 国債を発行せず，税収の範囲内に歳出を抑制した予算。
★7 アメリカ政府による占領地域救済政府資金。生活必需品購入に充てられた。
★8 アメリカ政府による占領地域経済復興資金。工業原料の輸入に充てられた。

❸**特需** 1950年に始まった朝鮮戦争で，米軍による特需と呼ばれた多額の需要が発生した。これに対応して生産を増やした日本経済は一気に回復し，安定恐慌を克服した。

特需による好景気は高度経済成長には含まれない。

[インフレと対策]
① 傾斜生産方式による基幹産業への融資が，インフレを加速させた。
② インフレ対策として経済安定9原則と，ドッジ・ラインが実施された。
③ インフレ収束後の安定恐慌は，朝鮮戦争による特需で乗り越えた。

2 | 高度経済成長期

1955年から1973年にかけて，日本経済は**実質成長率が年平均で10%前後の**高度成長を成し遂げた。当時は世界的にも景気拡大期であったが，日本の成長は群を抜いていた。

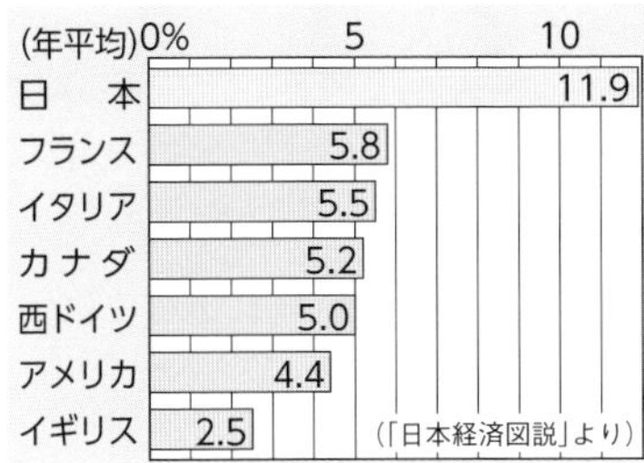

▲主要国の平均経済成長率（1960年代）

▲東京オリンピックの日本選手団（1964年）

1 高度経済成長前半

❶設備投資が牽引　民間設備投資が牽引する神武景気・岩戸景気・オリンピック景気という3つの好況が生まれた。この時期には，三種の神器★1と呼ばれた耐久消費財が普及した。

経済の国際化も進んだ。1963年には，**国際収支の悪化を理由に輸入数量制限ができない**GATT11条国へ，1964年には**国際収支の悪化を理由に為替制限ができない**IMF8条国へ移行した。

❷国際収支の天井　国内の堅調な消費・投資に比べると，技術水準の未成熟もあって輸出競争力はまだまだ弱く，**好況が長続きしなかった**。好況で国内需要が拡大すると，輸入が増える。しかし輸出はそれほど伸びないので，好況が続くと国際収支が悪化してしまう★2。そのため政府は引き締め政策をとらざるをえなくなり，好況を自らの手で終わらせるしかないという，国際収支の天井が存在したのである。

★1 電気洗濯機・電気冷蔵庫・白黒テレビ。

★2 輸入代金の支払いが，輸出代金の受け取りを上回ること。

★3 これで国際収支の天井はなくなった。

★4 乗用車(カー)・クーラー・カラーテレビ。

2 高度経済成長後半

❶輸出・公共投資が牽引　1966年から，技術水準の向上による**輸出の拡大**★3と建設国債を財源とする**公共投資の増大**が牽引する，長期のいざなぎ景気が到来した。公共投資については道路・港湾などの生産関連社会資本が優先され，公園・下水道などの生活関連社会資本が後回しにされたことが，問題視されている。

この時期には新三種の神器(3C)★4と呼ばれる耐久消費財が普及した。

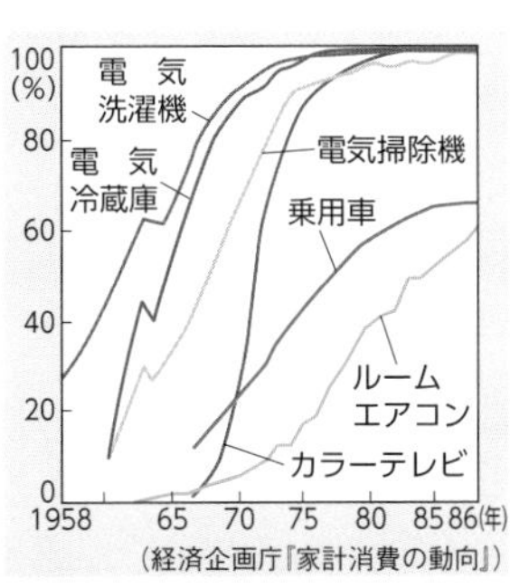

▲耐久消費財の普及率

❷資本の自由化 1964年に「先進国クラブ」と呼ばれるOECD(経済協力開発機構)★5に加盟した日本は，1967年から資本の自由化を段階的に開始した。これは対外投資(日本から外国への投資)，対内投資(外国から日本への投資)を政府の許可なしに行えることを意味する。

★5 先進国間の経済協力機構。1961年に発足した。

1968年にはGNP(国民総生産)が当時の西ドイツを抜き，**アメリカに次ぐ資本主義国第2位**となった。

[国際収支の天井]

高度経済成長の前半に存在した国際収支の天井は，輸出主導の高度経済成長の後半にはなくなった。

補説 **高度経済成長の要因** 石灰石以外に目立った資源がない日本が高度経済成長を遂げたことについては，以下のような要因が指摘できる。

①アメリカなどから，**最新技術が導入**された。
②国民の**貯蓄率が高く**，間接金融の形で企業の設備投資を支えた。
③少子高齢化が始まっておらず，**豊富な労働力**が存在した。
④公共投資などで政府が**社会基盤整備**に努めた。
⑤**1ドル＝360円**の為替レートが，輸出の追い風となった。
⑥平和憲法のおかげで，比較的**軍事負担が軽かった**。

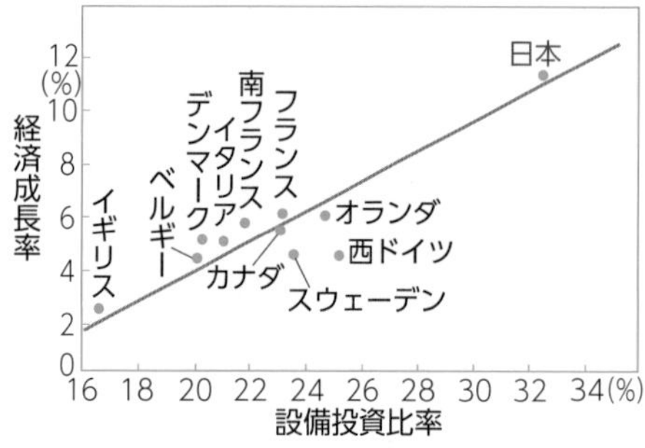

▲経済成長と設備投資の関係

設備投資比率は，1960・63・66・69年の平均値で示し，経済成長率は1964～69年の年平均で示した。

▼個人貯蓄率の国際比較(%)

年度	日本	アメリカ	イギリス	ドイツ
1965	17.7	6.6	6.3	16.8
1970	20.4	7.6	5.9	17.9
1980	17.9	7.9	13.3	12.8
1995	13.4*	4.7	5.7**	11.6

＊は1998年，＊＊は1994年の数値

3 | 低成長の時代

1 石油危機

❶狂乱物価 1973年の第4次中東戦争をきっかけに，OPEC(石油輸出国機構)★1が原油価格を4倍に引き上げた。第1次石油危機★2である。日本は当時の大蔵大臣が狂乱物価と命名す

★1 1960年，産油国13か国が結成した国際資源カルテル。
★2 第2次石油危機は1979年，イラン革命がきっかけで起きた。

るほどの，激しいインフレに見舞われた。店頭から**トイレットペーパーが一時的に姿を消す**など，全国的な消費者パニックも発生した。これに対する総需要引き締め政策の副作用で，**1974年には戦後初めてのマイナス成長**に見舞われた。

▶石油危機（品不足を示すはり紙）

❷**政府と企業の対応**　政府は1975年から**継続的に赤字国債を発行**して，景気回復を図った。企業は減量経営と呼ばれるコストカットを徹底した。産業ロボットの導入による生産部門の合理化（FA化）★3や，ファクシミリ（FAX）などの導入による事務部門の合理化（OA化）★4がその例である。

❸**貿易摩擦**　内需が振るわなければ外需である，ということで日本企業は集中豪雨的と形容された輸出拡大を実現した。これは欧米との間に**深刻な貿易摩擦**をもたらすこととなった。

★3 Factory Automationの略。
★4 Office Automationの略。

［石油危機への対応］
① 政府…赤字国債を発行。
② 企業…減量経営と輸出拡大をはかった。

2 プラザ合意以降

❶**プラザ合意**　1985年，ニューヨークのプラザホテル★5でG5（先進5か国財務相・中央銀行総裁会議）★6が開催された。アメリカの深刻な双子の赤字（貿易赤字と財政赤字）に対応するため，各国が**ドル高是正を目指して**外国為替市場に協調介入する★7ことで合意した。プラザ合意の成立である。

この結果，円高が進んで輸出企業の採算が悪化した日本は，円高不況に陥った。

円続騰に余裕消える
輸出業界
難しい価格転嫁
コストダウン対策急ぐ
経常黒字 なお高水準
長期資本流出は鈍る

▲円高を伝える新聞（1986年）

★5 第45代アメリカ大統領のドナルド・トランプが一時所有していた。
★6 当時はアメリカ・イギリス・フランス・西ドイツ・日本。
★7 アメリカ以外の4か国がドル売り・自国通貨買いを行った。

❷**バブル景気**　円高不況対策で**日本銀行が低金利政策を採用**したことで，お金を借りやすくなった企業・家計が株式や

土地に投機[★8]して，**株価や地価が実態以上に高騰**(こうとう)した。バブル景気の発生である。バブルとは泡(あぶく)の意味である。資産効果[★9]で消費も活性化した。

★8 値上がり益のみ狙った投資。

★9 資産が増えることで消費も増えること。心理的な理由が大きい。

1 地価はまず**オフィス需要**が高まった都市部で高騰し，続いて**リゾート開発**などで地方にも波及した。

2 株式や土地を持つ者と持たない者との，**資産格差が拡大**した。

3 円高で輸入品価格が下がったことで，**物価は比較的安定**していた。

❸バブル崩壊――失われた10年　日本銀行の金融引締め策や政府の地価税[★10]導入などで，株式・土地の売却が相次(あいつ)ぎ，株価・地価が暴落してバブル経済は崩壊した。逆資産効果が働いて消費・投資が伸び悩む，「失われた10年(20年ともいう)」という低迷が始まった。

★10 国税である。

1 債務(さいむ)を返済できない家計・企業が増え，銀行が多額の不良債権(さいけん)(回収困難な貸付金)を抱えた。

2 新規採用の抑制(よくせい)や利益を出せない不採算部門の切り捨てなど，企業がリストラクチャリング(restructuring 組織再編)を進めた。スポーツでは，多くの実業団チームが廃部に追い込まれた。

3 デフレスパイラルが発生した。

POINT!

[金利政策とバブル経済]

① 日本銀行の低金利政策→バブル経済発生。

② 日本銀行の金融引締め策→バブル経済崩壊。

❹実感なき好景気　2002年から始まった景気拡大は73か月続き，それまでの最長だった**いざなぎ景気**[★11]**を超えた**。だが賃金の上昇はほとんどなく，実感に乏(とぼ)しい好況だった。

いざなみ景気と名付けた学者や経営者がいたが，必ずしも定着していない。

★11 1965年(昭和40年)11月から1970年(昭和45年)7月までの57か月続いた。

この好況は2008年，アメリカの投資銀行[★12]リーマン・ブラザーズの破綻(はたん)(リーマン・ショック)に始まる世界的な金融危機によって幕を閉じた。

★12 日本風に言えば証券会社。

❺貿易黒字大国との決別　かつて「ものづくり大国」と呼ばれた日本の製造業は，価格だけでなく品質でも中国や韓国

に対抗できなくなりつつある。また2011年の東日本大震災による原子力発電所の稼働停止で，**原油・天然ガスの輸入が増え**，貿易収支が赤字になることは珍しくなくなっている。

補説 **金融システムの安定化**　1997年から1998年にかけて，北海道拓殖銀行や日本長期信用銀行など大手金融機関の破綻が相次いだ。これを受けて政府は，破綻した銀行の**一時国有化**や破綻前の銀行への**公的資金投入**を実施，金融システムの安定化を図った。だが８兆円もの税金を投入して再建した日本長期信用銀行を，アメリカの投資会社リップルウッドへ，わずか10億円で売却したことに対しては，強い批判が寄せられた。

また破綻した金融機関の預金を，**元本1000万円とその利息までを保証**するペイオフ制度が凍結され，預金の全額保証措置がとられた。現在はペイオフ制度が解禁され，2010年の日本振興銀行の破綻に際して戦後初めて適用された。

4｜産業構造の変化

1 産業構造の高度化

経済社会の発展にともない，産業の比重が**第１次産業から第２次産業へ，さらに第３次産業へと移行**することを，産業構造の高度化という。発見者ウィリアム・ペティと提唱者コーリン・クラークの名にちなんで，ペティ・クラークの法則という。だが，この法則が当てはまらない国も多数存在する。[★1]

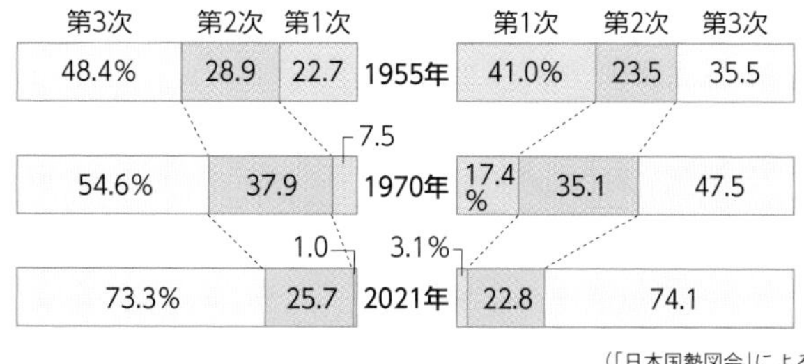

▲（左）産業別国民所得の構成と（右）産業別就業者の構成

❶第１次産業＝農業・林業・水産業
❷第２次産業＝鉱業・製造業・建設業
❸第３次産業＝第１次産業・第２次産業以外の全産業

★1 先進工業国のアメリカやフランスは，農業大国でもある。

2 経済のソフト化・サービス化

第１次・第２次産業においても企画開発や設計，営業など，ソフト部門の比率が高まった。それにともない，直接生産部門で働くブルーカラーが減少し，非生産部門で働くホワイトカラーが増えている。

CHAPTER

4 » 国民生活の諸問題

まとめ

SECTION 1 中小企業問題 ☞ p.208

☐ **中小企業の定義**　中小企業基本法が定義している。

☐ **中小企業の現状**

- 下請け，系列企業として，大企業の影響を受ける。
- 独自の技術やビジネスモデルを生かして発展する研究開発型のベンチャー企業が存在する。
- 地域の原料や伝統的な技術を生かした地場産業が存在する。
- ニッチ市場(小さな市場)でシェアを確保する中小企業が存在する。

SECTION 2 農業問題 ☞ p.209

☐ **戦後の日本農業**

- **基本法農政**…農産物の選択的拡大で自立経営農家を増やそうとしたが，失敗した。
  →増えたのは第2種兼業農家だった。
- **総合農政**…米余り対策として，減反を進めた。
- **1990年代以降**…農業の多面的機能などにふれた食料・農業・農村基本法(新農業基本法)が制定された。
- **2000年以降**…農地法が改正され，農業の法人化が進んだ。

☐ **市場開放**

- **部分開放から全面開放へ**…米については1995年からミニマム・アクセス(最低輸入量)を開始し，1999年から関税化した。
- **食料自給率の低下**…日本の食料自給率は，先進国で最低レベル。
- **食料自給率のからくり**…輸入するから自給率が下がる。

☐ **新しい法制度**

- **トレーサビリティ制度**…牛肉と米について法制化。
- **6次産業化法**…地産地消の推進を明記。

SECTION 3 消費者問題 ☞ p.212

☐ **消費者主権**　生産のあり方は消費者が決めるべきだという理念。

- 依存効果…消費者の需要が企業の広告・宣伝に依存させられていること。

・デモンストレーション効果…周囲の消費行動に影響されること。
→いずれも消費者主権の実現を妨げる。

□ 消費者被害
・食品被害…森永ヒ素ミルク中毒事件，カネミ油症事件など。
・薬害…サリドマイド薬害事件や薬害エイズ事件など。
・悪質商法…マルチ商法，ネガティブオプション，催眠商法など。
・多重債務と自己破産…自己破産で債務が免除される。

□ 消費者の権利
・国民生活センター…商品テストなどを行う。
・消費者庁…消費者行政の司令塔。
・製造物責任法(PL法)…無過失責任の原則。
・消費者契約法…不当な契約から消費者を守る。
・消費者団体訴訟制度…消費者個人に代わって，消費者団体が契約差止め請求できる。
・クーリング・オフ制度…一定期間内の書面通知で，無償解約できる。

SECTION 4 公害問題 p.215

□ 四大公害　水俣病，新潟水俣病，四日市ぜんそく，イタイイタイ病。
□ 公害の種類　産業公害と都市公害(生活公害)。
□ 公害に対する規制
・汚染者負担の原則(PPP)…公害発生の原因者がその費用を負担するという原則。
・環境アセスメント(環境影響評価)…開発前の環境影響評価を業者に義務づける制度。
・濃度規制と総量規制
　濃度規制…一律に排出基準を決めて各企業に守らせる。
　総量規制…地域全体の総排出量を定める。

□ 都市問題
・農村の過疎と都市の過密…ドーナツ化現象，スプロール現象などが発生。
→コンパクトシティの取り組み。

まとめ

労働問題 ☞p.219

□ 労働三法

・労働組合法…労働協約の保障などを定めている。

・労働関係調整法…労働委員会による労使紛争(ふんそう)の調整を定めている。

・労働基準法…労働条件の最低基準を定めている。

・**三六協定**(さぶろく)…法定労働時間を超える労働が生じる場合の手続き。

□ 労働現場

・**日本型雇用慣行の変質・崩壊**…バブル崩壊後，終身雇用制，年功序列型賃金が崩壊しつつある。企業別労働組合の形態は変わらないが，組織率は低下傾向にある。

・**雇用形態の変化**

{ 非正規雇用が増加している。
SOHO(ソーホー)など新しい勤務形態が登場している。

□ 長時間労働への対応

・**国際比較**…日本の労働時間はドイツやフランスに比べると長い。

・**労働時間の再編成**…変形労働時間制，フレックスタイム制，裁量労働制。

・**育児・介護**(かいご)**休業法**…男女とも休業できる。

・**働き方改革関連法**

{ 時間外労働に上限規制が設けられた。
高度プロフェッショナル制度が導入された。

□ 雇用問題

・**完全失業率・有効求人倍率**…バブル崩壊後は完全失業率が上昇，有効求人倍率が低下した。

・**定年制の変化**…定年制の廃止，定年の65歳への引き上げ，65歳までの継続雇用のいずれかが義務となった。

・**ワークシェアリング**…労働時間の短縮によって，より多くの雇用を確保すること(日本ではあまり普及していない)。

□ 女性労働者

・**男女雇用機会均等法**…募集，採用，配置，昇進に関する差別の禁止を定める。事業主にセクシュアル・ハラスメント防止のための配慮義務を課した。

・**間接差別の禁止**…結果的に一方の性に不利になる間接差別も禁止された。

・**男女共同参画社会基本法**…性差(ジェンダー)を問い直す意味がある。

☐ **外国人労働者**　技能実習に加え，特定技能という資格が創設された（出入国管理及び難民認定法の改正）。

SECTION 6 社会保障 ☞p.227

☐ **社会保障の歩み**

・エリザベス救貧法…恩恵としての制度であった（公的扶助）。

・**ビスマルクの社会政策**…アメとムチの政策であった（社会保険）。

・**アメリカの**社会保障法…公的医療保険制度が不備である。

・**イギリスのベバリッジ報告**…戦後，先進国のモデルとなった。

☐ **各国の社会保障制度**

・**北欧型**…均一給付・均一負担。公費負担の割合が大きい。

・**ヨーロッパ大陸型**…所得比例。保険料負担の割合が大きい。

・**三者均衡型**…公費，事業主負担，被保険者負担がほぼ等しい。

☐ **日本の社会保障制度**

・**公的扶助**…生活保護法を中心に運営されている。

・**8種類の扶助**…生活，教育，住宅，医療，出産，生業，葬祭，介護。

・**社会保険**…医療保険，年金保険，雇用保険，労災保険，介護保険。

・**社会福祉**…社会的弱者を援護する。

・**公衆衛生**…健康増進と衛生環境の向上を目指す。

☐ **少子高齢化への対応**

・**少子高齢化の進行**

　高齢化社会→高齢社会→超高齢社会。
　合計特殊出生率の低下傾向が続く。

・**年金制度改革**

　基礎年金制度を導入した。
　60歳支給から65歳支給へ引き上げられた。
　物価上昇に伴う年金のスライド幅を縮小した。
　積立方式から賦課方式へ移行した。

・**医療制度改革**…後期高齢者医療制度がスタートした。

・**ノーマライゼーション**…障がいの有無や年齢にかかわらず，誰もがともに暮らせる社会を目指す→バリアフリー法の制定，ユニバーサルデザインの採用。

中小企業問題

▶ 日本の製造業において中小企業は，事業所の99%，従業員の70%，出荷額の50%を占めており，経済の中で大きな役割を果たしている。アジア諸国との競合など厳しい壁に直面しているが，新たな可能性に挑戦する中小企業も多く見られる。

1 | 中小企業の定義

資本金と従業員数のいずれかで下記の定義に当てはまれば，中小企業基本法[★1]によって中小企業と分類される。

★1 1999年に改正され，中小企業向けの政策が保護育成から，新規開業の促進・成長性ある企業の支援へ転換された。

▼中小企業の定義（業種別）

業種	従業員数	資本金
製造業，建設業など	300人以下	3億円以下
卸売業（おろしうり）	100人以下	1億円以下
小売業	50人以下	5000万円以下
サービス業	100人以下	5000万円以下

2 | 中小企業の現状

資本装備率(機械などの購入費を従業員数で割ったもの)，労働生産性[★1]，賃金の面で，経済の二重構造と呼ばれる大きな格差がある。

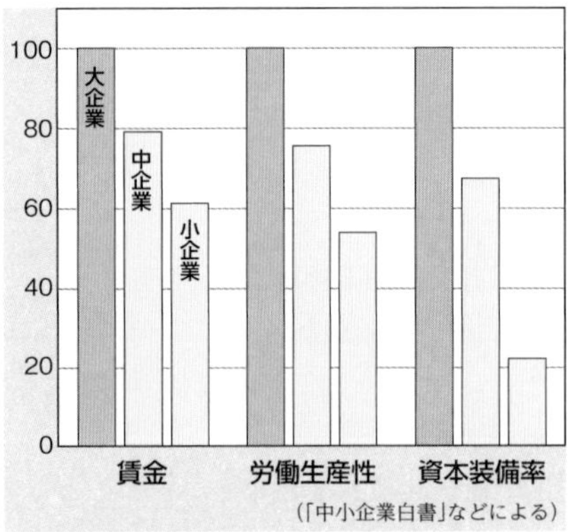

★1 労働者1人当たりが生み出す付加価値。

◀企業規模別格差（製造業）
大企業を100とした指数。
（賃金・労働生産性は2020年，資本装備率は2016年）

1 下請け（したう）と系列企業

❶下請け　親企業の生産工程の一部を請け負って，部品などを納品する中小企業[★2]。親会社は好況時には下請けに大量発注し，不況期には発注を打ち切る。下請けは親会社から見れば，景気の調節弁として利用されていることになる。一次下請け→二次下請け…と重層構造になっていることが多い。

★2 家電や自動車など，加工組立型産業分野に多い。

❷**系列企業**　**大企業の支配化に置かれている**中小企業。大企業はしばしば，中小企業の最大株主となったり中小企業に役員を派遣(はけん)したりして，中小企業を支配する。

2 ベンチャー企業(ベンチャービジネス)

独自の技術やビジネスモデルを武器として大企業と互角(ごかく)に，あるいは大企業が参入していない分野で成果をあげる**研究開発型企業**。今後はエンジェル★3やベンチャーキャピタル★4を増やすなど，安定的な資金供給ルートを確保することが必要とされる。2022年に始動した東証グロースは，おもにベンチャー企業が上場する新興株式市場である。

★3 ベンチャー企業に投資する個人。
★4 ベンチャー企業に投資する機関。

3 地場(じば)産業★5

地域の原料や伝統的な技術を生かしている中小企業★6。特定地域で企業集団を形成している。

★5 地場産業の3分の2は明治・大正時代の創業である。
★6 福井県鯖江(さばえ)市の眼鏡フレーム，新潟県燕(つばめ)市の金属食器などが有名である。

4 ニッチ★7市場の中小企業

大企業が得意とする大量生産には向かない，**規模の小さな市場でシェアを確保**する企業。

★7 ニッチ(Niche)は「隙間(すきま)」という意味である。

SECTION 2 農業問題

▶ 高度経済成長の過程で農業が経済に占める割合は大きく低下し，農業生産額はGDPの1％程度である。農業就業(しゅうぎょう)人口も就業者全体の3％ほど(2021年)であり，後継者不足や輸入品との競合など，解決すべき問題は少なくない。

1 | 戦後の日本農業

農地改革で自作農が大幅に増加したが，**農地の売買・貸借を厳しく規制**していた農地法★1のため，農地集約→経営規模拡大という流れはできなかった。

★1 戦前の寄生地主制の復活阻止(そし)を目的としていた(☞p.197。)

1 基本法農政

1961年制定の農業基本法に基づく1960年代の農業政策は，

基本法農政と呼ばれた。その目的は自立経営農家[★2]の育成である。目的達成の手段としては機械化の推進や，競争力が弱い**大豆や麦を輸入に切り替え**，国産は需要(じゅよう)が高まることが期待できる**果物や畜産に力を入れる**農産物の選択的拡大を目指した。

実際には**自立経営農家は増えず**，増えたのは農業所得より農外所得が多い第2種兼業(けんぎょう)農家[★3]であった。

★2 農業所得だけで都市部のサラリーマンと同等の所得を得る農家。

★3 農外所得より農業所得が多い農家は，第1種兼業農家と呼ばれた。

2 総合農政

1970年代の総合農政は，**米余り対策**[★4]としての減反(げんたん)が中心であり，**米の作付(さくつ)け制限と他の作物への転作**を事実上強制するものであった。2018年に廃止後も，米増産にはいたっていない。

★4 食生活の洋風化で，米の消費量が減った。

[戦後農政]

① 基本法農政【目的】自立経営農家の育成【手段】農産物の選択的拡大

② 総合農政　【目的】米余り解消　【手段】減反

3 1990年代以降

農業基本法を全面改正する形で1999年，食料・農業・農村基本法(新農業基本法)が制定された。食料の安定供給を確保することや**農業の多面的機能**[★5]**を重視**することが明記されている。

★5 国土保全機能や伝統文化の継承など。

4 2000年以降

2000年には農地法が改正され，農地を所有できる農業生産法人[★6]に一部の**株式会社が参入できる**ようになった。2009年の法改正では農業生産法人以外の法人による農地の借り入れが可能となり，じょじょにではあるが**農業の法人化**が進んでいる[★7]。

★6 現在の法律上の名称は「農地所有適格法人」。

★7 背景にあるのは，農家の高齢化と後継者不足である。

2 | 市場開放

1 部分開放から全面開放へ

「米は一粒たりとも輸入しない」という建前を維持してきた日本であったが，GATT(ガット)[★1]のウルグアイ・ラウンド[★2]の合意を受けて，1995年から外国米のミニマム・アクセス(最低輸入量)としての輸入を開始した。これは**数量制限で，部分開放であった**。

1999年からは関税化に踏み切り，輸入業者が日本政府に**関**

★1 自由貿易推進のための多国間協定。

★2 GATTにおける最後の多国間交渉。

税を納めれば，いくらでも米を輸入できる**全面開放**を行った。

［米の市場開放］
① 米の部分開放…1995年～ミニマム・アクセスとしての輸入を開始。
② 米の全面開放…1999年～関税化。

2 食料自給率の低下

日本の食料自給率は先進国中，相当に低いレベルである。カロリーベースで見た**供給熱量自給率は40％を下回り**，家畜の飼料を含む**穀物**(こくもつ)★3**自給率も30％を下回る**。アメリカやフランスは，両方とも100％を上回っている。

★3 米・小麦・とうもろこしが世界三大穀物であるが，大麦や雑穀(ざっこく)も含まれる。

補説 **自給率の「からくり」** 誤解されがちであるが，自給率が低いから輸入せざるをえないのではない。**輸入するから自給率が低くなる**のである。もし日本が鎖国(さこく)して農産物輸入が完全に途絶(とだ)えたとしたら，たとえ何百万人が餓死(がし)したとしても，統計上の食料自給率は100％になる。バングラデシュの食料自給率は98％であるが，食料事情は日本よりもかなり悪い，というより栄養不足の人口の割合が高めの国である。

生産額で見た野菜の自給率は8割前後で健闘しているが，野菜は低カロリーなので供給熱量自給率に反映されない。肉はカロリーが高いが，餌(えさ)となる飼料が輸入だと，餌を食べた家畜の肉も輸入扱いとなり，その分はやはり供給熱量自給率に反映されない。このような「からくり」に目を向けることも重要である。

▼日本の食料自給率（％）

	1965年度	2021年度
カロリーベース総合自給率	73	38
主食用穀物自給率	80	61
穀物自給率（食用＋飼料用）	62	29
飼料自給率	55	25

（「食料需給表」による）

3 新しい法制度

1 トレーサビリティ制度

食品の生産から小売(こうり)に至る流通情報を追跡できるトレーサビリティ★1制度は，**牛肉と米について法制化**されている。

★1 BSE（牛海綿(かいめん)状脳症）問題をきっかけに注目された。

2 6次産業化法

6次産業化★2とは第1次産業の従事者が食料生産・採取にとどまらず，加工という第2次産業，さらに販売という第3次産業を一体として手がけることである。6次産業化法はこの他，**地域の農産物を地域で消費**★3する地産地消(ちさんちしょう)の推進を明記した。

★2 1×2×3＝6で，第1次・第2次・第3次それぞれの産業をかけあわせるもの。
★3 輸送距離の短縮で環境への負荷が減るメリットもある。

消費者問題

▶ 企業と消費者は本来，対等な関係である。企業は商品を生産して代金を受け取り，消費者は代金を払って商品を受け取る。だが企業の持つ情報を消費者がすべて把握(はあく)しているわけではなく，消費者側が不利な立場に置かれることは避けがたい。市場機構(しじょうきこう)だけで解決できる問題ではなく，法令や制度の整備が不可欠である。

1｜消費者主権

消費者主権とは，**企業がどのような商品をどれだけ生産するか，決定する権限は消費者にあるべきだ**という理念である。言い換えると消費者が自発的に購買欲を持ち，企業は購買欲を満たすだけで良いということだが，実現は難しい。企業に責任がある依存効果や消費者にも責任があるデモンストレーション効果がはたらく場合があるからである。

1 依存効果

アメリカの経済学者ガルブレイス[★1]によると，消費者の需要(じゅよう)は必ずしも自発的なものではなく，**企業の広告・宣伝に依存させられており**，しかも消費者自身に自覚がないことが多いのが依存効果の恐ろしさである。消費者の購買欲を満たすのが企業の責任であるが，企業自身が購買欲を操作しているのであれば，消費者主権の前提が損なわれていることになる。

★1 ガルブレイス(1908～2006年)はアメリカの駐インド大使を務めたこともある，行動的な経済学者。

2 デモンストレーション効果

周囲の消費行動に，個人の消費行動が影響を受けるのが，デモンストレーション効果である。高度経済成長期の耐久(たいきゅう)消費財や，バブル期の株式投資などが好例である。これも依存効果同様，購買欲が自発的ではない以上，消費者主権の実現からは程遠い。

2｜消費者被害

隣人につられてパンケーキを買う程度なら，それほど深刻な問題とは言えない。だが消費者被害の歴史をたどると，人命や健康に被害を与えた例が多数あり，見逃すことはできない。

1 食品被害・薬害

食品被害としてはミルクにヒ素が混入した森永(もりなが)ヒ素ミルク中毒事件や，米ぬか油にPCB[★1]が混入したカネミ油症(ゆしょう)事件が知られている。薬害としては手足がないなど，四肢(しし)に障がいのある子どもが生まれたサリドマイド薬害事件[★2]や，エイズウイルスに汚染(おせん)された血液製剤を投与された血友(けつゆう)病患者が死亡した薬害エイズ事件が，大きな衝撃を与えた。

★1 ポリ塩化ビフェニル。肝機能障がいを引き起こす。
★2 サリドマイドは胎児(たいじ)の母親が服用した睡眠剤。

2 悪質商法

❶**マルチ商法**　販売組織の会員になり，商品を販売すると売上高(うりあげだか)の一部が自分の利益になる。さらに新規会員の勧誘(かんゆう)に成功すれば，紹介料ももらえる。だが国民全員が会員になることはありえず，**新規会員の勧誘に失敗した者が損をする**[★3]。

★3 昔はねずみ講と呼ばれていた。

❷**ネガティブオプション**　**買ってもいない商品を送りつけ，**一方的に代金を請求する。

❸**催眠(さいみん)商法**　多数の従業員が客のふりをして**高価・高品質な商品であるかのような空気**をその場に作り出し，実際は安価・粗悪(そあく)な商品を売りつける。

この他にも，「たたり」を持ち出して高額の壺(つぼ)や印鑑(いんかん)を売る霊感商法や，公的機関，例えば消防署をかたって消火器を売るかたり商法などがある。

3 多重債務(さいむ)と自己破産

審査や担保(たんぽ)を必要としないノンバンクの普及により，多重・多額のローン地獄に陥(おち)る人が増えている。裁判所で**自己破産**を認められれば債務免責措置がとられるが，自宅を差し押さえられたり国家資格を剥奪(はくだつ)されたりするなど，その後の生活に別の困難[★4]が生じることが多い。

★4 自己破産者は一部の国家資格が制限される。

3 | 消費者の権利

アメリカでは1962年，ケネディ大統領[★1]が教書(きょうしょ)で**消費者の4つの権利**(安全を求める権利・知らされる権利・選ぶ権利・意見が反映される権利)を訴えた。これを受けて日本でも**消費者保護基本法**[★2]が制定され，商品テストなどを行う**国民生活セン**

★1 ケネディ(1917～63年)はアメリカ初のカトリック教徒の大統領。
★2 2004年に消費者基本法となった。

ター[★3]が設立されるなど，法令・制度の整備が進んだ。

2009年には消費者行政の司令塔として，消費者庁が設立された。

★3 独立行政法人であり，地方で同様の役割を果たしている消費生活センターと連携している。

1 製造物責任法(PL法)

商品の欠陥(けっかん)で消費者に被害[★4]が生じた場合，製造者の**過失の有無に関係なく製造者に責任**を負わせる無過失責任の原則が盛り込まれている。

★4 被害とは生命・身体・財産に対するものであり，精神的被害は含まれない。

2 消費者契約(けいやく)法

嘘をつく，脅迫(きょうはく)するなどして結んだ(結ばされた)不当な契約を取り消すことができることや，消費者が一方的に不利になるような条項を無効にできることなどを定めている。

補説 **消費者団体訴訟(そしょう)制度**　被害額が小さい場合，裁判を起こす時間や費用がない消費者は泣き寝入りしがちである。そのため消費者契約法に照らして不当である契約を結んで被害にあった消費者に代わって，総理大臣が適格と認めた**消費者団体が差止め請求できる消費者団体訴訟制度**が，2006年の消費者契約法改正で実現した。

▼消費者問題関連の年表

年	できごと
1955	森永(もりなが)ヒ素ミルク中毒事件で乳児130人死亡
62	ケネディ米大統領「消費者の4つの権利」
	サリドマイド薬害事件(睡眠薬で奇形児)
68	消費者保護基本法の制定
	カネミ油症事件の発生
70	国民生活センターの設立
76	訪問販売法の制定
78	スモン病訴訟で原告側勝訴
94	製造物責任法(PL法)の制定
96	薬害エイズ訴訟和解
2000	消費者契約法の制定
02	迷惑メール防止法の制定
	JAS(日本農林規格)法の改正
04	品質表示・原産国表示の義務付け，食品の偽装表示などの違反は業者名公表
	消費者基本法の制定
05	預金者保護法の制定(偽造・盗難カードによる被害は原則として金融機関が負担)
06	改正貸金(かしきん)業法の成立(グレーゾーン金利廃止)
09	消費者庁の発足(ほっそく)

[消費者の権利]

① 立法…消費者保護基本法(現在の消費者基本法)，製造物責任法(PL法)，消費者契約法。

② 組織…国民生活センター，消費生活センター，消費者庁。

3 クーリング・オフ制度

割賦販売法や特定商取引法は，クーリング・オフ★5制度を定めている。これは割賦販売や訪問販売などで商品を購入した場合，**一定期間以内に書面で通知をすれば無償で契約を解除できる**ものである。

★5 語源はcool off「頭を冷やす」という意味から来ている。

SECTION 4 公害問題

▶ 公害★1は経済的には外部不経済の例に該当するが，単なる経済問題ではない。かけがえのない生命や健康が損なわれたという，重要な人権問題である。地球環境問題を考えるときも，足下で起きた公害の歴史と現状を知っておくことは大切である。

★1 環境基本法が定める公害は大気汚染・水質汚濁・土壌汚染・地盤沈下・騒音・悪臭・振動の7種類である。

1 四大公害

戦前の日本でも，公害は発生していた。明治期に衆議院議員であった田中正造が国会で告発し，最後は明治天皇に直訴を試みた足尾銅山鉱毒事件★2が有名である。だが公害が広範囲で深刻化し，大きな社会問題となったのは高度経済成長期である。

中でも四大公害は裁判★3になったこともあり，国民的な注目を集めた。

▲田中正造

★2 銅山を所有する古河鉱業の大株主が，後の平民宰相・原敬であった。

★3 裁判はすべて原告の勝訴となり，下級審で結審した。

▼四大公害訴訟

公害病	水俣病	新潟水俣病	四日市ぜんそく	イタイイタイ病
症状	めまい，しびれ，死亡		ぜんそく，肺気腫，死亡	全身骨折，痛みを訴え，死亡
被害地域	熊本県水俣湾周辺，八代海沿岸	新潟県阿賀野川流域	三重県四日市市とその周辺	富山県神通川流域
原因物質	工場廃液中の有機水銀（メチル水銀）		硫黄酸化物(亜硫酸ガス)で大気汚染	土中のカドミウムが米を汚染
発生時期	1953年ころ	1964年ころ	1960年ころ	大正年間から
提訴	1969年6月	1967年6月	1967年9月	1968年3月
認定患者	2275人	690人	1747人	196人
被告	チッソ	昭和電工	昭和四日市石油など6社	三井金属鉱業
判決	1973年3月 原告側勝訴	1971年9月 原告側勝訴	1972年7月 原告側勝訴	1972年8月 原告側勝訴
裁判所	熊本地裁	新潟地裁	津地裁	名古屋高裁
賠償金	約9億3700万円	約2億7000万円	約8800万円	約1億4800万円

[四大公害]
水俣病・新潟水俣病・四日市ぜんそく・イタイイタイ病
→裁判はすべて原告勝訴。

2 | 公害の種類

1 産業公害

四大公害のように，**企業の生産活動から発生する**のが産業公害である。日本では高度成長期終焉以降，**減る傾向にある**が，それには以下のような理由がある。

❶各種法令の整備など，**規制が強化**された。
❷多くの裁判で，原告である**患者が勝訴**した。
❸産業構造の高度化で，産業公害に最も関わる**第2次産業の比重が低下**した。
❹**工場の海外移転**が進んだ[★1]。

★1 海外からは「公害輸出」と非難されている。

▶公害裁判の原告団

2 都市公害(生活公害)

都市部への人口集中や大量消費・大量廃棄(はいき)という生活から生まれるのが都市公害(生活公害)である。生活廃棄物や自動車の排(はい)ガスなどがある。産業公害と異なり，**全員が加害者であり被害者でもある**ので解決がより難しい面を持つ。

3 公害に対する規制

1 汚染(おせん)者負担の原則(PPP)

汚染者つまり**公害企業が，患者への補償(ほしょう)を含む公害対策費を全額負担する**という制度。1972年にOECD閣僚理事会(経済協力開発機構)で採択された[★1]。日本では公害健康被害補償法などで採用されている。公害が発生しないよう誘導するという意味では，間接規制にあたる。

★1 国際連合とは無関係である。

加害企業が破綻(はたん)した場合，公害対策費を負担する者がいなくなって，患者が泣き寝入りすることにもつながる。

2 環境アセスメント(環境影響評価)

大規模開発前に事前調査を行い，環境への影響を正しく評価して住民に公表することを開発業者に義務付けるのが環境アセスメント(環境影響評価)である。環境アセスメント法(環境影響評価法)は一部の地方公共団体の条例[★2]に遅れて，1997年に成立した。

★2 川崎市が1976年に，全国に先がけて環境アセスメント条例を制定した。

事後的な救済では失われた健康や生命が戻ってこないという，四大公害への反省が背景にある。一方で「説明はしました」という企業のアリバイづくりになっている面があることは否定できない。

補説 **濃度規制と総量規制** PPPのような間接規制に対して，排出(はいしゅつ)量を制限する**直接規制**もある。**濃度規制**は一律に排出基準(濃度)を決めて，各企業に守らせる直接規制である。だが臨海部にある一部の工場は，ポンプで汲(く)み上げた海水と一緒に汚染水を流して薄めることで，規制をクリアしていた。そのため地域全体の排出量を定め，各企業の総排出量がその基準を超えないようにする**総量規制**も導入されるようになった。大気汚染防止法や水質汚濁(おだく)防止法では，後者(こうしゃ)を明記している。

▼おもな公害事件と公害規制や対策，環境問題の関連年表

年	第二次世界大戦前
1880(明13)	足尾銅山の鉱毒で渡良瀬川の漁獲禁止
91(明24)	田中正造，議会で足尾銅山の鉱毒問題を追及
1901(明34)	田中正造，足尾銅山問題を天皇に直訴
05(明38)	鉱業法制定(鉱毒の損害賠償を規定)
07(明40)	足尾銅山鉱毒反対運動の中心地谷中村を遊水池建設の名目で強制移転
09(明42)	日立鉱山煙害事件(14年に高煙突採用)
22(大11)	富山県神通川流域でイタイイタイ病の発生
年	**第二次世界大戦後**
1949	東京都で地方公共団体初の公害防止条例制定
64	熊本県で水俣病が表面化(53年頃より発生)
65	新潟県で新潟水俣病が発生
67	公害対策基本法制定
68	大気汚染防止法，騒音規制法成立
70	「公害国会」で公害対策基本法の経済調和条項削除。水質汚濁防止法など公害14法成立。東京で光化学スモッグ発生。
1971	環境庁設置。イタイイタイ病，新潟水俣病訴訟いずれも第一審で患者側が勝訴
72	スウェーデンで開かれた国連人間環境会議で「人間環境宣言」採択 イタイイタイ病，四日市ぜんそく原告勝訴 公害の無過失賠償責任制度を導入
73	公害健康被害補償法公布
76	川崎市で環境アセスメント条例を制定
78	水質汚濁防止法を改正して総量規制を導入
79	滋賀県で琵琶湖富栄養化防止条例を制定
81	最高裁，大阪空港夜間飛行差止め請求却下
92	ブラジルで「地球サミット」開催
93	環境基本法制定
97	環境アセスメント法(環境影響評価法)成立 温暖化防止京都会議開催，京都議定書採択
99	ダイオキシン類対策特別措置法成立
2000	循環型社会形成推進基本法成立
01	環境庁が環境省に昇格
09	水俣病被害者救済法成立
12	地球温暖化対策税(環境税)の導入

4 都市問題

1 過疎と過密

高度経済成長期には農村から都市へ大規模な人口移動[★1]が続き，農村の過疎と都市の過密が深刻化した。それと同時に，都市では**中心部の人口が減少して周辺部の人口が増加する**ドーナツ化現象が，都市周辺部で**無秩序な宅地化**が進行するスプロール現象が見られた。

★1 企業の都市集中に伴い，進学・就職も都市志向が強まった。

2 コンパクトシティの取り組み

スプロール現象への対応策として，コンパクトシティと呼ばれる構想が注目されている。役所や病院，商店，住宅などを街の中心部に集め，**歩いて日常生活を営むことができる都市**である。自動車の運転が困難な高齢者が，郊外のショッピングセンターへ買い物に行けなくても困らないなどのメリットがある。

労働問題

▶ 使用者・労働者間の契約関係は，契約自由の原則に基づく対等なものであるはずだが，現実には生産手段を持たない労働者が不利な立場に置かれることが多い。低賃金や長時間労働を押し付けられた労働者は，各国で労働運動を活発化させていく。国家も対応を迫られ，法令・制度の整備などを進めることになった。

1 労働三法

日本国憲法は**団結権・団体交渉権・団体行動権(争議権)を明記**しているが，これを具体化するために多くの法律が制定された。中心となるのは，労働三法と呼ばれる労働組合法・労働関係調整法・労働基準法である。

労働者	団結権	団体交渉権	団体行動権
民間労働者	○	○	○
現業国家公務員	○	○	×
地方公営企業職員	○	○	×
一般の国家公務員	○	△	×
一般の地方公務員	○	△	×
警察・消防・刑務所職員・自衛隊員	×	×	×

▶労働三権の適用

表内の「現業国家公務員」は，国有林野や独立行政法人などの職員のこと。「地方公営企業職員」とは，地方公共団体が運営する鉄道・バス・電気・ガス・水道事業などの職員のことである。一般の**公務員**には団体交渉権・団体行動権が制限されたかわりに，**人事院**が国会や内閣に給与や労働条件などについて勧告する制度(人事院勧告)がある。

1 労働組合法

❶**労働協約**　労働者が自主的に労働組合を結成し，使用者と対等な立場で団体交渉をして労働協約を結ぶ権利を保障している。労働協約は就業規則★1，労働契約★2に**優越する効力**を持つ。

❷**不当労働行為**　使用者が労働組合活動を妨げることは，不当労働行為★3として禁止されている。労働組合法に明記されている不当労働行為は，以下の4種類である。

1. **組合員**であることや**争議行為参加**を理由とする不利な扱いと，黄犬契約(労組不参加または脱退を条件とする雇用契約)。
2. 労働組合に対する**支配・介入・経費の援助**★4。
3. 正当な理由のない**団体交渉拒否**。
4. **労働委員会への申立て**を理由とする不利益な取扱い。

★1 使用者だけで作成して労働者に示す社内規定。
★2 使用者と労働者個人が結ぶ契約。
★3 世界で初めて禁止した法律は，アメリカのワグナー法(1935年)。
★4 使用者の言いなりとなる御用組合化する恐れがある。

❸民事免責・刑事免責 正当な争議行為であれば，**民事上および刑事上の責任が免除**される。

1 **民事免責** 損害賠償を請求されない。

2 **刑事免責** 威力業務妨害罪に問われない。

2 労働関係調整法

労使紛争が泥沼化して自主的な解決が困難になったとき，労働委員会★5が斡旋・調停・仲裁という調整に乗り出すことを定めている。

❶斡旋 労働委員会が指名した斡旋員が，**自主的な解決**を促す。

❷調停 使用者・労働者・公益委員で構成される調停委員会が，具体的な**調停案を提示**して受諾を勧告する。調停案に拘束力はない。

❸仲裁 公益委員で構成される仲裁委員会が，拘束力のある**仲裁裁定を下す**。裁判所に提訴しない限り，労使とも受諾する義務がある。

★5 行政委員会の1つ。中央労働委員会や都道府県労働委員会などがある。

3 労働基準法

労働条件の最低基準を定めた法律だが，最低賃金に関する規定はない★6。労働基準法を守っているかどうか，事業所を監視する機関として労働局や労働基準監督署が設置されている。

❶賃金 ①通貨で★7，②直接労働者に，③その全額を，④毎月1回以上，⑤一定の期日を定めて支払う，ことを明記している。

❷法定労働時間 1日8時間，1週40時間と定めている。

補説 **三六協定** 法定労働時間を超える労働に対しては，使用者は労働基準法第36条に基づいて**労働組合などと労使協定(三六協定)**を結び，労働基準監督署に届け出なくてはならない。

★6 このため最低賃金法が制定されている。

★7 預金も通貨であり，口座振込みは合法である。

[労働三法]

① 労働組合法…労働協約の保障，不当労働行為の禁止，民事・刑事免責。

② 労働関係調整法…労働委員会による斡旋・調停・仲裁。

③ 労働基準法…労働条件の最低基準，監視機関は労働基準監督署。

2 | 労働現場

1 日本型雇用慣行の変質・崩壊

❶**終身雇用制**　新卒[★1]で採用した労働者を，原則として**定年まで解雇せず雇用する慣行**。バブル崩壊後は中途採用や非正規雇用，早期退職者優遇などが目立つようになった。

❷**年功序列型賃金**　**勤続年数や年齢に従って賃金が上昇する慣行**。バブル崩壊後は職能給[★2]など，成果主義による賃金決定が広まっている。

❸**企業別労働組合**　企業ごとに，**同一企業の正規労働者[★3]のみで組織される**企業別労働組合が主流である。この形態は大きく変化していないが，組合の**組織率は低下傾向**にある。一方でパートユニオンのように，勤務する企業に関係なく非正規雇用労働者が加盟する労働組合も存在する。

★1 高校や大学を今年度中に卒業する学生。

★2 人事評価によって労働者の能力をいくつかの等級に分け，その等級に基づいて支払いに差をつけるシステム。

★3 新卒で入社して定年まで在籍することができる労働者。

[日本型雇用慣行]

① 終身雇用制・年功序列型賃金は変質・崩壊しつつある。

② 企業別労働組合は依然として主流だが，組織率は低下傾向にある。

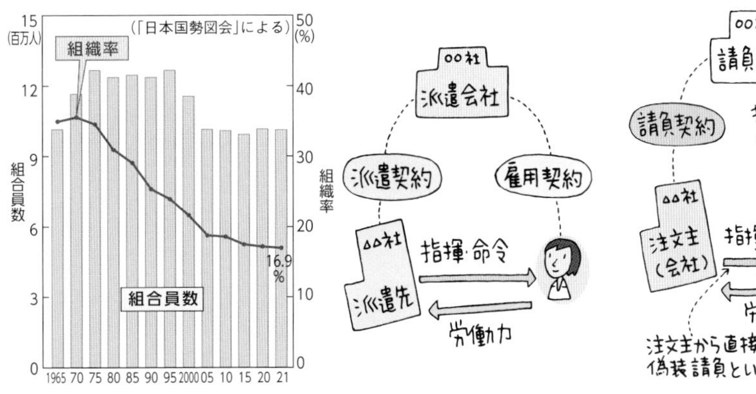

▲労働組合員の数と組織率　▲請負の仕組み（派遣会社）　▲請負の仕組み（請負会社）

2 雇用形態の変化

❶**非正規雇用の増加**　雇用者に占める**非正規雇用労働者の割合は，4割**ほどに増加している。パートタイマーや派遣[★4]，請負[★5]など就業形態も多様化の傾向にある。1993年にパートタイム労働法が制定された。また1999年の労働者派遣法の改

★4 派遣元企業に雇用され，派遣先企業の指揮・命令を受ける。

★5 注文主に労働力を提供するが，指揮命令は請負会社が行う。

正で，派遣(はけん)事業の適用対象業務が原則自由となった。

自由な働き方が進んだという見方もできるが，低賃金・不安定雇用に悩む労働者が少なくない。フルタイムで働いても生活保護基準を下回る賃金しか得られないワーキングプアの問題もある。非正規雇用の増加が所得格差の拡大や貧困の増大をもたらしている状況は，放置してよいものではない。

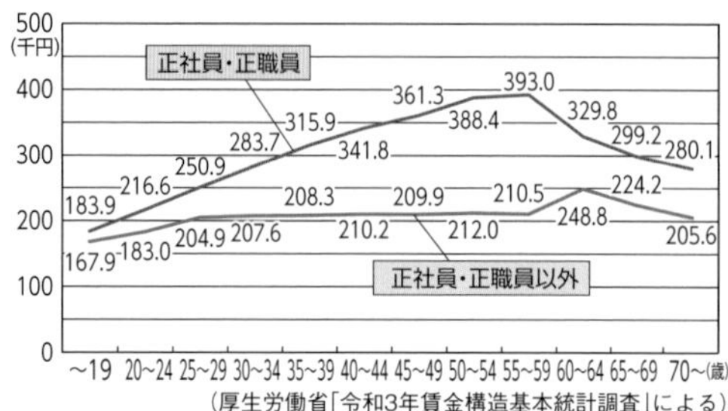

▲賃金カーブ（月給ベース）

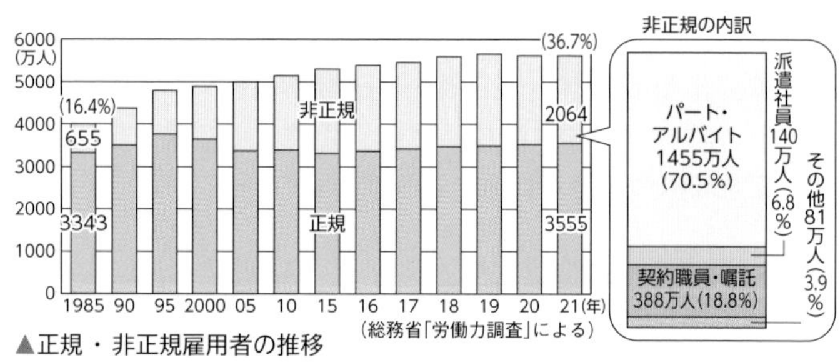

▲正規・非正規雇用者の推移

[雇用形態の変化]

非正規雇用の増加…全雇用者の約4割。パートタイム，派遣(はけん)，請負(うけおい)など。

❷**新しい勤務形態**　インターネットの普及に伴い，自宅や自宅付近の小規模事務所などで勤務するSOHO（ソーホー）[★6]などが登場した。また，2020年以降は新型コロナウイルス（COVID-19）により，自宅などでのテレワークも加速した。

★6 Small Office Home Officeの略。

3 長時間労働への対応

1 国際比較

先進国共通の現象として経済のグローバル化が進み，低賃金・長時間労働の途上国との競争が激化している。またパソコン・携帯電話の普及は仕事の時間と個人の時間との境界をあいまいにし，仕事がどこまでも追いかけてくる状況を作り出している。

その中でも日本はドイツやフランスに比べて，年間の総実労働時間が長い。中小企業などでは完全週休二日制が徹底してい

ないが，下請けの場合は親会社の注文に応えるために残業を避けられないことが多い。**年次有給休暇の取得率が低い**ことも問題であるが，これは「同僚に迷惑をかけたくない」「上司が休んでいないのに休めない」といった，日本的な「空気を読む」気質が作用しているといえる。

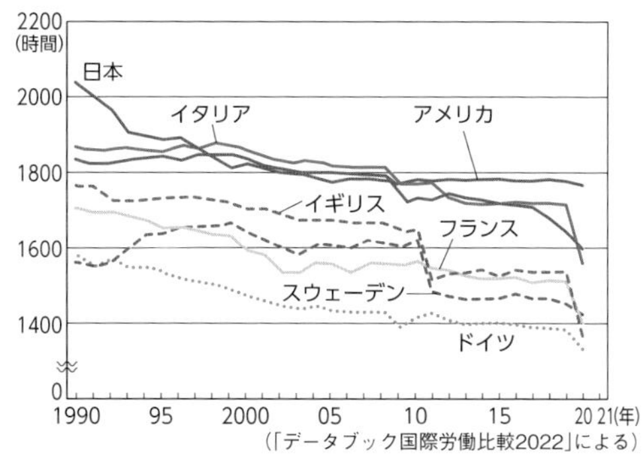

▲一人あたり平均年間総実労働時間（就業者）

企業規模 30〜99人	完全週休2日制　45.0%	隔週など月何回かの週休2日制　38.0	その他 17.0
企業規模 1000人以上	66.7%	16.6	16.7

(「労働統計要覧」による)

▲週休２日制の普及状況（2021年）

2 労働時間の再編成

労働時間の短縮を進めるために労働基準法が改正され，変形労働時間制・フレックスタイム制・裁量労働制が拡大したが，成果は必ずしも出ていない。

❶**変形労働時間制**　**仕事の忙しさの度合いに応じて，労働時間を弾力的に運用する**制度。例えば旅行業界では，旅行シーズンには法定労働時間を守ることができなくても，オフシーズンの休暇・休業を増やすことで，年間では法定労働時間を守ったことにできる。

❷**フレックスタイム制**　**始業と終業の時刻を労働者に任せる**もので，必ず出社している時間であるコアタイムを挟むことが多い。1日単位の変形労働時間制である。

変形労働時間制・フレックスタイム制ともに，**労働時間に対して賃金**が支払われる。[★1]

❸**裁量労働制**　特定の業務について予想される平均的な労働時間(見なし労働時間)を予め労使交渉で定めておく。業務の進め方は労働者の裁量に任せ，実際の労働時間とは関係なく所定の労働時間を働いたものとみなす制度[★2]である。

賃金は成果に対して支払われるので，成果を出すために労働時間が長くなることが多い。

★1 残業すれば残業手当が出る。

★2 法改正で，裁量労働制を導入できる職種が増えている。

[労働時間の再編成]
①時間に対する賃金支払い→変形労働時間制・フレックスタイム制。
②成果に対する賃金支払い→裁量労働制。

3 育児・介護休業法

原則として子どもが満1歳になるまで**1年間の育児休業**(延長あり)と，通算**93日の介護休業**取得が認められている。**男女いずれも休業可能**だが，男性の取得率は低い。男性を含めた社会の意識改革が不可欠である。

休業中の労働者に対して，**事業主の所得保障義務はない**[★3]。

仕事と生活のバランスをとるワーク・ライフ・バランスのためにも，休業制度は重要である。

★3 雇用保険から休業給付が支給される。

4 働き方改革関連法

2018年に働き方改革関連法が制定され，違反すれば罰則が科される**時間外労働の上限規制**が設定された。一方で高度プロフェッショナル制度が導入され，**専門職で年収が高い労働者を労働時間規制の対象外とする**[★4]こととなった。

★4 残業や深夜労働をしても，割増賃金は支払われない。

4｜雇用問題

1 完全失業率・有効求人倍率

労働力人口[★1]に占める完全失業者[★2]の割合である完全失業率は，バブル崩壊後じわじわ上昇し，**2002年には過去最悪の5.4%**に達した。その後は改善傾向にあるが背景には人口減少があり，景気回復だけによるものではない。

事業所が求める有効求人数を，職を求める有効求職者数で割った数値が有効求人倍率[★3]である。例えば有効求人倍率が0.8であれば，職を求める10人に対して職は8人分しかなく，2人は就業できないことになる。つまり**不況なら1を下回り**，1を超えれば好況といえる。この数値もバブル崩壊後は，1を下回る時期があった。その後改善しているが，増えた就業者の多くは非正規雇用である。

今後は国際的な競争に勝つための合理化により，景気が良く

★1 15歳以上人口のうち，休業者数を含む就業者数と完全失業者数の合計。

★2 1950年の統計変更に伴い，それまでの失業者と区別するために「完全」を付したのであり，不完全失業者がいるわけではない。

★3 ハローワーク(公共職業安定所)の調査に限定しているので「有効」の2文字を付している。

ても雇用に結びつかない事態も考えられる。AI(人工知能)が雇用に与える影響も未知数である。

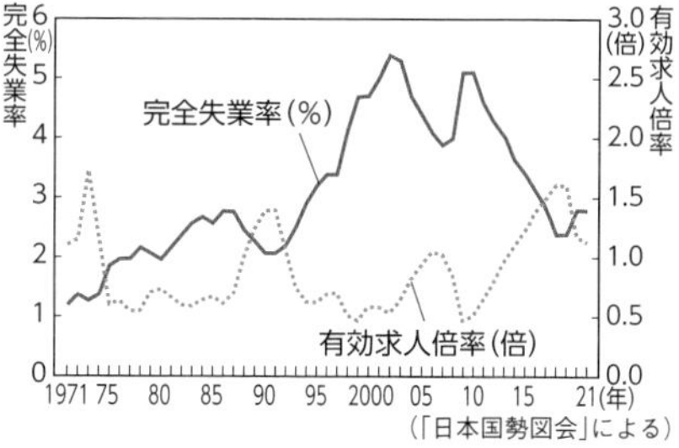

▲完全失業率と有効求人倍率の推移

2 定年制の変化

高年齢者雇用安定法により，企業は以下のいずれかを導入する義務を負った。

❶**定年制の廃止**

❷**定年の65歳までの段階的な引き上げ**　65歳まで正社員として雇用する。

❸**65歳までの継続雇用**★4　60歳まで正社員として雇用し，それから5年間は非正規雇用とする。継続雇用を導入した企業が最も多い。

★4 再雇用ともいう。

3 ワークシェアリング

労働者1人当たりの**労働時間を短縮することで職務を分け合い，より多くの雇用を確保する**こと。ヨーロッパで普及した。とりわけオランダで成功し，オランダの奇跡と呼ばれる景気回復につながった。賃金だけでなく社会保険料も負担に感じている多くの**日本企業は，雇用拡大に消極的**である。

5 女性労働者

1 男女雇用機会均等法

1985年，女性差別撤廃(てっぱい)条約批准(ひじゅん)のために制定され，その後いくどか改正された。1997年にはそれまで努力義務に過ぎなかった**募集・採用・配置・昇進に関する規定**が**差別禁止**となった。また，**セクシュアル・ハラスメント**★1**防止のための配慮(はいりょ)義務**を事業主に課した。

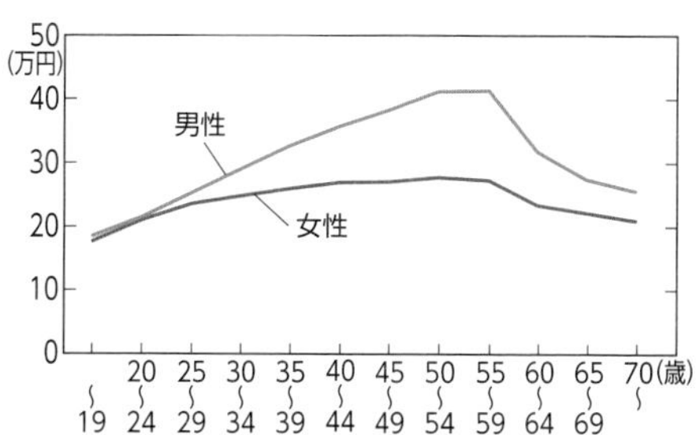

▲年齢別男女の賃金格差（2021年）

補説 **間接差別の禁止**　例えば「男性100名，女性50名募集」という求人は，直接差別にあたる。これに対して，一見すると差別ではないよう

★1 女性から男性へのハラスメントも対象になる。

4 国民生活の諸問題

に見えても，**結果として一方の性に不利になるような規定は間接差別**である。2006年の改正で，業務に必要ではないのに「身長175センチ以上」という採用条件を設(もう)けるような**間接差別も禁止**された。

[男女雇用機会均等法]
募集・採用・配置・昇進に関しては，直接差別も間接差別も禁止された。

2 男女共同参画社会基本法

男女が対等な立場で様々な社会活動に参加し，利益と責任を分かち合う社会の建設を目指して制定された。生物学的な性差(セックス)ではなく，**社会的・歴史的に形成された性差(ジェンダー)を問い直す**狙いがある。[★2]

日本の企業管理職や政治家に占める**女性の比率は，先進国中最低**(2021年)であり，全世界でも低い方である。これには性差に対する固定観念であるジェンダーバイアスの存在が大きい。「私は長距離トラックの運転手で，配偶(はいぐう)者は保育士です」という一文を読んで，「私」を男性，「配偶者」を女性と感じたなら，ジェンダーバイアスに囚(とら)われている可能性がある。

★2 サルトルと契約(けいやく)結婚したボーヴォワール(1908~86年)は「人は女に生まれない。女になるのだ」と述べた。

6 外国人労働者

出入国管理及び難民認定法が改正され，2019年からそれまで受入れ禁止であった単純労働分野[★1]での外国人就労に道が開かれた。これまでの技能実習[★2]に加えて，新たに特定技能1号[★3]と特定技能2号[★4]の資格を創設し，法令が認める範囲で就労できる。単純労働分野の人手(ひとで)不足を埋めるだけではないかという指摘(してき)もある。

外国人労働者に対しては，労働基準法や最低賃金法などの**労働法制が適用される**。外国から労働者を受入れるべきかという議論があるが，**受入れ数で日本はドイツ，アメリカ，イギリスに次ぐ第4位**(2021年)で，既に移民大国である。在日外国人労働者は，派遣(はけん)労働者よりも多い。東京都新宿区だけで157か国の人々が暮らしている(2022年1月現在)。今後は法令や教育制度など，受入れ体制の拡充が望まれる。

★1 特定の資格・技能を必要としない労働分野。
★2 在留資格(技能実習)の範囲内での就労が認められる。
★3 相当程度の知識または経験を必要とする技能を持つ人に与えられる。
★4 高度な試験に合格し，熟練した技能を持つ人に与えられる。

6 社会保障

▶ 社会保障とは，ナショナル・ミニマム(国民生活の最低ライン)を保障する制度である。戦後日本では憲法第25条の生存権規定を根拠に，制度整備が進んだ。財政赤字の中で進行する少子高齢化に加えて，人々の意識改革が今後の課題である。

1 | 社会保障の歩み

1 公的扶助――エリザベス救貧法

国民に最低限度の生活を保障するため，国が**全額公費で生活援助を行う救貧制度**が公的扶助である。1601年にイギリスで制定されたエリザベス救貧法[★1]が，史上初の公的扶助だった。だがこの法律は暴動の担い手になりかねない**浮浪者を収容して強制労働させる**など，現在の生活保護とは程遠いものであった。

★1 名前から明らかなように，あくまで「恩恵」としての制度であった。

★2 現在の医療保険にあたる。

★3 現在の年金保険にあたる。

2 社会保険――ビスマルクの社会政策

本人や雇用主が納める**保険料と公費を財源にして将来の困窮を防ぐ防貧制度**が社会保険である。19世紀にドイツのビスマルク首相が行った社会政策には，疾病保険法[★2]や老齢・廃疾保険法[★3]などが含まれていた。

▲ビスマルク

これらと同時に労働運動を標的とした**社会主義者鎮圧法も制定**されたため，アメとムチの政策と呼ばれた。「おとなしく働いていれば社会保険で助けてやるが，労働運動に参加したら社会主義者鎮圧法で弾圧するぞ」という意図が露骨な政策であった。この政策に，**失業保険は含まれていない**。労働者を丸め込むのが狙いなので，失業者は放っておいてよいとされた。

[社会保障]

① 公的扶助…救貧制度。財源は公費。イギリスで始まる。

② 社会保険…防貧制度。財源は社会保険料と公費。ドイツで始まる。

3 アメリカの社会保障法

アメリカは1929年に起きた大恐慌対策の一環として，1935年に(連邦)社会保障法を制定した。法律上，社会保障(Social

Security)という語が用いられたのは，これが初めてである。だが**全国民を対象とする公的医療保険を欠く**など，内容は必ずしも充実していない★4。自助努力を当然とする世論があるアメリカでは，社会保障の拡充に対しては共和党支持者を中心に，根強い反発が存在する。

★4 2010年からのオバマ・ケアも，民間の生命保険会社への加入を援助するものであった。

4 イギリスのベバリッジ報告

チャーチル首相の諮問（しもん）に応じて，経済学者のベバリッジがまとめたレポートが，1942年のベバリッジ報告★5である。「ゆりかごから墓場まで」，つまり国民の**生涯（しょうがい）を通じてナショナル・ミニマムを保障**すること★6を目指している。戦後に労働党・アトリー政権によって実施され，1944年にILO(国際労働機関)が発表したフィラデルフィア宣言とともに，先進各国の社会保障モデルとなった。

★5 正式名称が「社会保険及び関連事業に関する報告書」であるように，社会保険が中心。

★6 ナショナル・ミニマムは最低限度の生活水準の保障。

なお「ナショナル・ミニマムを保障」といっても，社会保障の中心が公的扶助ということではない。中心となっているのは他の先進国同様，社会保険である。また，ナショナル・ミニマムを超える生活については，本人の努力で達成するよう求めている。

▼世界の社会保障関連年表

年	できごと
1601	エリザベス救貧法(英)
1793	ローズ法…共済組合保護(英)
1883	疾病（しっぺい）保険法…最初の社会保険(独)
84	災害保険法(独)
89	養老・疾病保険法(独)
94	最低賃金法(ニュージーランド)
1911	国民保険法…最初の失業保険(英)
29	世界恐慌（きょうこう）
35	社会保障法(米)
42	ベバリッジ報告(英)
44	ILO「フィラデルフィア宣言」
45	家族手当法(英)
46	国民産業災害保険法(英)
52	ILO102号条約採択

[アメリカとイギリスの社会保障]

① アメリカの社会保障法…公的医療保険が不備。

② イギリスのベバリッジ報告…ナショナル・ミニマムの保障。

2 各国の社会保障制度

主な財源をどこに求めるかで，社会保障制度は3種類に区分される。

1 北欧型

均一給付・均一負担をベースに，全国民のナショナル・ミニマム保障を目指す。財源では**公費負担が最大**であり，そのため税金も高い。デンマークでは，日本の消費税に当たる付加価値税の税率が25%(2022年)だが，幼稚園から大学院まで無償(むしょう)である。

▼主要国の社会保障費(%)
日本は2019年。その他の国は1995～2004年。

	保険料率		公的負担	その他の収入
	使用者	被保険者		
日本	26.5	29.4	39.2	4.9
イギリス	32.5	16.2	49.6	1.7
スウェーデン	40.8	8.6	48.7	1.9
アメリカ	25.7	22.1	39.1	13.1
ドイツ	36.3	27.6	34.5	1.6
フランス	45.5	20.6	30.4	3.5

(「日本国勢図会」による)

2 ヨーロッパ大陸型

フランスやドイツでは所得比例を原則とする。高所得者は保険料負担が大きいが，給付も手厚くなる。財源では**社会保険料の割合が大きく**，事業主の保険料負担が重い。そのため雇用に消極的になり，失業率が上昇しやすい。

3 三者均衡型(きんこう)

本人つまり被保険者負担・事業主負担・公費負担の割合がほぼ等しい。日本がこの型であり，財源構成はアメリカも近い。★1

★1 アメリカは民間の生命保険会社に依存する部分が大きく，比較対象になりにくい。

3 | 日本の社会保障制度

1 公的扶助(ふじょ)

戦前には恤救規則(じゅっきゅう)(1874年制定)があったが，天皇の恩恵的な制度に過ぎなかった。戦後は生活保護法を中心に運用されている。**最低生活に必要な所得**★1**と，実際の所得との差額を給付**する。実際の所得が増加すれば給付金額が減らされるが，これは勤労意欲の低下につながるとの指摘(してき)がある。

給付の際には，対象者にミーンズテスト(資力調査)が行われる。受給者では**一人暮らしの高齢者が最多**である。

★1 厚生労働大臣が定める。

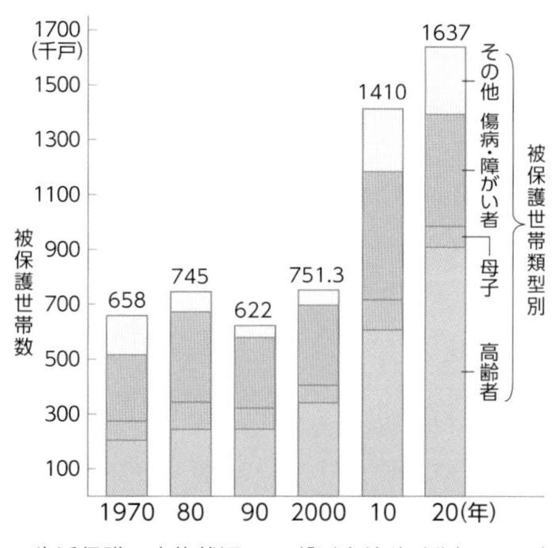

▲生活保護の実施状況　(「厚生統計要覧」による)

4 国民生活の諸問題

補説 **8種類の扶助** 生活保護法は**生活扶助・教育扶助・住宅扶助・医療扶助・出産扶助・生業扶助・葬祭扶助・介護扶助**の8種類の扶助を定めている。申請件数では生活扶助が最も多く，費用は医療扶助が最大である。

受給者を「生活保護をもらっている人」と表現するのは，不適切である。人として当然の人権であり，「生活保護を使っている」と表現することが望ましい(これは失業給付なども同じである)。

2 社会保険

医療保険・年金保険・雇用保険・労災保険・介護保険の5種類がある。

❶**医療保険** 病気や負傷，出産などで必要となる**医療費や損失分に対して，一定の給付**を行う社会保険である。健康保険は1922年から存在するが，制度としては貧弱で戦後と同じではなかった。

1 **被用者保険** 民間被用者世帯は健康保険に，公務員世帯などは各種共済組合[★2]に加入する。保険料は本人と事業主が折半する。

2 **国民健康保険 自営業者世帯が加入する**。保険料は本人の全額負担となる。

★2 私立学校の教職員が加入する私学共済もある。

❷**年金保険** 老齢や障がい，死亡により**失われる所得を補てんすることで，貧困に陥ることを防ぐ**のが目的である。厚生年金は1944年に創設されたが(1942年発足)，名称は同じでも戦後の制度とは本質的に異なっていた[★3]。

1 **厚生年金 被用者世帯が加入**する。かつて存在した公務員世帯を対象とする共済年金は2015年，厚生年金に統合された。保険料は本人と事業主が折半する。

2 **国民年金 自営業者世帯が加入**する。保険料は本人の全額負担となる。

▶1958年の国民健康保険法改正，1959年の国民年金法制定により，1961年から国民皆保険・国民皆年金制度[★4]が始まった。

★3 創設時は戦費調達が目的であった。

★4 日本国民は全員，何らかの医療保険・年金保険に加入していることになる。

[社会保険料の負担]

医療保険・年金保険…被用者と自営業者とでは制度が異なるので，負担は同じではない。

❸**雇用保険**　失業給付以外にも，前節で紹介したように育児や介護の休業給付などがある。

❹**労災保険**　業務上および通勤での病気や負傷，死亡★5について補償する。保険料は**事業主が全額を負担**する。

★5 労働基準監督署が過労死と認定すれば，遺族への給付がある。

❺**介護保険**　要介護・要支援状態の高齢者に，公的な介護サービスを提供する★6もので，**40歳以上の全国民が被保険者**となって保険料を納める。

★6 現金給付はない。

1 保険者(保険料を運用し，必要に応じて給付する者)は**市町村および特別区**である。国や都道府県は費用の一部を負担するが，運営には直接関与しない。

2 介護費用は**本人が一部を負担**し，残りは公費と介護保険料で半分ずつ負担する。

3 介護サービスを受けるには，介護認定審査会の認定が不可欠である。

4 介護サービスはNPO法人や私企業も提供できる。

▶なお，介護サービスには特別養護老人ホームや老人保健施設などの施設サービスと，ホームヘルパー派遣やデイサービス★7，ショートステイ★8などの在宅サービスの２種類がある。

★7 要介護者を昼間だけ預かる。

★8 要介護者を短期間預かる。

[介護保険]

①保険者…市町村・特別区　②被保険者…40歳以上の国民

3 社会福祉

児童，母子・父子，寡婦★9，高齢者，障がい者など，**社会的弱者を援護する**ために，施設・サービスを提供する。福祉六法(生活保護法・児童福祉法・身体障害者福祉法・知的障害者福祉法・老人福祉法・母子及び父子並びに寡婦福祉法)を中心に運営されている。

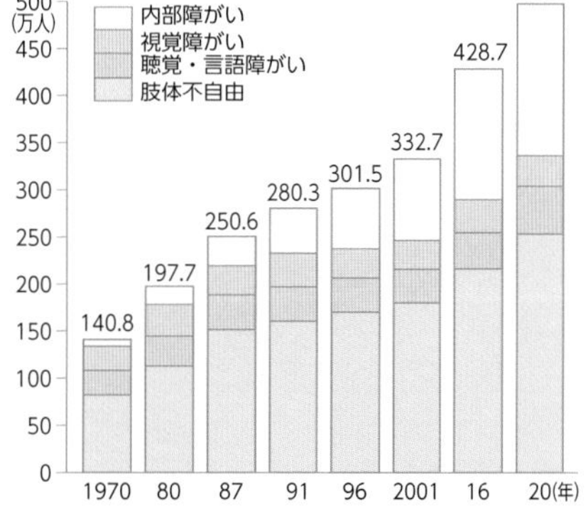

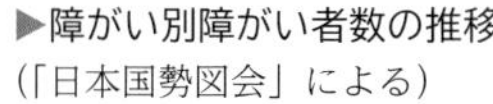
▶障がい別障がい者数の推移
(「日本国勢図会」による)

★9 夫を亡くした女性。

4 公衆衛生

住民の健康増進と，地域の衛生環境向上を目的とする。地域保健法によって設置された地方公共団体の保健所が，地域における公衆衛生行政の中心を担(にな)っている。2020年以後，新型コロナウイルス(COVID-19)の感染拡大にともない，保健所の重要性が改めて認識された。行政改革の一環として保健所の統廃合を進めていた地方公共団体では，新型コロナウイルスによる被害がより深刻化した。

公衆衛生は広い意味では，地方公共団体の**上下水道の整備や国の輸入食品の検査**なども含む。

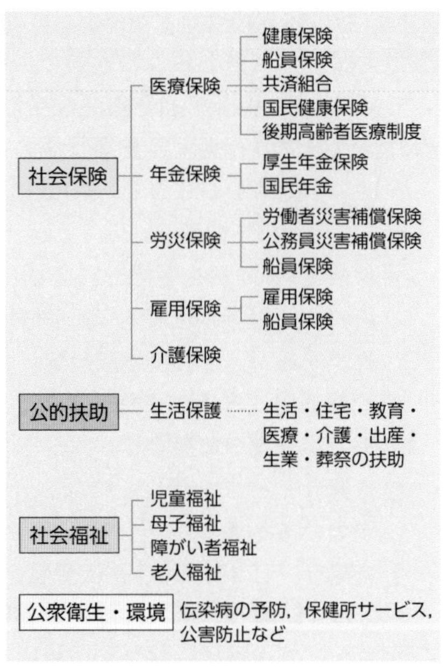

▲日本の社会保障の体系

4 少子高齢化への対応

多くの先進国で少子高齢化が進んでいる★1が，とりわけ日本は進行が速い。高齢化が進むと医療や介護，年金の支出が増加する。それを支える現役(げんえき)世代は，少子化のために減少している。現役世代の負担が重くなる一方で，受給者への給付が増えないという状況になっている。

★1 移民の受入れが多いアメリカは，高齢化の速度が比較的遅い。

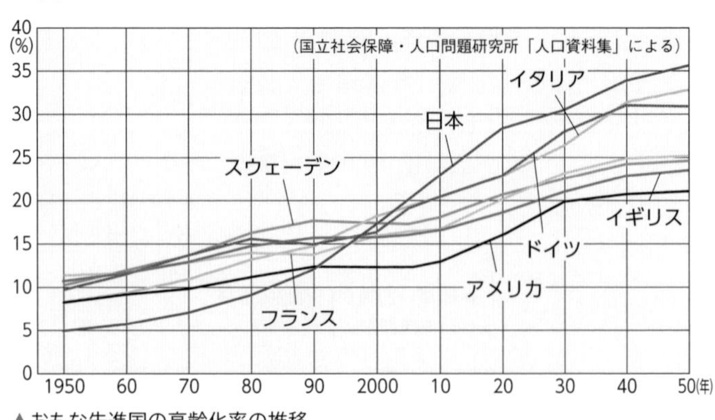

▲おもな先進国の高齢化率の推移

1 少子高齢化の進行

❶**高齢化**　人口に占める**65歳以上の老年人口の割合を高齢化率**という[★2]。高齢化率が7%を超えると**高齢化社会**，14%を超えると**高齢社会**，21%を超えると**超高齢社会**である。

日本は1970年に高齢化社会，1994年に高齢社会，**2007年に超高齢社会**となった。この**スピードは，世界最速・最短**である。

★2 2065年には38.4%になると予想されている。

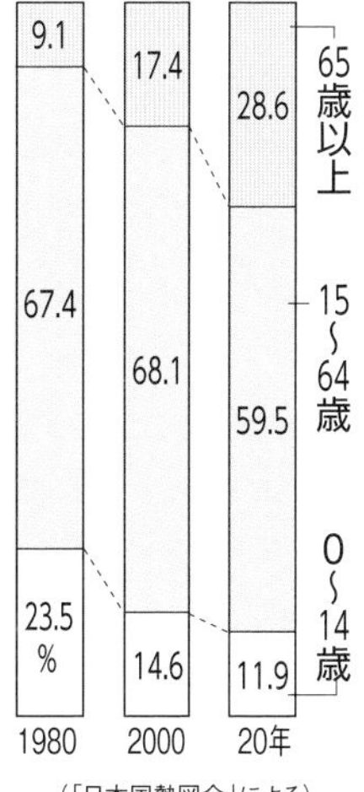

（「日本国勢図会」による）

▲年齢別人口構成の割合の変化

❷**少子化**　**一人の女性が生涯**（しょうがい）**に産む子どもの数の平均値**を，**合計特殊出生率**（しゅっしょう）[★3]という。その国が人口を維持できる合計特殊出生率である人口置換水準は2.07〜2.08であるが，**日本は1.4前後**で低迷が続いている。そのため人口は**2005年以降，減少**が続いている。

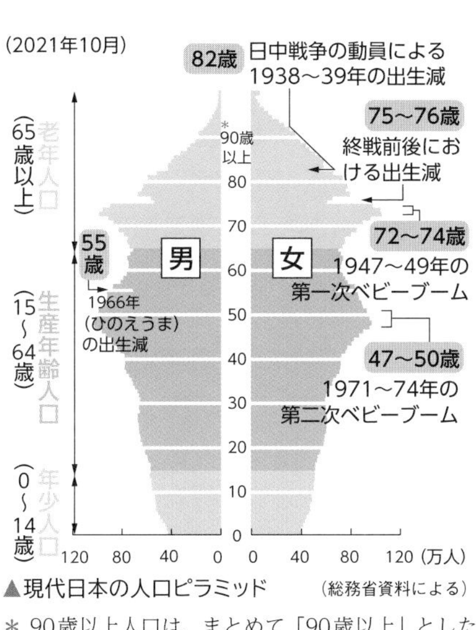

▲現代日本の人口ピラミッド

＊ 90歳以上人口は，まとめて「90歳以上」とした。

★3 2005年には戦後最低の1.26となった。

❸**今後の展望**　今後は仮に合計特殊出生率が大幅に上昇したとしても，母体となる女性の数そのものが減少しているので，**大幅な人口増加は望めない**。移民・難民を大量に受け入れるのか，人口減少社会でも持続可能な経済社会を設計するのか，今は分岐点（ぶんき）である。同時に，子どもを産みたくても難しい経済・社会環境や，子どもを持たない選択をしたカップルの権利なども考慮されなければならない。

［少子高齢化］

① 少子化…日本は**2005**年以降，人口減少社会である。

② 高齢化…日本は**2007**年以降，超高齢社会である。

4 国民生活の諸問題

2 年金制度改革

❶基礎年金制度 1985年に国民年金法が改正され，厚生年金の中で保険料が国民年金と共通する部分については，**20歳以上の全国民が加入する**共通の基礎年金となった。民間企業の被用者や公務員などについては，厚生年金と国民年金(基礎年金)との両方に加入しているとも言える★4。自営業者が国民年金(基礎年金)のみである点は，変更されていない★5。

基礎年金の保険料は定額，厚生年金のうち基礎年金を除く部分の保険料は**定率(報酬比例)**である。

★4 保険料は「厚生年金」として一括源泉徴収される。

★5 任意で国民年金基金に加入できる。

❷給付水準の切り下げ 高齢化率の高まりを受けて，年金支給開始年齢が**60歳から65歳**へ引き上げられている。また物価上昇につれて年金受給額も増加する物価スライド制は，**スライド幅が小さく抑えられる**マクロ経済スライドとなった。

❸積立方式から賦課方式へ 年金財源の調達方式は，かつては**自分が在職中に積み立てた保険料とその運用益で，自分の退職後の年金給付**が行われる積立方式であった。積立方式では，将来**インフレだと実質減額**となり★6，老後の生活設計が成り立たなくなる恐れがある。また寿命が伸びて，自分の長い老後を自分の保険料だけで賄うことが難しくなった。

そのため現在は賦課方式になっている。これは**現役世代がその時々に納める保険料が，受給者へ支給される**ものである。受給する高齢者が増えて支給する現役世代が減っているので，**現役世代一人当たりの負担は重くなる**ことが懸念される。

★6 物価上昇＝貨幣価値の低下。

[年金財源の調達方式]

積立方式…今の自分が納めた保険料を，将来の自分が受け取る。

賦課方式…今の自分が納めた保険料を，今の高齢者が受け取る。

3 医療制度改革

❶後期高齢者医療制度 1973年★7に70歳以上の老人医療費が無料化されたが，1982年の老人保健法制定で，一部が有料化された。老人保健法廃止に伴い2008年から後期高齢者医

★7「福祉元年」と呼ばれた。

療制度が開始された。これは被用者保険加入者も国民健康保険加入者も，75歳になったらそれらから脱退して新たに加入する制度である。**被保険者は75歳以上の全国民**で[★8]，患者になった場合の窓口負担は原則として1割である。ただし現役並みの所得者は，3割負担となる。

★8 多くの場合，保険料は年金からの源泉徴収となる。

❷高価な医薬品　アレルギーの薬であるトリルダンは日本では1錠(じょう)171円だが，イギリスでは15円である。不整脈の薬であるリスモダンは日本では1錠90円だが，イギリスでは14円である。医薬分業が進んだ日本では，院内で890円の風邪薬が，院外の薬局で買うと2490円になる。今後は，このような面にメスをいれることも必要である。

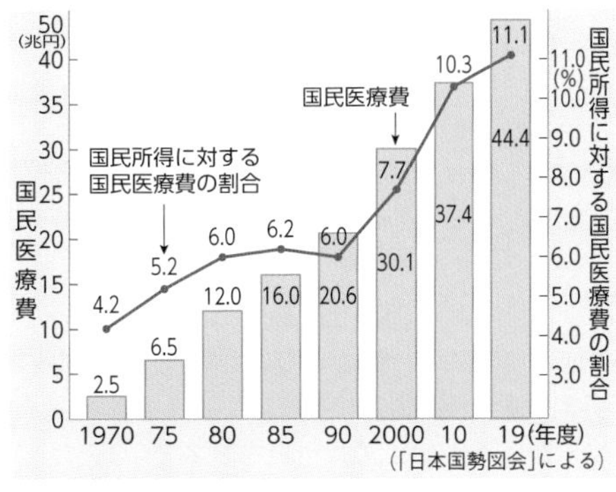

▲国民医療費の動向

4 ノーマライゼーション

障がいの有無や年齢にかかわらず，誰もが同じように生活できる社会の建設を目指すという理念である。実現のためにバリアフリー法が制定され，駅など公共空間でのエレベータ建設などが進んだ。

障がいの有無や年齢だけでなく性別や人種も含め，**様々な人が利用しやすいような製品・生活環境**をデザインする考え方であるユニバーサルデザイン[★9]も，今後さらに重要性を増すことは確実である。

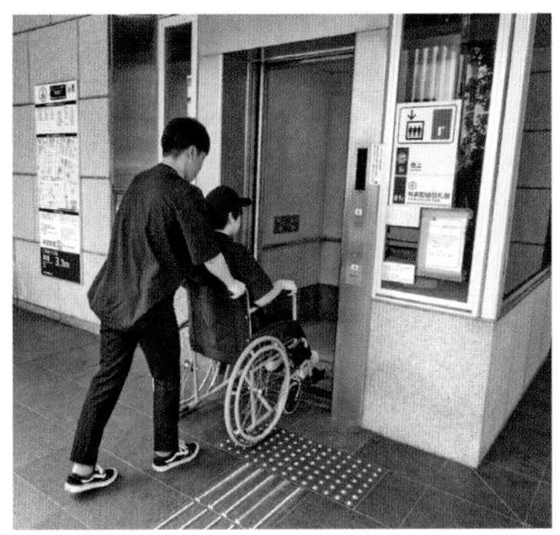

▲バリアフリー化への取り組み

★9 最初にアメリカの建築家が提唱した。

[ノーマライゼーション]
【目的】誰もが同じように暮らすことができる社会の建設
【手段】バリアフリー法，ユニバーサルデザイン

特集

ケアマネジャーから見た介護保険

介護制度の必要性

日本で介護保険法が成立したのは1997年で，2000年から施行された(☞p.231)。

法案成立までは保守的な人々から「親の介護をするのは，家族の義務だ」「介護は大変だが，だからできないというのは愛情が足りないのでは」という声が少なからずあった。

だが，これは現実を無視した議論である。家族だけで親の介護をしていた時代，寝たきりなど要介護状態になる前に亡くなる人が多かった。現在は65歳以上の高齢者で，3人に1人は亡くなる前に1年以上，2人に1人は6ヶ月以上，要介護状態となっている。

死ぬ直前まで元気でピンピンしていて，あっさりころりと亡くなる，いわゆる「ピンピンコロリ」が理想かもしれないが，皆がそうであるわけではない。

◎老老介護の増加

介護される高齢者だけでなく，介護する家族の側も，かつてとは事情が異なっている。

現在は寿命の伸びによって，親も子も高齢化している。「老老介護」となって共倒れになるケースも増えてきている。また，少子化で子どもの多くは長男か長女である。兄弟姉妹で協力，あるいは役割分担して親の介護をすることが難しい場合もある。さらに子どもが進学や就職，転勤などで親の近くに住んでいないことも多い。この場合，親の兄弟姉妹がいても，遠くで生活していれば，介護の戦力にはなりにくい。

◎ヤングケアラー

また近年では，病気や障がいがある家族や世話が必要な兄弟姉妹のために，家事や介護を担う，ヤングケアラーと呼ばれる子どもの存在がクローズアップされている。2021年に政府が行った調査では，公立中学校2年生，全日制高校2年生の，約5%が家族の世話をしているという結果が出た。中学2年生の場合，平日1日あたり平均4時間を家族の世話に充てているという。

勉強や部活ができなかったり，進路変更を迫られたりすることがあったりするなど「お手伝い」の範囲を超えている例が少なくない。家族の中でケアを担うことができる大人の手が不足していることが，背景にある。

(2021年10月)

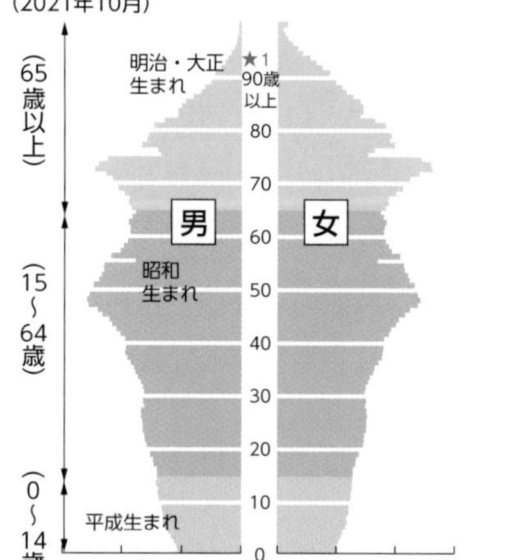

▲現代日本の人口ピラミッド　(総務省資料による)

◎家族からの解放

家族だから献身的に介護する，とは限らない。介護に疲れた家族が，高齢者を虐待することは，残念ながら起きている。双方にとって不幸である。介護を社会全体で引き受けるということは，家族という「密室」からの解放でもある。

◎租税より保険料

法案が審議されている当時に目立ったもう一つの論点は，介護制度が必要なのはわかるが，なぜ社会保険なのか，租税を財源にしてもいいのではないかということだった。

だが，税方式には2つの問題点がある。1つは**税収が景気に左右されやすい**ことである。不況に際して税収が落ち込むことは珍しくないが，税収が減ったからといって要介護の高齢者が減るわけではない。

もう1つは，**介護をすべて租税で賄おうとすれば北欧並み，例えば消費税を25%程度にすることが不可欠**である。日本の世論は，それを簡単には許さないだろう。増税が嫌だという感情論だけではない。税金が無駄遣いされるのではないかという不信感，これは強烈である。行政の透明化がもっと進まなければ，国民の理解は得られない。

介護サービスの必要性

要介護状態となった高齢者が，自分に相応しいサービスを自力で見つけて契約するのは難しい。高齢者が認知症になっていなくても過度，もしくは不十分なサービスを選んでしまうことはある。

そこで介護支援を担当するのが，ケアマネジャーである。高齢者の健康状態や資産，家族状況などを聞き取って，本人だけでなく家族もまじえてケアプランを作成する。ケアマネジャーはまた，紹介する介護サービス提供機関(特別養護老人ホームなどの介護サービス提供機関)と相談して，ケア内容を修正することもある。

ケアマネジャーは国家資格ではないが，都道府県知事の認定が必要な公的資格である。

○ケアマネジャーという仕事

ケアマネジャーをしている望田和輝さん(45)は，同業務の他，介護タクシーでの送迎など幅広く活動している。

現在の介護保険制度は基本的に評価できるそうだ。不満は，介護保険を運営する市役所の担当者に対して向けられる。望田さんいわく，市役所職員は2～3年で異動することが多く，仕事の本当の大変さや喜びを実感できないまま去っていく人が多いそうだ。中には次の異動を楽しみにして，介護の仕事は2年か3年，我慢してつつがなく終えればいいという職員もいるらしい。

ケアマネジャーや要介護の高齢者・家族と，市役所という保険者が十分に協力体制をとることができないのは，不幸なことである。

○ケアマネジャーの喜び

仕事の喜びは，要介護高齢者やその家族から感謝されることに尽きると言う。

高齢者相手であれば，前日まで元気そうに見えた高齢者が翌日亡くなっていたこともあり，そのときは仕事を通じて最も悲しいときである。それでも遺族の多くは，感謝の言葉をかけてくれる。「ケアマネジャーをやっていて良かったことと，しんどいことと，セットになっているんです」と言う。

○「高齢者＝弱者」ではない

「定年退職した後も，元気な高齢者にケアマネジャーをやってほしい。後期高齢者に少しでも年齢が近いほうが，介護を受けている側も安心できるんですよ，話も合いやすいし」と，これからの目標を望田さんは語る。

高齢者に限らず障がい者や在日外国人などのマイノリティについて，しばしば私たちは「保護の対象」と見なしがちである。だが，それはマイノリティの一面でしかない。「すべての高齢者＝弱者」ではないのだ。相手を一方的に弱者と決めつけることは，相手を支配の対象と見なす姿勢を生むことにもつながる。

高齢者について言うなら，さまざまな事情や環境のもとで生きる高齢者が存在する事実をたくさん知ること，これがノーマライゼーション(☞p.235)を支えるものになっていくはずである。

★1　90歳以上の人口は，まとめて「90歳以上」とした。

☑ 要点チェック

	CHAPTER 1 現代経済の仕組み	答
□ 1	18世紀後半，世界で初めて産業革命が起きた国はどこか。	1 イギリス
□ 2	産業革命で発展したのはどのような工業か。	2 機械制工業
□ 3	資本主義経済における二大階級のうち，生産手段を所有していないのはどちらの階級か。	3 労働者階級
□ 4	自由競争を基礎とする18世紀の国家を，ラッサールは何と形容したか。	4 夜警(やけい)国家
□ 5	生産量を増やす手段として，アダム＝スミスが勧めたのはどのような方法か。	5 分業
□ 6	少数の大企業が市場(しじょう)を支配する，19世紀の資本主義は何と呼ばれるか。	6 独占資本主義
□ 7	『帝国主義論』の著者で，ロシア革命を指導したのは誰か。	7 レーニン
□ 8	植民地の争奪戦(そうだつせん)である戦争は何か。	8 帝国主義戦争
□ 9	世界恐慌(きょうこう)の始まりとなった，株価が暴落した都市はどこか。	9 ニューヨーク
□ 10	ケインズは何が不足することで不況が起きると考えたのか。	10 有効需要(じゅよう)
□ 11	ケインズは何の理論に基づいて公共投資の拡大を訴えたか。	11 乗数(じょうすう)理論
□ 12	新自由主義を主張した，シカゴ大学の経済学者は誰か。	12 フリードマン
□ 13	不況対策は定められた金融政策だけで十分であるという主張は何か。	13 マネタリズム
□ 14	シュンペーターが資本主義発展の原動力としたのは何か。	14 技術革新（イノベーション）
□ 15	市場経済との融和を図る中国の経済体制を何というか。	15 社会主義市場経済
□ 16	需給(じゅきゅう)のアンバランスを解消する価格の機能は何か。	16 自動調節機能
□ 17	同一業種の企業が，価格や生産量について結ぶ協定は何か。	17 カルテル
□ 18	同一業種の企業が合併(がっぺい)することを何というか。	18 トラスト
□ 19	独占禁止法を運用する行政委員会は何か。	19 公正取引委員会
□ 20	関連がない企業を吸収合併して，自社の一部門としている企業は何か。	20 コングロマリット（複合企業）

	問	答
□ 21	プライスリーダーシップによって決まる価格は何か。	21 管理価格
□ 22	商品の品質改善や広告・宣伝など，価格以外での競争を何というか。	22 非価格競争
□ 23	生産者が卸売(おろしうり)価格・小売(こうり)価格を指定して守らせる制度は何か。	23 再販売価格維持制度
□ 24	ある経済主体が市場を経由せず，他の経済主体に与える影響は何か。	24 外部効果
□ 25	株式会社の株主(かぶぬし)は，会社の債務(さいむ)にどのような責任を負っているか。	25 有限責任
□ 26	株主が会社の利益の一部として受け取るのは何か。	26 配当(はいとう)
□ 27	株式会社の最高意思決定機関はどこか。	27 株主総会
□ 28	会社法で新たに認められた，少人数での起業に適した会社は何か。	28 合同会社
□ 29	環境保全や社会福祉などへの，企業の貢献(こうけん)活動を何というか。	29 フィランソロピー
□ 30	企業による文化・芸術支援を何というか。	30 メセナ
□ 31	投資家に対する企業の情報開示を何というか。	31 ディスクロージャー

	CHAPTER 2 財政と金融	答
□ 1	所得の増加に従って税率が高くなる課税制度を何というか。	1 累進(るいしん)課税制度
□ 2	裁量的に景気調整を行う政策をカタカナで何というか。	2 フィスカル・ポリシー
□ 3	年度途中で本予算を修正した予算は何か。	3 補正予算
□ 4	本予算成立まで，つなぎとして組まれる予算は何か。	4 暫定(ざんてい)予算
□ 5	一般会計歳出(さいしゅつ)で最大の項目は何か。	5 社会保障費
□ 6	一般会計と区別して組まれる予算は何か。	6 特別会計
□ 7	関税は直接税・間接税のどちらに区分されるか。	7 間接税
□ 8	固定資産税は国税・地方税のどちらに区分されるか。	8 地方税
□ 9	担税(たんぜい)能力が高い者ほど，多額の納税をすべきだという公平の原則は何か。	9 垂直的公平
□ 10	租税(そぜい)の水平的公平は，何を目的としているか。	10 脱税の防止
□ 11	財政法第4条に基づいて発行される国債(こくさい)は何か。	11 建設国債（4条国債）
□ 12	国債の日銀引受けを禁止する原則を何というか。	12 市中(しちゅう)消化の原則

□	13	戦後初めて赤字国債が発行されたのはいつか。	13 1965年
□	14	歳入(さいにゅう)と歳出のうち，国債に関わる部分を除いた基礎的財政収支を何というか。	14 プライマリーバランス
□	15	金本位制のもとで，金と交換できる紙幣を何というか。	15 兌換(だかん)紙幣
□	16	普通預金のようにいつでも引き出せる預金は何か。	16 要求払い預金（流動性預金）
□	17	社債(しゃさい)や株式を発行する資金調達は何か。	17 直接金融
□	18	日本銀行で金融政策を決定する機関は何か。	18 政策委員会
□	19	日本銀行による買いオペの代金はどの口座に振り込まれるか。	19 当座預金口座
□	20	金融機関を除く企業や家計など，民間が保有する通貨は何か。	20 マネーストック
□	21	市中銀行間の貸出(かしだし)金利を何というか。	21 コールレート
□	22	市中銀行が日本銀行に預ける預金の一部は何か。	22 準備預金
□	23	弱小銀行を保護する金融政策は何と呼ばれたか。	23 護送船団方式
□	24	イギリスで始まった金融制度改革は何と呼ばれたか。	24 ビッグバン
□	25	旧大蔵省が担(にな)っていた金融行政を引き継いだ官庁は何か。	25 金融庁
□	26	IT(情報技術)による金融界の変革は何か。	26 フィンテック

CHAPTER 3 国民所得と戦後日本経済			答
□	1	国富(こくふ)は国内実物資産に何を加えたものか。	1 対外純資産
□	2	GDP(国内総生産)に海外からの純所得を加えて得られる指標は何か。	2 GNP（国民総生産）
□	3	古くなった設備を更新するための減価償却費(げんかしょうきゃく)の別名は何か。	3 固定資本減耗(げんもう)
□	4	生産国民所得の中で，最大比重を占めるのは何か。	4 第3次産業
□	5	分配国民所得の中で，労働力の見返りとして計上されるものは何か。	5 雇用者報酬(ほうしゅう)
□	6	インフレ時には，名目経済成長率と実質経済成長率とではどちらが大きくなるか。	6 名目経済成長率
□	7	コンドラチェフの波の周期はどれくらいか。	7 50～60年
□	8	建設投資(住宅投資)を原因とする景気変動は何か。	8 クズネッツの波
□	9	キチンの波の原因は何か。	9 在庫投資
□	10	不況下のインフレを何というか。	10 スタグフレーション
□	11	デフレスパイラルとは景気後退と何の悪循環なのか。	11 物価下落

	問	答
□ 12	農地改革で政府から農地を買収されたのは誰か。	12 寄生地主
□ 13	GHQによる財閥解体を進めるための，大企業を分割する法律は何か。	13 過度経済力集中排除法
□ 14	傾斜生産方式のために政府が設立した銀行は何か。	14 復興金融金庫（復金）
□ 15	インフレ激化を懸念したGHQが日本政府に提示した原則は何か。	15 経済安定9原則
□ 16	ドッジ・ラインで設定された単一為替レートで，1ドルは何円と等価値だと定められたか。	16 360円
□ 17	ドッジ・ラインによりインフレが収束した後に起きた深刻な不況は何と呼ばれるか。	17 安定恐慌
□ 18	高度経済成長における最初の好況の名称は何か。	18 神武景気
□ 19	国際収支の悪化を理由に輸入数量制限ができないのは，GATTの何条国か。	19 11条国
□ 20	第1次石油危機の原因となった戦争は何か。	20 第4次中東戦争
□ 21	戦後初めてマイナス成長となったのは何年か。	21 1974年
□ 22	石油危機後，日本企業が行ったコストカットは何と呼ばれたか。	22 減量経営
□ 23	アメリカの双子の赤字は貿易赤字と，もう一つは何か。	23 財政赤字
□ 24	バブル経済に対応して政府が導入した国税は何か。	24 地価税
□ 25	バブル経済崩壊後に金融機関が抱えた，回収困難な貸付金は何か。	25 不良債権
□ 26	銀行預金を元本1000万円とその利息まで保証する制度は何か。	26 ペイオフ制度
□ 27	直接生産部門で働く労働者は何と呼ばれるか。	27 ブルーカラー

CHAPTER 4 国民生活の諸問題

	問	答
□ 1	大企業の支配下に置かれている中小企業は何と呼ばれるか。	1 系列企業
□ 2	2022年に始動したベンチャー企業向け株式市場は何か。	2 東証グロース
□ 3	大量生産に向かない小規模市場を何というか。	3 ニッチ市場
□ 4	農地の売買・貸借を規制していた法律は何か。	4 農地法
□ 5	農業基本法が育成を目指していたのは，どのような農家か。	5 自立経営農家

□ 6	食品の生産から小売(こうり)に至る流通情報を追跡できる制度は何か。	6 トレーサビリティ制度
□ 7	依存(いそん)効果を分析したアメリカの経済学者は誰か。	7 ガルブレイス
□ 8	買っていない商品を送付して代金を請求する悪質商法は何か。	8 ネガティブ・オプション
□ 9	国民生活に関する情報提供や商品テストを行っている独立行政法人は何か。	9 国民生活センター
□ 10	消費者団体訴訟(そしょう)制度を定めている法律は何か。	10 消費者契約法
□ 11	イタイイタイ病の原因物質は何か。	11 カドミウム
□ 12	公害健康被害補償(ほしょう)法で採用された原則は何か。	12 汚染(おせん)者負担の原則(PPP)
□ 13	都市で中心部の人口が減少して周辺部の人口が増加する現象は何か。	13 ドーナツ化現象
□ 14	不当労働行為を禁止している法律は何か。	14 労働組合法
□ 15	労使紛争の調整をする行政委員会は何か。	15 労働委員会
□ 16	労働基準法の遵守(じゅんしゅ)を監視する機関はどこか。	16 労働基準監督署
□ 17	法定労働時間を超えて労働させる場合，結ばれる協定は何か。	17 三六(さぶろく)協定
□ 18	日本の労働組合はどのような形態が主流であるか。	18 企業別労働組合
□ 19	自宅や自宅付近の小規模事業所などでの勤務は何か。	19 SOHO(ソーホー)
□ 20	始業と終業の時刻の設定を労働者に任せる労働形態は何か。	20 フレックスタイム制
□ 21	労働時間の短縮による雇用の確保を何というか。	21 ワークシェアリング
□ 22	初めて公的扶助(ふじょ)を定めたイギリスの法律は何か。	22 エリザベス救貧法
□ 23	ドイツのビスマルクが実施した社会政策は何と呼ばれたか。	23 アメとムチの政策
□ 24	公的扶助を運用している日本の法律は何か。	24 生活保護法
□ 25	自営業者世帯が加入する医療保険は何か。	25 国民健康保険
□ 26	介護(かいご)保険の被保険者は誰か。	26 40歳以上の全国民
□ 27	老年人口が全人口の何%を超えると「高齢社会」になるのか。	27 14%
□ 28	現在の年金財源調達方式は何か。	28 賦課(ふか)方式

第4編

世界と向き合う

CHAPTER

1 » 国際政治

まとめ

SECTION 1 国際社会の成立 p.245

□ **主権国家の成立**　ウェストファリア条約の締結で国際社会の原型が成立。

- **近代国家の3要素**…主権・領域・国民。

□ **国際法**　国家間の合意。

- 国際慣習法…国際社会の一般的な慣行である→すべての国を拘束する。
- 条約…文書の形で締結された合意である→締約国のみを拘束する。

□ **国際社会の組織化**

- **勢力均衡(きんこう)(バランス・オブ・パワー)**…軍事バランスを保つことで，攻撃ができない状況を作る。
- **集団安全保障**…違反国を共同して制裁する国際機構(きこう)を作る。

SECTION 2 国際平和機構の設立 p.248

□ **国際連盟**

- **成立まで**…アメリカ大統領ウィルソンが提唱した。
- **失敗の原因**…大国の不参加，全会一致制，決議が勧告のみ，軍事的制裁の不備，などの欠陥(けっかん)があった。

□ **国際連合**

- **成立まで**…大西洋憲章→ダンバートン・オークス会議→サンフランシスコ会議。→原加盟国51か国で発足した。
- **主要6機関**…総会，安全保障理事会(安保理(あんぽり))，経済社会理事会，信託統治(しんたくとうち)理事会，国際司法裁判所(ICJ)，事務局。
- **「平和のための結集」決議**…安全保障理事会の機能不全に対して，緊急特別総会を開くことができる。

□ **国際連合の課題**

- **財政難**…支出増加と分担金滞納。
- **理事国の増加**…常任理事国拡大の要請が高まっている。
- **国連平和維持活動(PKO)**…国連憲章に明記されていない活動。→監視団と平和維持軍(PKF)に大別される。

国際社会の成立

▶ 国がたくさんあれば国際社会である，というわけではない。各国が相互に主権を尊重し合う社会が国際社会である。そのために，国際法や国際裁判が存在する。さらに主権をより確実に保障するシステムとして，勢力均衡方式と集団安全保障方式が考案され，多様な形で実施された。

1　主権国家の成立

1　近代国家の3要素

主権・領域・国民が，近代国家の3要素である。

主権とは**対外的な独立性**であり，国境を越えた支配である**内政干渉を受けない**権利でもある。領域は主権が及ぶ範囲で領土・領海・領空[★1]からなる。各国は領海の基線[★2]から200海里[★3]以内の，領海の外側に排他的経済水域(EEZ)を設定できる。排他的経済水域は領海ではないが，各国はその範囲で**海中・海底資源に対して優先権**がある。

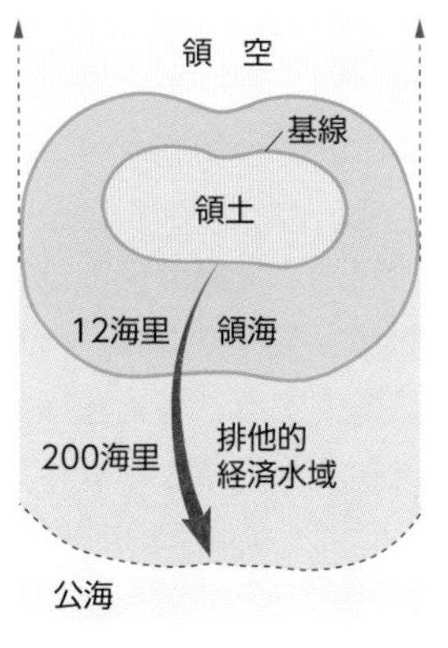

▲国家領域の範囲

★1 宇宙空間には主権が及ばない。
★2 基線＝低潮線＝最も潮が引いた時点での海岸線。
★3 1海里＝1852メートル。

1
国際政治

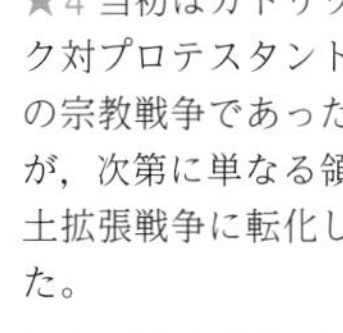
★4 当初はカトリック対プロテスタントの宗教戦争であったが，次第に単なる領土拡張戦争に転化した。

2　ウェストファリア条約

ヨーロッパを荒廃させた三十年戦争[★4](1618～1648年)の講和会議で締結された。この条約により史上初めて，**相互に主権を承認する国際社会**が誕生したのである。この時点ではまだヨーロッパだけであり，アジアやアフリカは国際社会として扱われるには至っていない。

主権は大国も小国も対等だとする主権平等の原則は，必ずしも守られてこなかったし，現在でも完全に実現しているわけではない。

▲三十年戦争当時の傭兵

2 | 国際法

オランダのグロチウス[★1]は，個人と個人の間を律する自然法[★2]があるように，国家と国家の間を律する自然法があるべきだと唱えた。

★1 グロチウス(1583～1645年)は「国際法の父」と呼ばれている。

★2 人間社会なら普遍的に成り立つと考えられる法。

▲グロチウス

1 国際慣習法

国際不文法とも呼ばれ，**すべての国を拘束する**。いつ，誰が，どこで作ったか不明であるが，国際社会で**慣行(習わし)として定着**している。国際法の8割は，国際慣習法である。

国際慣習法は**条約で修正されることがある**。かつて領海は国際慣習法で基線から3海里とされていたが，国連海洋法条約で12海里へ拡大された[★3]。

★3 国連は国際慣習法の条約化に取り組んでいる。

2 条約

二国間あるいは多国間で，**文書の形で締結された合意**である。協定や議定書，憲章なども条約である。

条約は締約国のみを拘束する。締約国は条約と矛盾する法律があれば，法律を改正しなくてはならないし，現在の法体系が条約に対応していなければ，新たに法律を制定しなくてはならない[★4]。

★4 日本は女性差別撤廃条約の批准に際して，男女雇用機会均等法を制定した。

▼国際慣習法と条約

国際慣習法	条約	
国家間の慣行が拘束力のある法として認められたもの	条約，協定，議定書など，国家間の文書による合意	
(例)公海自由の原則 外交官の特権 領海の無害通航権 無主地の先占	**二国間条約** 二国間のみが拘束される条約	**多国間条約** 多数の国が締結して発効した条約

[国際法]

① 国際慣習法…慣行として定着している不文法。

② 条約…文書化された国家間の合意。

3｜国際社会の組織化

国際法には**統一的な立法機関・執行機関がない**ため，各国の主権を国際法だけで維持することは困難である。そのため国際社会の組織化が構想され，様々な形で実施されてきた。

1 勢力均衡(バランス・オブ・パワー)

仮想敵国[★1]を想定し，**軍備拡大や軍事同盟**によって相手が攻撃を自ら抑制する状況を作ることで自国の主権を保持する方式。自国の軍拡が相手国の軍拡を促し，際限のない**軍拡競争に陥りやすい**。同盟国が続々と参戦することで，**世界的な戦争に拡大する恐れ**もある。事実，2つの世界大戦はそうして起きた[★2]。

★1 攻撃してくる可能性があると考えられる国。

★2 日本は日英同盟を口実として，第一次世界大戦に参戦した。

2 集団安全保障

仮想敵国も含め，「お互い攻撃しない」と約束した国家間で国際機構を創設する。約束を破って他国を攻撃した国に対しては，**国際機構を構成する国全体で制裁**を加える。他国を攻撃することは全世界を敵にすることになりかねないという圧力で，攻撃抑制が期待できる。

古くは**カントが構想**したものだが，実現したのは20世紀の国際連盟と国際連合である。

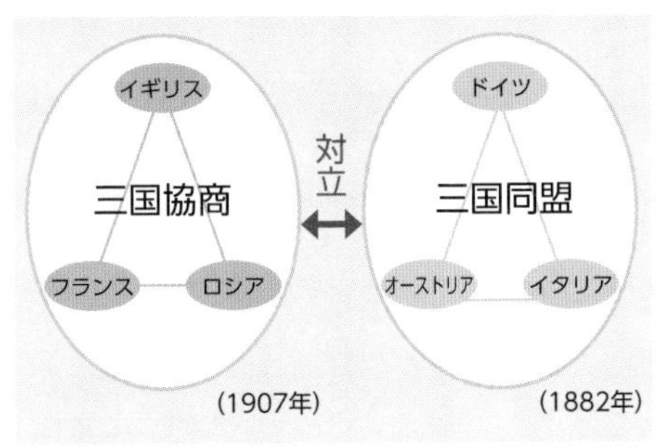

▲勢力均衡(バランス・オブ・パワー)

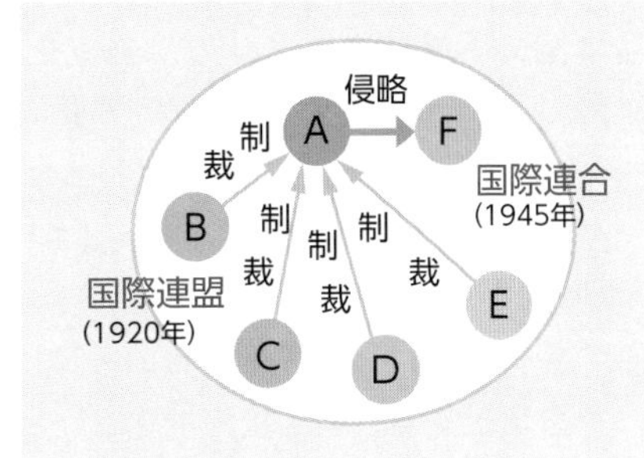

▲集団安全保障

[主権維持の手段]

① 勢力均衡…軍拡や軍事同盟で，攻撃を抑制する。

② 集団安全保障…国際機構の圧力で，攻撃を抑制する。

国際平和機構の設立

▶ 史上初の集団安全保障方式である国際連盟は，構造的な欠陥(けっかん)を内包していたため，第二次世界大戦を防ぐことができなかった。その反省を踏まえて，第二次世界大戦後に国際連合が発足した。

1 国際連盟

1 成立まで

第一次世界大戦の反省を踏まえ，アメリカ大統領ウィルソンは平和原則14か条[★1]を発表した。この中にある国際的平和機構の構想に基づき，1920年に国際連盟が発足(ほっそく)した。

★1 秘密外交の廃止や，民族自決の原則などが盛り込まれていた。

国際連盟は総会，理事会，常設国際司法裁判所，ILO(国際労働機関)などから構成されていた。

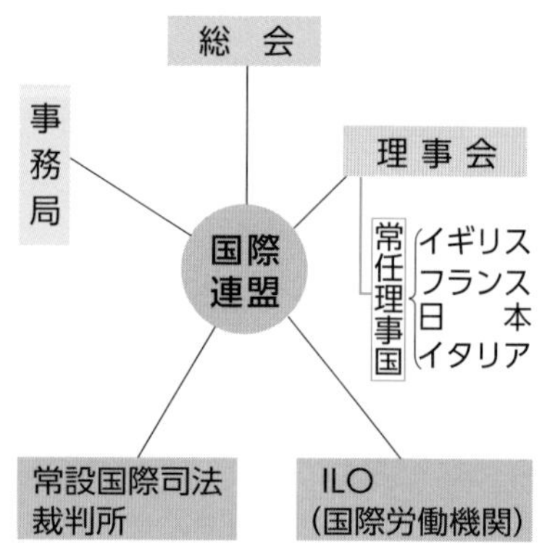

▲国際連盟の組織図

2 失敗の原因

しかしながら国際連盟は，第二次世界大戦の勃発(ぼっぱつ)を防ぐことができなかった。

それは以下のような，構造的とも言える欠陥を抱えていたからである。

❶**大国の不参加**　アメリカは孤立主義者[★2]が多かった上院の反対で**参加できず**，ソ連はフィンランド侵略を理由に除名された。日本やドイツ，イタリアは1930年代に脱退している。

❷**全会一致制**　総会・理事会の決議は**全会一致制**であり，1国でも反対すると何も決定できなかった。

★2 アメリカはヨーロッパと距離をおくべきだという考え。

❸**決議は勧告のみ**　珍しく全会一致が成立したとしても，決議は拘束(こうそく)力がない**勧告**にとどまった。

❹**不十分な制裁**　**軍事的制裁を定める明確な規定がなく**[★3]，最大でも経済制裁しかできなかった。経済制裁も一度だけ，エチオピアを侵略したイタリアに対して行われたが，ドイツが貿易の抜け道になったため，効果がなかった。

★3 国際連盟独自の軍隊は，想定されていなかった。

[国際連盟]
① アメリカ大統領ウィルソンの提唱で発足した。
② 大国の不参加など構造的欠陥があり，失敗した。

2 国際連合

1 成立まで

1941年，アメリカのローズベルト大統領とイギリスのチャーチル首相が会談して大西洋憲章を発表した。これが国際連合の基本理念となる。1944年のダンバートン・オークス会議で国連憲章の原案が採択された。

1945年のヤルタ会談では，チャーチルの「平和を守る責務は主として大国の肩にかかるのだから，大国に特別の権利を認めるべきだ」という主張が認められ，**5大国が拒否権を持つ**ことになる[★1]。同年のサンフランシスコ会議で国連憲章が採択された。中南米諸国が主張する**個別的・集団的自衛権が認められた**のは，この会議である。そしてアメリカ・ニューヨークを本部とする国際連合が，**原加盟国51か国**[★2]で発足(ほっそく)した。

▼国際連合成立までの過程

年	月	できごと
1939	9	第二次世界大戦の勃発(ぼっぱつ)
1941	8	大西洋憲章…戦後の国際平和構想を発表
1942	1	連合国共同宣言…戦争の遂行
1943	10	米・英・ソのモスクワ外相会議…中国も加えて安全保障に関する4か国宣言
	11	カイロ会談…対日基本方針を決定
1944	8~10	ダンバートン・オークス会議…国連憲章の基礎が確立
1945	2	ヤルタ会談…安保理事会の表決手続きが決定
	4~6	サンフランシスコ会議…国連憲章の採択
	10	国際連合の成立

★1 国際連盟における「全会一致制」の名残(なごり)り，という面もある。

★2 第二次世界大戦の敗戦国は，この段階では未加盟である。

▼国際連盟と国際連合の比較

	国際連盟(1920年)	国際連合(1945年)
本　部	ジュネーブ(スイス)	ニューヨーク(アメリカ)
加盟国	アメリカ不参加。ソ連はのちに参加。日本など脱退。	世界のほとんどすべての独立国が加盟。
表　決	全会一致。	多数決。ただし，大国一致の原則。
制裁措置	経済制裁が中心。	軍事的，非軍事的な強制措置。裁判。

▲F・ローズベルト

1
国際政治

2 主要6機関

❶総会　すべての加盟国で構成される★3。表決は1国1票で重要事項は3分の2以上の，それ以外の事項は過半数の賛成で決議がなされる。**決議は勧告にとどまる**ので，加盟国を拘束(こうそく)することはできない。

★3 非加盟国や専門機関，NGO(非政府組織)は出席・発言できるが，投票はできない。

▲国連総会

▲安全保障理事会

❷安全保障理事会(安保理(あんぽり))　**アメリカ・イギリス・フランス・ロシア・中国(中華人民共和国)**の常任理事国5か国★4と，選挙で選ばれた任期2年の非常任理事国10か国★5で構成される。実質事項と呼ばれる重要事項については**5常任理事国全てを含む9理事国以上**の，それ以外の手続事項については常任・非常任を問わず9理事国以上の賛成で決議がなされる。結果的に，実質事項については**5常任理事国が拒否権**を持っていることになる。何が実質事項で何が手続事項か，国連憲章には明記されていない。慣例的に国連加盟の承認や，軍事制裁の決定などが実質事項とされてきた。なお，**棄権(きけん)は拒否権行使とは見なされない**。

★4 国連発足時はアメリカ・イギリス・フランス・ソ連・中国(中華民国)。
★5 国連発足時は6か国。

安全保障理事会は勧告のほか，**国連加盟国を拘束する決定を下す**ことができる。平和と安全に第一次的責任を負う機関とされる所以(ゆえん)である。

[拒否権]
安保理常任理事国が拒否権を行使できるのは，安全保障理事会の実質事項の決議である。

❸経済社会理事会　54か国で構成されている。**国連と外部機関をつなぐ役割**を果たしている。ILOなどの国連の専門機関★6や，国境なき医師団などのNGOと国連が協力して活動する際に，国連側の窓口となる。

★6 国連憲章に明記された国連機関ではなく，各国政府の合意によって設立された政府間国際組織(IGO)。

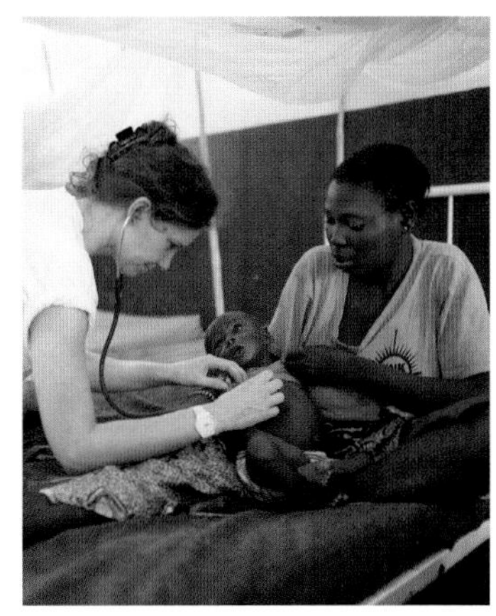

▲国境なき医師団

❹**信託統治理事会**　信託統治とは国連あるいは国連の監視下にある国家が，独立するまで統治するもので，一時管理というニュアンスがある。

1994年にパラオがアメリカの信託統治領から独立したため，信託統治領が存在しなくなった。このため現在は，**活動停止中**である。

❺**国際司法裁判所(ICJ)**　オランダのハーグに置かれ，国籍が異なる15人の裁判官で構成される。[★7] 関係する**すべての紛争当事国の同意**に基づいて，**国家間の紛争のみ**を裁判する。**提訴できるのは国家だけ**であり，個人や企業にその権限はない。判決以外に，拘束力のない見解として勧告的意見を表明することもある。

特定の犯罪[★8]に関与した個人を裁く国際刑事裁判所とは，別の機関である。国際刑事裁判所は常設の機関だが国連機関ではなく，政府間組織に含まれる。

★7 裁判官の任期は9年。

★8 ジェノサイド(大量虐殺)・戦争犯罪・人道上の罪。

▲国際司法裁判所

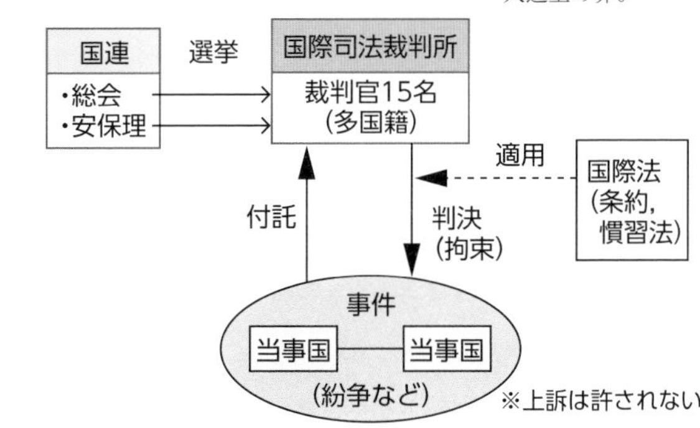

▲国際司法裁判所の組織図

[国際裁判]

① 国際司法裁判所…国連機関。国家を裁く。

② 国際刑事裁判所…政府間組織。個人を裁く。

❻**事務局**　国連の裏方とでも言うべき実務機関である。事務局トップである事務総長は，安全保障理事会の勧告に基づいて総会が任命する。任期は5年[★9]で，再任もできる。憲章上の規定はないが，歴代事務総長は**例外なく中立的な中小国から選出**されている。

★9 慣行である。

1　国際政治

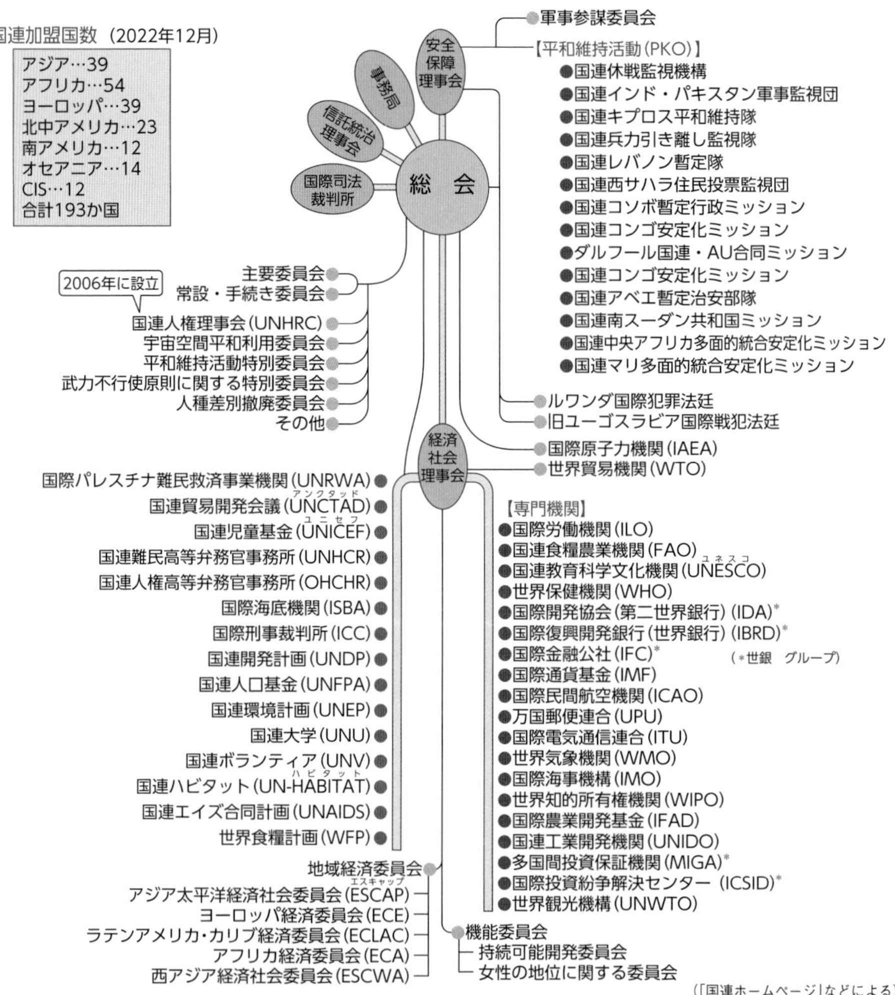

▲国連と関係する国際組織（2022年4月現在）

補説 **「平和のための結集」決議**　1950年に始まった朝鮮戦争に対しては，米ソの拒否権応酬で，安全保障理事会は有効な対応ができなくなった。このとき国連総会は**「平和のための結集」決議**を採択した。これは**安保理が機能不全に陥った場合，24時間以内に緊急特別総会を開催し，必要な措置をとる**ことができるというものである。必要な措置には，武力行使の勧告まで含まれる。

2022年3月にはロシアのウクライナ侵略に対して開催され，ロシアを非難する決議が141か国の賛成で採択された(反対が5か国。棄権が35か国)。

3｜国際連合の課題

1 財政難

国連の年間予算は，もともと東京都消防庁の年間予算よりも少ない(2021年)。その中でアメリカなどがしばしば国連を運営するための**分担金を滞納**していること[★1]，冷戦終結後に**国連平和維持活動(PKO)の派遣が増えた**ことなどが重なり，国連は深刻な財政難に直面している。

★1 日本も滞納したことがあり，あまり偉そうなことは言えない。

▼主要国の国連予算の分担率（2022年）

国名	分担率(%)
アメリカ	22.00
中国	15.25
日本	8.03
ドイツ	6.11
イギリス	4.38
フランス	4.32
イタリア	3.19
カナダ	2.63

（外務省資料）

2 理事国増加の動き

発足時，国連加盟国は51か国であった。現在はその4倍近くに増えており，安全保障理事会の**常任理事国を増やすべきではないか**という声がある。日本はドイツ・ブラジル・インド[★2]と並んで，常任理事国入りに積極姿勢を見せている。

発展途上国の中には，**大国だけが拒否権を行使できることを問題視する**向きもある。総会の権限を強化する，拒否権を持たない準常任理事国を設けるなどの改革案が出されている。

★2 この4か国はG4と呼ばれている。

3 PKOの変質

国連憲章に規定がある国連軍は，冷戦下の東西対立で実現できなかった[★3]。代わりに登場したPKOは停戦や選挙の監視を行う非武装の監視団と，兵力引き離しなどを担う軽武装の平和維持軍(PKF)に大別される。

▲国連平和維持活動の隊員

★3 国連軍創設には安保理と国連加盟国との特別協定が必要であるが，そのような協定が結ばれたことはない。

従来は**当事国の受け入れ同意，中立の維持，自衛以外の武器使用の禁止などが原則**とされていた。冷戦後は地域紛争の激化を受け，これまでの原則を無視する例が目立つようになった。活動も行政支援，人道支援など拡大している。なし崩し的に拡大することを防ぐため，国連憲章に明記すべきであるという声が高まっている。

1 国際政治

• CHAPTER

2 » 戦後世界政治

まとめ

SECTION 1 冷戦とその後 p.256

□ 冷戦の開始

- **西側の動き**…「鉄のカーテン」演説，トルーマン・ドクトリン，マーシャル・プラン，北大西洋条約機構(NATO)。
- **東側の動き**
  - コミンフォルム→1956年解散。
  - コメコン(COMECON，経済相互援助会議)，ワルシャワ条約機構(WTO)→冷戦終結後に解体。

□ 冷戦体制の動揺

- **東西の緊迫化**…朝鮮戦争，キューバ危機，ベトナム戦争。
- **第三世界の台頭**…平和5原則，平和10原則(バンドン10原則)，アフリカの年，第1回非同盟諸国首脳会議。
- **多極化**
  - 西側…フランスがNATO軍事機構から脱退した→2009年に復帰。
  - 東側…中ソが軍事衝突した。東欧民主化をソ連が制圧した。

□ 冷戦の終結

- **東欧革命**…共産党の一党独裁体制が崩壊した。
- **ソ連の解体**…バルト3国を除く12共和国が独立国家共同体(CIS)を結成した。
- **民族紛争の激化**…冷戦下で抑えられていた民族主義が台頭した。

SECTION 2 軍縮の流れ p.266

□ 冷戦期の軍縮

- 部分的核実験禁止条約(PTBT)…地下以外での核実験を禁止。
- 核拡散防止条約(NPT)…5大国以外の核保有を禁止。
- 第1次戦略兵器制限条約(SALT Ⅰ)…米ソ間で核弾頭の上限を定める。戦略核兵器削減をめざしたが，削減には至らず。
- 第2次戦略兵器制限条約(SALT Ⅱ)…発効せず。
- INF(中距離核戦力)全廃条約…史上初の核削減。

□ 冷戦後の軍縮

・第1次戦略兵器削減条約(START Ⅰ)…米ソ間。

・第2次戦略兵器削減条約(START Ⅱ)…米ソ間。

・包括的核実験禁止条約(CTBT)…発効せず。

・**対人地雷全面禁止条約**…NGO主導で実現した。

・クラスター爆弾禁止条約…NGO主導で実現した。

・**新START(米ロ新核軍縮条約)**…米ロ間(2010年)。

・核兵器禁止条約…日本は不参加。

□ 核抑止論　有効性は疑わしい。

SECTION 3 日本の国際社会への復帰 ☞p.268

□ 主権の回復

サンフランシスコ平和条約に調印した。
→奄美大島，小笠原諸島，沖縄はアメリカの占領下に置かれた。
日ソ共同宣言に調印した。
→国連に加盟した。

□ 周辺諸国との関係

・日ソ共同宣言…ソ連と国交回復。

・日韓基本条約…韓国と国交正常化。

・日中共同声明…中国(中華人民共和国)と国交正常化。

・日中平和友好条約…中国との関係強化。

□ 残された課題

・**ロシア**…平和条約が結ばれていない。

・**朝鮮民主主義人民共和国(北朝鮮)**…日朝平壌宣言に署名したものの，国交はない。

・**領土問題**

北方領土…ロシア。
竹島…韓国。
尖閣諸島…中国。

冷戦とその後

▶ 第二次世界大戦中は共に連合国の一員であったアメリカとソ連であったが，戦後はそれぞれ資本主義・社会主義の盟主(めいしゅ)として対立するようになった。第三次世界大戦の危機をはらみつつも，冷戦と呼ばれる東西対立は1989年に終わった。だがその後の世界が平和になったわけではなく，不透明な状況が続いている。

1 冷戦の開始

1 西側（資本主義陣営(じんえい)）の動き

❶「鉄のカーテン」演説　1946年，アメリカのミズーリ州フルトンで講演したイギリスのチャーチル前首相★1は「今日，バルト海のシュテッティンからアドリア海のトリエステに至るまで，鉄のカーテンがおりている」と述べ，**ソ連がヨーロッパを分断している**ことに警告を発した。

❷トルーマン・ドクトリン　1947年，アメリカのトルーマン大統領がドクトリン（教書）において，ソ連の支援を受けた反政府ゲリラに手を焼く**ギリシャ・トルコ政府を支援する**ことを明言した。これは社会主義国をこれ以上増やさないぞという決意表明であり，**社会主義封じ込め政策**と呼ばれた。

❸マーシャル・プラン　1947年，アメリカのマーシャル国務長官★2がマーシャル・プランと呼ばれる**戦後ヨーロッパの復興援助計画**を発表した。東欧やフィンランドは参加せず★3，結果的に東西ヨーロッパの分断を固定化することになった。

❹北大西洋条約機構(きこう)（NATO）結成　アメリカを中心とする軍事同盟として，1949年に**北大西洋条約機構（NATO）**が発足(ほっそく)した。欧米以外では，カナダ・トルコが参加している。伝統的に中立政策をとるスウェーデンは，参加しなかった★4。

★1 チャーチル率いる保守党は総選挙で敗北し，当時は労働党・アトリー政権であった。

★2 日本の外務大臣に該当する。

★3 ソ連が国交断絶をほのめかすなど圧力をかけた。

★4 2022年7月，ロシアのウクライナ侵略を機に，スウェーデンとフィンランドがNATO加盟を申請した。

2 東側（社会主義陣営）の動き

❶コミンフォルムの結成　1947年にソ連主導で，コミンフォルム（共産党情報局）が結成された。フランスやイタリアの共産党も参加した。東側の共産党が連携(れんけい)を強化するとともに，西側の共産党を支援して労働運動を活発化させ，**西側を内**

部から混乱させる狙いがあった。

❷コメコンの結成　1949年にソ連主導でコメコン(COMECON, 経済相互援助会議)が発足した。★5 **東欧をソ連の経済的支配下に置く**ことを狙ったものである。これによりルーマニアは工業国，ブルガリアは農業国などというように，東欧各国は役割分担を強制されることとなった。

★5 マーシャル・プランに対抗するものだった。

❸ワルシャワ条約機構(WTO)の結成　1955年に結成されたワルシャワ条約機構(WTO)はソ連・東欧の軍事同盟であり，NATOに対抗する狙いがあった。

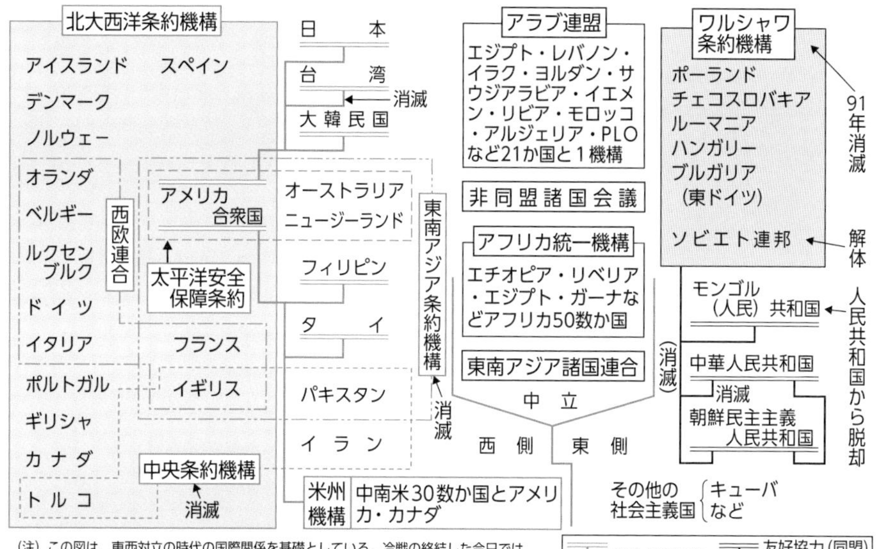

▲世界の地域的集団安全保障体制(冷戦期)

[東西の対立]

① 西側…経済的にはマーシャル・プランで，軍事的にはNATOで結束。

② 東側…経済的にはコメコンで，軍事的にはワルシャワ条約機構で結束。

2｜冷戦体制の動揺

1 東西の緊迫化

米ソが直接戦火を交えることはなかったが，各地で代理戦争が起きた。

❶**朝鮮戦争**　1950年，**ソ連・中国が支援する朝鮮民主主義人民共和国(北朝鮮)が，アメリカが支援する韓国に侵攻**し，朝鮮戦争が始まった。アメリカ中心の国連軍[★1]の派遣(はけん)に対抗して，中国が人民義勇軍を送り込むなどして戦争は泥沼(どろぬま)化した。

1953年に休戦協定が結ばれたが，あくまで戦闘停止措置であり，国際法上の和平協定ではない。つまり，**法的には戦争が終わっていない**のである[★2]。

★1 国連憲章に明記された正式の国連軍ではなく，実態はアメリカを軸とした多国籍軍であった。

★2「JSA」など韓国映画には，今でも朝鮮戦争の傷跡を感じさせる作品がある。

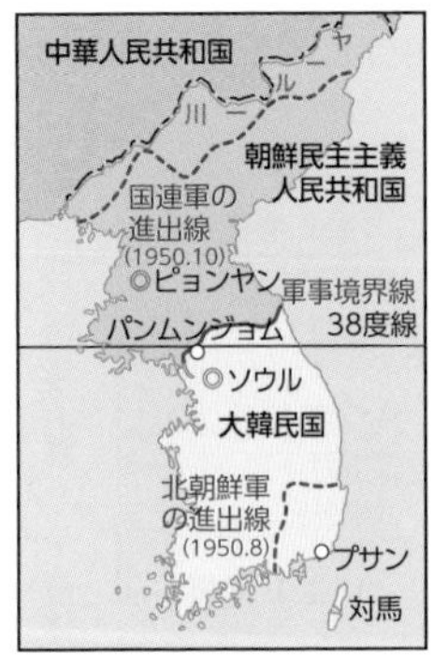

◀**朝鮮半島の分断**
北緯38度線を境に分断。軍事境界線上のパンムンジョム(板門店(はんもんてん))は，南北朝鮮の交渉の場となっている。

▲軍事境界線上のパンムンジョム（板門店）

❷**キューバ危機**　アメリカがトルコにミサイル基地を建設したことに対抗して，**ソ連がキューバにミサイル基地を建設**した。これを理由にアメリカがキューバに対して海上封鎖(ふうさ)を行い，世界は第三次世界大戦の瀬戸際(せとぎわ)に直面した。だが米ソの協議でアメリカはトルコの，ソ連はキューバのミサイル基地を撤去(てっきょ)し，危機は回避され，双方(そうほう)の対話ムードが高まった[★3]。

★3 米ソ首脳間にホットライン(直通電話)が設置された。

❸**ベトナム戦争**　分断国家となったベトナムにおける，典型的な代理戦争である。ソ連・中国が支援する**ベトナム民主共和国(北ベトナム)と南ベトナム解放民族戦線が，親米(しんべい)のベトナム共和国(南ベトナム)と戦った**。アメリカは軍事介入し，北ベトナムを爆撃した(北爆(ほくばく))[★4]。国際世論の反発もあってアメリカは撤退し，南北ベトナムは社会主義国家として統一された。

★4 爆撃機のほとんどが，沖縄の米軍基地から出撃した。

[東西の緊迫化]

① 朝鮮戦争…東側陣営の北朝鮮VS西側陣営の韓国。

② キューバ危機…米ソ対決には至らず。

③ ベトナム戦争…東側陣営の北ベトナムVS西側陣営の南ベトナム。

2 第三世界の台頭

第二次世界大戦後に独立し，米ソと一線を画(かく)す路線を選ぶ国々があった。この動向は，米ソ2極構造を揺さぶるものであった。

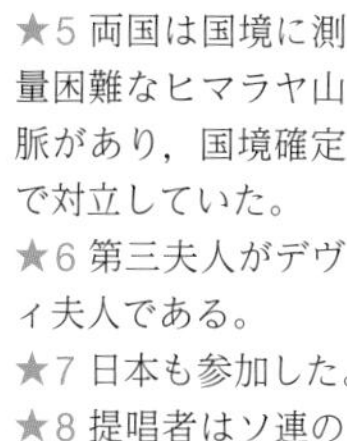
★5 両国は国境に測量困難なヒマラヤ山脈があり，国境確定で対立していた。
★6 第三夫人がデヴィ夫人である。
★7 日本も参加した。
★8 提唱者はソ連のフルシチョフ首相だった。

❶**平和5原則**　1954年，**中国の周恩来(しゅうおんらい)首相とインドのネルー首相**が会談し，**平和5原則**を発表した。

1 領土・主権の相互尊重(そうごそんちょう)(後に主権および領土保全の相互尊重)★5
2 相互不可侵(ふかしん)
3 相互の内政不干渉
4 平等互恵(ごけい)
5 平和共存

❷**平和10原則**　1955年，インドネシアのスカルノ大統領★6の呼びかけに応じて，同国のバンドンにアジア・アフリカの29か国★7が集まり，第1回アジア・アフリカ会議(バンドン会議)を開催，前年の平和5原則に5つ追加した平和10原則(バンドン10原則)を発表した。第2回以降の会議は開催されなかったが，その精神は非同盟諸国首脳会議に継承されている。

▲アジア・アフリカ会議

❸**アフリカの年**　1960年，アフリカで17か国が独立し，「アフリカの年」と呼ばれた。

同年に国連総会で植民地独立付与宣言★8が採択された。これは総会の決議であり，法的拘束(こうそく)力はない。しかし，総会決議は1国1票であり，小国でも団結すれば大国の意にそぐわない決定ができることを，世界に認識させるきっかけになった。

▲アフリカ諸国の独立

❹非同盟諸国首脳会議 1961年，ユーゴスラビア[★9]の首都ベオグラードで，第1回非同盟諸国首脳会議が開催され，米ソ双方に距離を置く**非同盟中立路線をとる**ことなどが表明された。

この会議は現在でも開催されているが，冷戦終了後は存在意義を失ったとする見方がある。

★9 チトー大統領は独自の自主管理社会主義を推進し，ソ連・東欧とは緊張関係にあった。

[第3世界の台頭]

1954年…周・ネルー会談→平和5原則。

1955年…アジア・アフリカ会議→平和10原則。

1960年…「アフリカの年」，植民地独立付与宣言。

3 多極化

東西両陣営内部での対立が表面化した。

❶西側の動き 核戦略をめぐる思惑の対立から，1966年に**フランスがNATO軍事機構から脱退**，米軍基地を撤去した[★10]。フランスは2009年にNATO軍事機構に復帰したが，今でも国内に米軍基地はない。

★10 NATO本部がパリからベルギーのブリュッセルに移転し，現在に至る。

また西ドイツや日本は，政治的にはアメリカと対立しなかったが，アメリカへの輸出が急増して経済摩擦が激しくなった。

❷東側の動き 社会主義路線をめぐる対立が激しくなり，1960年代に**中国とソ連の国境で小規模な軍事衝突**が発生した。それ以降の中国は，アメリカや日本へ接近する動きを見せた。

東欧では1956年にハンガリー，1968年にチェコスロバキアで民主化を求める動き[★11]が高まった。ハンガリーにはソ連が，チェコスロバキアにはワルシャワ条約機構軍が介入して，民主化を制圧した。

★11 チェコスロバキアの民主化運動は，「プラハの春」と呼ばれた。

[多極化]

① 西側…フランスがNATO軍事機構から脱退した。
日本・西ドイツとアメリカの経済摩擦が激化した。

② 東側…中国とソ連が国境で衝突した。
東欧の民主化をソ連が弾圧した。

3 | 冷戦の終結

1985年，ソ連でペレストロイカ(改革)★1・グラスノスチ(情報公開)・新思考外交★2を掲げるゴルバチョフ政権が誕生し，冷戦構造が一気に終焉を迎えることになった。

★1 複数政党制や外国資本の導入が進んだ。
★2 米ソ協調外交。

1 東欧革命

ゴルバチョフ政権が誕生してから，東欧では民主化が進んだ。これは，かつてのような介入・弾圧はないと予想して民主化運動が広がったからである。事実，ソ連の介入はなかった。

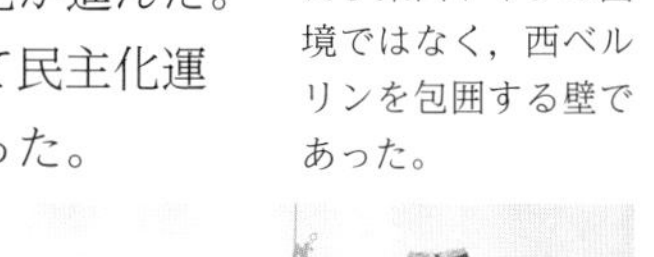
★3 東西ドイツの国境ではなく，西ベルリンを包囲する壁であった。

1989年，ポーランドに始まりハンガリー，東ドイツ，チェコスロバキア，ルーマニアなどで共産党の一党独裁体制が崩壊した。ベルリンの壁★3が崩壊したことは，それらを象徴するできごとだった。

1989年12月，**米ソ首脳会談**(ブッシュ－ゴルバチョフ)が地中海のマルタ島で行われ，**冷戦の終結が宣言された**。

▲ベルリンの壁の崩壊

2 ソ連の解体

1990年には**東ドイツを西ドイツが吸収する**形で，東西ドイツが統一した。

1991年にはソ連を構成していたバルト3国(リトアニア・ラトビア・エストニア)が，ソ連から独立した。この動きは他の構成国にも広がり，連邦維持が困難になった。12月，**ソ連は解体**され，旧ソ連構成国のうちバルト3国とグルジア(現ジョージア)を除く11共和国が，ゆるやかな経済協力連合である独立国家共同体(CIS)を結成した★4。これは単一国家ではない。

▲プーチン(左)とエリツィン(右)

旧ソ連の外交上の立場は，ロシア共和国が継承した。ロシアの初代大統領はエリツィン，2代目はプーチンである。

★4 その後，ウクライナが独立国家共同体から脱退した。

[冷戦の終結]

1989年…東欧民主化。

1990年…東西ドイツ統一。

1991年…ソ連解体。

3 民族紛争の激化

冷戦終結直後，平和の配当について語られることが増えた。これは軍縮で浮いた費用を，産業発展や社会保障に充てることができるという期待である。民族・宗教の対立を背景とする地域紛争は冷戦中から起きていたが，冷戦終結後に激化したケースが多く，平和の配当は実現しなかった。先進国の武器が，発展途上国へ大量に流入したことも一因である。

2022年にはロシアがウクライナへ侵攻するなど，国際情勢は一段と不安定になっている。

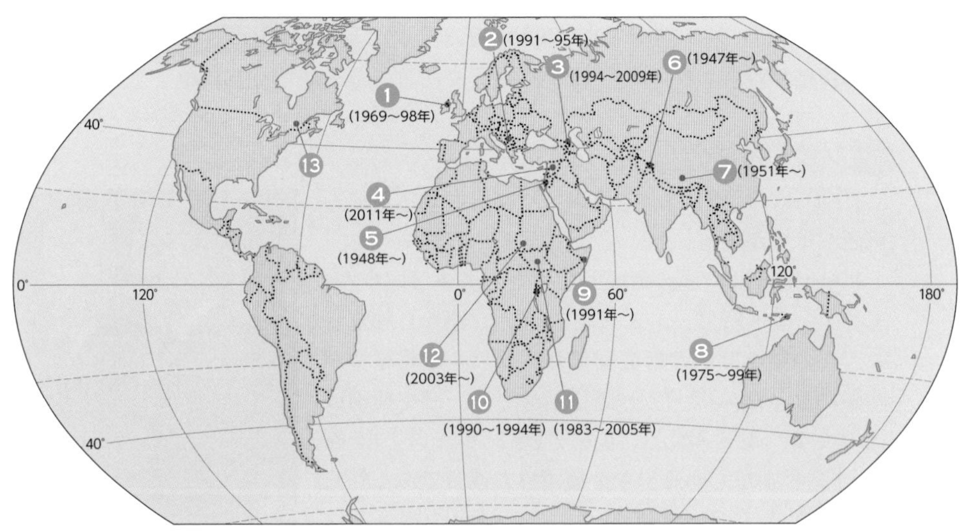

▲世界のおもな地域紛争

❶北アイルランド問題　イギリス領北アイルランド[★5]で，**イギリス残留を望む多数派のプロテスタント**と，**独立およびアイルランド共和国への編入を求める少数派のカトリック**との対立である。かつては双方の過激派によるテロの応酬が続いたが，1998年に和平が成立した。現在ではカトリック

★5 アイルランドがイギリスから独立した際に，北アイルランドだけがイギリスにとどまった。

側も，独立よりイギリス国内での地位向上を望む声が多数である。

❷ユーゴスラビアの解体　ソ連同様，ユーゴスラビア連邦も冷戦後に解体して6つの共和国に分かれた。

そのうちのひとつであるボスニア・ヘルツェゴビナでは**クロアチア人(カトリック教徒)・セルビア人(セルビア正教徒)・ムスリム(イスラーム教徒)の間で紛争**が激化した。1995年に和平が成立している。

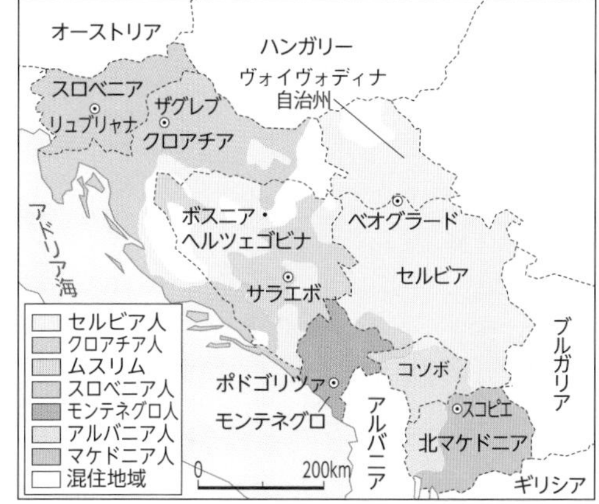

▲旧ユーゴスラビアの民族分布

またセルビア国内では，**アルバニア人が多数を占めるコソボ自治州が独立を求めた**が，セルビア政府は厳しく弾圧した。弾圧を制止するためのNATO軍による空爆(1999年)は，人道的介入[★6]と呼ばれた。2008年にコソボは独立を宣言したが，国連加盟は果たせていない。

★6 国連の同意なき空爆であった。

❸チェチェン共和国の独立運動　ロシアからの独立をめざすチェチェン共和国と，独立を認めないロシアとの戦争である。チェチェンはイスラーム教徒が多く，油田が豊富であり，宗教戦争・資源争奪戦の様相を呈している。帝政ロシアの時代から，チェチェンをめぐる民族紛争が絶えない[★7]。

▲前線に向かうチェチェン兵

❹シリア内戦　シリアでは独裁者**アサドが率いる政府軍と，反政府勢力との間で内戦**が続いている。ロシアとイランがアサド政権を，欧米が反政府勢力を支援して，代理戦争化した。その過程で化学兵器が使われ，多くの犠牲者を出している。反政府勢力にはクルド人[★8]勢力が含まれる。

★7 トルストイ『コーカサスの虜』に詳しい。

★8 国家を持たない最大の少数民族である。

❺パレスチナ問題　イスラエルは第二次世界大戦後，ユダヤ人がアラブ人を追い出す形で建国された。**追い出されたアラブ人がパレスチナ人であり，PLO(パレスチナ解放機構)**

を結成して，周囲のイスラーム国家とともに，イスラエルへ戦いを挑んだ。これが4度にわたる中東戦争である。

1993年にイスラエルとPLOは，ヨルダン川西岸地区とガザ地区★9にパレスチナ自治政府を置くことで合意した(オスロ合意)が，イスラエルはヨルダン川西岸地区にパレスチナ人を包囲する分離壁(ぶんりへき)を建設するなど，対立は続いている。

★9 両地区は第3次中東戦争で，イスラエルが占領した地域である。

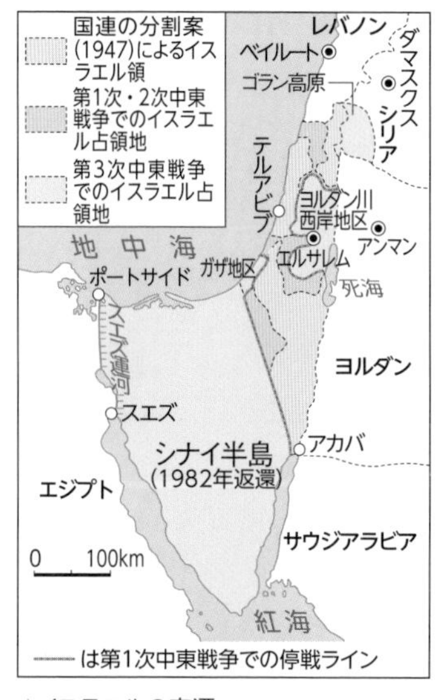

▲イスラエルの変遷

▲イスラエルが建設した分離壁

❻インド・パキスタン(印パ)戦争　1948年のインド・パキスタン分離独立以後，両国間の戦争は3度に及ぶ。**ヒンドゥー教徒が多いインドとイスラーム教徒が多数派のパキスタン**の戦争は，宗教紛争であるが，カシミール地方★10をめぐる領土紛争でもある。両国ともに核兵器を保有しており，その対立は核戦争に発展する危機をはらんでいる。

★10 一部はインドと中国が領有権を争っている。

❼チベット問題　1951年，中国はチベットを「解放する」として占領した。チベット仏教★11の指導者ダライ・ラマ14世はインドに亡命(ぼうめい)している。ダライ・ラマ自身は独立よりも高度な自治を求めているが，チベット人の中には完全独立を望む人も多い。現地では散発(さんぱつ)的に暴動が起きているが，中国政府が厳しく弾圧している。

★11 大乗(だいじょう)仏教の一派。

❽東ティモール分離独立運動　1975年に東ティモールはポルトガルから独立するが，インドネシアは独立を認めず，翌

年に侵攻・支配した。**インドネシアからの独立を求める**戦いが続き，1999年の住民投票で独立派が勝利，PKO★12による暫定統治の後，2002年に**東ティモール民主共和国**として独立を実現した。

★12 日本の自衛隊が参加した。

⑨**ソマリア内戦**　アフリカの角と呼ばれるソマリアでは，1991年から武装勢力間の内戦が激しくなり，無政府状態に陥った★13。PKOとして**UNOSOM(国連ソマリア活動)**が展開されたが，武装勢力を抑えることができずに撤退した。内戦で仕事を失った人々の一部が**海賊になって略奪行為をしている**。

★13 失敗国家あるいは破綻国家と呼ばれた。

⑩**ルワンダ内戦**　1962年までルワンダを支配したベルギーは，**少数派のツチ族**を優遇して**多数派のフツ族**を支配する政策を実施した。独立後に内戦が勃発し，その過程でフツ過激派によるツチおよびフツ穏健派への虐殺が生じた★14。1994年に内戦はようやく終わった。

★14 映画「ホテル・ルワンダ」でも描かれているが，PKOはこの虐殺を阻止できなかった。

⑪**スーダン内戦**　北部の**アラブ系住民(イスラーム教徒が多数)**と，南部の**アフリカ系住民(キリスト教あるいは土着宗教の信者が多数)**との紛争。1983年に政府がイスラーム法を導入したことに南部が反発し，内戦が始まった。2005年の和平合意を経て，2011年の住民投票を踏まえて南部が**南スーダン共和国**として独立した★15。

★15 同年に国連へ加盟した。

⑫**ダルフール紛争**　スーダン西部のダルフール地方では，**スーダン政府と政府に協力するアラブ系民兵組織が，反政府勢力を弾圧**していた。これに対する反政府勢力の武装闘争も激しくなり，死傷者や難民・国内避難民が急増した★16。2006年にダルフール和平合意が成立し，2007年にはダルフール国連・アフリカ連合(AU)合同ミッション(UNAMID)が設置された。

★16 国連は「世界最悪の人道危機」と形容した。

⑬**ケベック問題**　カナダの多数派は英語を母語とする人々であるが，**ケベック州はフランス語人口が多数**である。武装蜂起には至っていないが，何度か独立の是非を問う住民投票が実施され，僅差で独立派が敗北している。カナダ政府は英語・フランス語の両方を，公用語としている。

SECTION 2 軍縮の流れ

▶ 軍縮は各国指導者のリーダーシップに負うところが大きいが，国連やNGO(非政府組織)も大きな役割を果たしている。

1 | 冷戦期の軍縮

1 原水爆禁止運動

1954年3月，アメリカがマーシャル諸島ビキニ環礁(かんしょう)で実施した水爆実験で，日本漁船の第五福竜丸(ふくりゅうまる)が被曝(ひばく)して，船員の久保山愛吉(くぼやまあいきち)さんが急性白血病(はっけつびょう)で亡くなった。日本は広島・長崎の原爆に続いて，水爆でも世界で初めて死者を出したことになる。★1 これに対して東京都杉並区で始まった署名活動が，瞬(また)く間に全国，そして海外へ広がった。

▲原水爆禁止世界大会での平和行進

2 核軍縮条約

国際社会においては1963年に，部分的核実験禁止条約(PTBT)が採択された。これは**地下以外での核実験を禁止**する内容である。★2 1968年には核拡散防止条約(NPT)が採択された。5大国以外で，**新たに核兵器を保有する国が出現しない**ことをめざしている。核兵器非保有国は国際原子力機関(IAEA)の査察(ささつ)★3を受ける義務がある。

1972年には米ソ間で，**第1次戦略兵器制限条約(SALT(ソルト) I)**が締結された。この条約は**核弾頭(だんとう)の上限を定めるだけ**であり，**核兵器の削減には至らなかった**。第2次戦略兵器制限条約(SALT II)も，ソ連のアフガニスタン侵攻にアメリカが反発したため，**未発効に終わった**。

★1 日本映画「ゴジラ」の第1作は，水爆実験への抗議として制作された。

★2 当時は地下核実験施設を持たなかったフランス・中国が反発，条約に参加しなかった。

★3 査察を受けている先進国は，実は日本だけである。

POINT!

[核軍縮条約]

部分的核実験禁止条約(PTBT，1963年)…地下以外の核実験禁止。

核兵器拡散防止条約(NPT，1968年)…非保有国に査察義務。

第1次戦略兵器制限条約(SALT I，1972年)→核兵器は減らず。

第2次戦略兵器制限条約(SALT II，1979年)→発効せず。

2 冷戦後の軍縮

1987年，米ソはINF(中距離核戦力)全廃条約を締結した。★1 **史上初の核兵器削減**という画期的な内容であったが，2019年にアメリカのトランプ政権が条約離脱を表明して，条約そのものが失効した。

1991年に第1次戦略兵器削減条約(START I)が米ソ間で，1993年には第2次戦略兵器削減条約(START II)が米ロ間で締結された。1996年，すべての核爆発実験を禁止する包括的核実験禁止条約(CTBT)が採択されたが，発効する目処は立っていない。

1997年の対人地雷全面禁止条約と，2008年のクラスター爆弾禁止条約★2は，国連や各国政府ではなく**NGO(非政府組織)が主導した**という点で歴史的な条約である。

2017年には核兵器禁止条約が採択されたが，唯一の被爆国**日本は参加していない**。★3

▲INF全廃条約の調印を交わす
ソ連のゴルバチョフ書記長(左)とアメリカのレーガン大統領(右)

▼軍縮への動き

年	できごと
1945	広島と長崎に原爆投下
47	国連，通常軍縮会議
1950	ストックホルム・アピール
52	国連，軍縮委員会の設置
54	第五福竜丸が水爆実験で被曝
55	第1回原水爆禁止世界大会
57	第1回パグウォッシュ会議
1963	米英ソ，部分的核実験停止条約(PTBT)
67	米英ソ，宇宙空間平和利用条約
68	米英ソ，核拡散防止条約(NPT)
1971	海底軍事利用禁止条約
72	生物兵器禁止条約
〃	米ソ，戦略兵器制限条約(SALT I)
78	第1回国連軍縮特別総会
79	米ソ，SALT IIで合意
1982	米ソ，戦略兵器削減交渉(START)
85	南太平洋非核地帯条約
87	米ソ，INF(中距離核戦力)全廃条約
88	第3回国連軍縮特別総会
1990	欧州通常戦力(CFE)条約
91	米ソ，第1次戦略兵器削減条約(START I)
93	化学兵器禁止条約
〃	米ロ，第2次戦略兵器削減条約(START II)
96	国連，包括的核実験禁止条約(CTBT)
97	国連，対人地雷全面禁止条約
2008	クラスター爆弾禁止条約
10	米ロ，新戦略兵器削減条約(新START)
17	核兵器禁止条約(21年発効)

[冷戦末期から冷戦後の軍縮]

1987年…INF全廃条約で初の核削減。
1991年…米ソがSTART I締結。
1993年…米ロがSTART II締結(未発効)。
1997年…対人地雷全面禁止条約。
2008年…クラスター爆弾禁止条約。
2017年…核兵器禁止条約。

★1 廃棄を確実にするため，検証員の常駐査察を明記した。

★2 対人地雷とクラスター爆弾は，兵士より民間人の犠牲が多く「非人道的兵器」と呼ばれる。

★3 アメリカの「核の傘」に守ってもらっているという立場からの選択。

補説 **核抑止論**　核兵器の存在が戦争を防ぐという核抑止論は，第二次世界大戦終結直後から語られてきた。あまりにも破壊力が大きいため，先制攻撃で敵の核戦力を完全に破壊できるという確信がない限り(相手国から1発でも核ミサイルを撃ち込まれたら大損害を被るので)，核兵器は使用できないという論である。

たしかにキューバ危機など核戦争の瀬戸際まで行きながら，結局のところ戦争は回避された。それだけに核抑止論は，一定の説得力はある。

だが核兵器の小型化が進んだ現在，「破壊力が大きいため」使えないという論理は成り立たなくなっている。核兵器保有国のイスラエルをアラブ諸国が攻撃したり(中東戦争)，同じく核兵器保有国のイギリスに対してアルゼンチンが戦争を仕かけた(フォークランド紛争)という例もある。戦争回避は望ましいことだが，そこに核兵器の存在がどれほど有効だったのかは，慎重に検討する必要がある。

SECTION 3 日本の国際社会への復帰

▶ 第二次世界大戦で敗北した日本は，1951年のサンフランシスコ平和条約締結までは連合国の占領下に置かれた。独立後は国連中心主義・自由主義諸国との協調・アジアの一員としての立場を堅持，の3点を外交三原則として掲げている。

1 | 主権の回復

1951年，日本は連合国48か国とサンフランシスコ平和条約を結び，主権を回復した。日本政府が同時に日米安全保障条約に調印したことに反発した**ソ連，チェコスロバキア，ポーランドは平和条約への調印を拒否**した。★1 中国は中華人民共和国・中華民国(台湾)とも，会議に招待されていない。

奄美大島，小笠原諸島，沖縄は引き続き，アメリカの占領下に置かれた。奄美大島(鹿児島県)の日本復帰は1953年，小笠原諸島(東京都)の復帰は1968年，沖縄の復帰は1972年である。一部の島を切り捨てた上での「主権回復」であった。

★1 ソ連・中国を含めた東側諸国とも調印すべきだという全面講和論も，日本国内にあった。

[サンフランシスコ平和条約]

① 東側諸国とは締結していない。

② 奄美大島，小笠原諸島，沖縄の占領は続いた。

2 | 周辺諸国との関係

1 日ソ共同宣言と国連加盟

1956年，鳩山(はとやま)首相がソ連を訪問してブルガーニン首相と会談，日ソ共同宣言[★1]に調印した。この宣言には，両国が外交関係を回復することや，日本が国連に加盟することをソ連が支持すること，将来の平和条約締結時に，北方領土のうち歯舞(はぼまい)群島・色丹(しこたん)島をソ連が日本へ返還することなどが明記されている。

日ソ共同宣言を受けて，日本は**同年，国連へ加盟した**。

★1「宣言」とあるが，条約である。

2 日韓基本条約

1965年，日韓基本条約が結ばれた。朝鮮半島における分断国家のうち，日本は西側陣営の**韓国と国交を正常化**した。日本は「韓国のみが朝鮮半島における唯一(ゆいいつ)の合法政府である」と認めた。韓国は対日戦争賠償(ばいしょう)請求権の放棄(ほうき)という形で，これに応えた[★2]。

★2 その代わりに日本は，韓国への経済支援を強化した。

3 日中国交正常化と平和条約

❶日中共同声明　1972年の日中共同声明で，日本と**中華人民共和国との国交正常化**が実現した[★3]。日本は中華人民共和国が中国における唯一の合法政府であることを認め，中国は対日戦争賠償請求権を放棄した。中国の周恩来(しゅうおんらい)首相は，第一次世界大戦で連合国がドイツに巨額の賠償を求め，これがナチスの台頭につながったことを念頭に置いていた。

❷日中平和友好条約　当時の中国は，文化大革命[★4](1966～77年)という混乱から早く立ち直るために，日本との経済協力を望んでいた。日米貿易摩擦(まさつ)を抱える日本にとっても，巨大な中国市場(しじょう)は魅力であった。そういう思惑(おもわく)の合致(がっち)もあり，1978年に日中平和友好条約が調印された。

★3 同時に日本は，中華民国(台湾)と国交を断絶(だんぜつ)した。

★4 文化闘争・思想闘争の装(よそお)いをした権力闘争。山崎豊子(やまさきとよこ)『大地の子』に詳しいが，知識人迫害(はくがい)や伝統産業破壊などで，中国社会は大混乱に陥(おちい)った。

▲日中平和友好条約の批准(ひじゅん)書の交換
右端は日本の福田首相。左端は中国の鄧小平(とうしょうへい)副総理。

2
戦後世界政治

[日本と周辺諸国との条約]
1956年…日ソ共同宣言，日本の国連加盟。
1965年…日韓基本条約。
1972年…日中共同声明。
1978年…日中平和友好条約。

3 | 残された課題

1 ロシアとの平和条約

日本はサンフランシスコ平和条約で千島(ちしま)列島を放棄したが，いわゆる北方領土(歯舞群島・色丹島・国後(くなしり)島・択捉(えとろふ)島)は放棄した千島列島に含まれず，ソ連(現在はロシア)が不当に占拠している，というのが日本政府の立場である。[★1] 安倍政権は一時期，歯舞群島と色丹島の2島返還での条約実現を模索(もさく)したが，ロシアの立場は変わらなかった。今後も引き続き交渉が行われることになる。

★1 サンフランシスコ平和条約調印後，吉田首相は「北方領土は放棄した千島列島に含まれる」と国会で答弁している。

2 朝鮮民主主義人民共和国との国交樹立

朝鮮民主主義人民共和国(北朝鮮)を訪問した小泉首相が金正日(キムジョンイル)国防委員長と会談，日朝平壌(ピョンヤン)宣言に署名した。これは今後の国交正常化へ向けた交渉開始を定めたものであるが，依然として**朝鮮民主主義人民共和国と日本との間に正式な国交はない**。日本人拉致(らち)問題をめぐる対応や核兵器開発，ミサイル実験などが，交渉開始の妨げになっている。

▲知床(しれとこ)半島から見た国後(くなしり)島

3 領土問題

❶**北方領土**　**日本とロシア**がそれぞれ領有権を主張している。
❷**竹島(たけしま)**　島根県沖の竹島(韓国名は独島(トクト))は，**韓国が実効支配しているが**，日本が領有権を主張している。
❸**尖閣諸島(せんかく)**　沖縄県沖の尖閣諸島(中国名は釣魚島(ちょうぎょとう))は，日本が実効支配しているが，**中国が領有権を主張**している。

• CHAPTER

3 » 国際経済

まとめ

SECTION 1 国際経済の基礎 ☞p.274

□ 貿易理論

・**自由貿易論**…国際分業を行い，生産物を交換することを主張する。

{ 水平的分業…工業製品相互の分業。
 垂直的分業…工業製品と一次産品との分業。

・**保護貿易論**…国内産業を保護するために，関税や輸入制限などを設けることを主張する。

・**比較生産費説**…比較優位の商品に生産を特化するべきという，自由貿易の根拠となったリカードによる説。

□ 国際収支

・国際収支…経常(けいじょう)収支＋資本移転等収支－金融収支＋誤差脱漏(ごさだつろう)＝0

・**経常収支**…貿易・サービス収支＋第一次所得収支＋第二次所得収支

・**資本移転等収支**…資本財への無償(むしょう)資金協力などの資本移転。
→入ってくるお金が「受取り」，出ていくお金が「支払い」になる。

・**金融収支**…対内投資－対外投資
→入ってくる資産が「受取り」，出ていく資産が「支払い」になる。

□ 外国為替(かわせ)相場

・**固定為替相場制**…外国為替相場（為替レート）を一定範囲に抑える。

・**変動為替相場制**…外国為替相場を外国為替市場での需給(じゅきゅう)に委ねる。

・**為替相場変動の要因**

{ 日本の貿易黒字の拡大→円高(えんだか)。
 日本の金利の上昇→円高。
 日本のインフレの進行→円安。

・**為替相場変動の影響**…円高は日本の輸出に不利，輸入に有利。
（円安なら，この反対になる）

SECTION 2 戦後国際経済 ☞p.279

□ 戦間期の世界経済

・**ブロック経済**…ブロック内では低い関税，ブロック外では高い関税を設定する。

まとめ

□ IMF体制の成立と変容

・ブレトンウッズ協定…固定為替相場制。ドルが基軸通貨。金とドルとの交換を保証する→金ドル本位制の成立。

・**動揺と崩壊**…ドルへの国際的信任が低下した→ニクソン・ショック。

・**アメリカの国際収支悪化**…輸入増加，対外投資増加，ベトナム戦争が要因。

・スミソニアン協定…ドルを金，各国通貨に対して切り下げた。

・**変動為替相場制への移行**…1973年に主要国は変動為替相場制へ移行した。

・**キングストン合意**…変動為替相場制への移行を追認した。

・**SDR(特別引出権)**…SDRを対価として他国から外貨を引き出す権利。

□ GATTからWTOへ

・GATT(関税と貿易に関する一般協定)**の理念**…自由，無差別，多角。
→無差別原則の柱は最恵国待遇と内国民待遇。

・**GATTの多国間交渉**…ケネディ・ラウンド，東京ラウンド。
ウルグアイ・ラウンド→WTOへの移行を決定。

・**世界貿易機関(WTO)**…紛争処理機能が強化されたが，うまく機能しているとはいえない。

□ 国際金融問題

・**G5**…プラザ合意でドル安へ誘導した。

・**G7**…ルーブル合意でドル安にブレーキをかけた。

・**通貨危機対応**…IMFが緊急融資を行った。

・サブプライムローン…低所得者向け住宅ローンの破綻が，各国へ波及した。

・ヘッジファンド…短期間での高い運用益をめざす機関投資家。

SECTION

3 地域的経済統合 p.286

□ EU(欧州連合)

・**EUへの歩み**…ECSC + EEC + EURATOM = EC。マーストリヒト条約でEU創設。
共通通貨ユーロの発行。
→リスボン条約でEU大統領設置。
→2020年にイギリスが離脱。

□ **その他の地域的経済統合**

・EFTA（欧州自由貿易連合）…非EU4か国。

・AEC（ASEAN経済共同体）…ASEAN（東南アジア諸国連合）10か国。

・USMCA（アメリカ・メキシコ・カナダ協定）…NAFTAに代わる協定。

・MERCOSUR（南米南部共同市場）…南米4か国で発足。

・APEC（アジア太平洋経済協力）…アジア太平洋地域の緩やかな枠組み。

・RCEP（東アジア地域包括経済連携）…ASEANや日本など15か国。

・TPP（環太平洋パートナーシップ協定）…日本など11か国。

□ **日本とFTA（自由貿易協定）・EPA（経済連携協定）** 日本は最初にシンガポールとEPAを締結した。

④ 南北問題 ☞p.290

□ **南北問題の背景**

・交易条件…発展途上国のモノカルチャー経済構造で交易条件が悪化している。

□ **解決への取り組み**

・UNCTAD（国連貿易開発会議）…一般特恵関税の供与を求めた。

・NIEO（新国際経済秩序）樹立宣言…天然資源に対する恒久主権を主張した。

□ **発展途上国の低迷**

・南南問題…産油国，工業化に成功した国々と貧困にあえぐ後発発展途上国（LDC）との格差が拡大した。

・輸出指向型工業化政策…外資導入と輸出中心の工業化。

・累積債務問題…中南米で表面化した。

□ **新興国の台頭**

・BRICS…ブラジル，ロシア，インド，中国，南アフリカの5か国。

□ **日本の政府開発援助（ODA）** 金額は多いが，贈与比率が低い。

□ **民間レベルの取り組み**

・フェアトレード…公正貿易。

・マイクロクレジット（マイクロファイナンス）…無担保，少額の融資。

国際経済の基礎

▶ 一国の通貨・資産の出入りをまとめたものが国際収支である。国際収支はいくつかの項目に分かれるが，貿易はその中に占める比率が大きいだけでなく，国民生活へも深い影響を与える。国際収支はまた，外国為替(かわせ)相場にも影響されるし，反対に国際収支が外国為替相場を規定することもある。

1 | 貿易理論

1 自由貿易論

一国が必要とする財・サービスをすべて自国で賄(まかな)う**自給自足経済(アウタルキー)を否定**して，それぞれの国が国際分業を行い，得意とする生産物を交換(貿易)するのが，それぞれの国の利益になるという理論である。**政府は貿易に介入しない**ことを原則とする。

国際分業には，工業製品相互(そうご)の分業である水平的分業と，工業製品と一次産品[★1]との分業である垂直的分業とがある。**金額的には，水平的分業の方が大きい。**

★1 未加工の天然資源や農産物。

競争で勝つ自信がある**先進国が，自由貿易論を主張**するケースが多い。ただ農産物に関しては，先進国より発展途上国の一部が自由貿易に熱心な例がある。

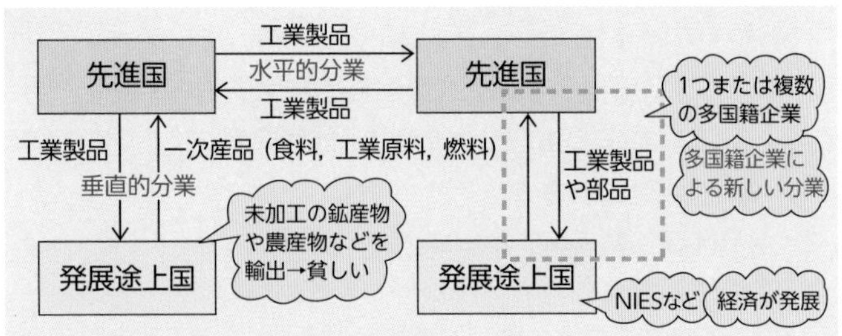

▲国際分業の形
従来からの垂直的分業と水平的分業のほかに，
近年では多国籍企業による新しい分業がみられる。

2 保護貿易論

競争力がつくまでは幼稚(ようち)産業[★2]を保護するために，輸入業者が自国政府に納める**関税の設定や輸入数量制限，輸出補助金など**で**政府が貿易に介入すべき**だという理論である。19世紀に当時の後進国(こうしんこく)ドイツを代表する経済学者リスト[★3]が主張した。

★2 将来はその国の基幹産業になりうるが，現在は競争力が弱い産業。

★3 リスト(1789~1846年)は各国の違いを重視する経済発展段階説を唱えた。

3 比較生産費説

イギリスの経済学者リカード★4が，自由貿易論の根拠とした説である。ブドウ酒・ラシャ(毛織物)ともに，ポルトガルはイギリスよりも労働生産性(労働者1人あたりが生む付加価値)が高い。だが，ポルトガル国内で見ると，1単位を生産するのに必要な労働力は，ブドウ酒の方がラシャより少ない。つまり生産費(賃金コスト)はブドウ酒の方が低い。イギリスの場合，生産費はラシャの方がブドウ酒よりも低い。**双方(そうほう)が生産費の低い商品に特化すれば生産量が増え，貿易することで両国にとって利益となる。**

★4 リカード(1772～1823年)は大陸からの穀物(こくもつ)輸入を制限していた穀物条例に反対し，廃止に追い込んだ。

▼比較生産費説

	ポルトガル	イギリス
ブドウ酒1単位	80人が必要	120人が必要
ラシャ1単位	90人が必要	100人が必要
合計人数	80人＋90人＝170人	120人＋100人＝220人
ブドウ酒に特化した場合	170÷80＝2.125単位	220÷120＝1.833単位
ラシャに特化した場合	170÷90＝1.888単位	220÷100＝2.2単位

これに対しては反論もある。この場合，より高価なラシャに特化したイギリスの方が得をする。また，この構図は完全雇用が達成されていること，両国の賃金が同じであること，国境を越えた労働力移動がないことを前提にしている。イギリスの国益のための学説に過ぎないと言われても仕方ない面がある。

［貿易理論］

①自由貿易論…政府は貿易に介入しない←｛根拠｝比較生産費説。
②保護貿易論…政府が貿易に介入する←｛根拠｝経済発展段階説。

3 国際経済

2｜国際収支

国際収支は国家間の経済取引の受け取りと支払いの差引(さしひ)きを，年間単位で記録したものである。受け取りが支払いを上回ると黒字，反対は赤字になる。

国際収支…経常(けいじょう)収支＋資本移転等収支－金融収支＋誤差脱漏(ごさだつろう)★1＝0

★1 等式を成立させるための調整値であり，深い意味はない。

1 経常収支=貿易・サービス収支+第一次所得収支+第二次所得収支

経常収支は貿易・サービス収支と，第一次，第二次所得収支の合計である。

❶貿易・サービス収支　財の輸出入を示す貿易収支と，輸送・旅行その他のサービス取引を示すサービス収支からなる。日本の場合，貿易赤字の年も珍しくなくなった。サービス収支は概ね赤字である。★2

❷第一次所得収支　賃金の受払である雇用者報酬と，利子・配当の受払である**投資収益**などからなる。★3 日本は対外投資が巨額であるため，受け取る利子・配当が膨大となり，**投資収益は黒字を維持**している。

❸第二次所得収支　**国際機関への拠出金や送金**などが計上される。日本に限らず，先進国は赤字になる。国連分担金や出稼ぎ労働者の本国への仕送りなどで，支払いが大きいからである。

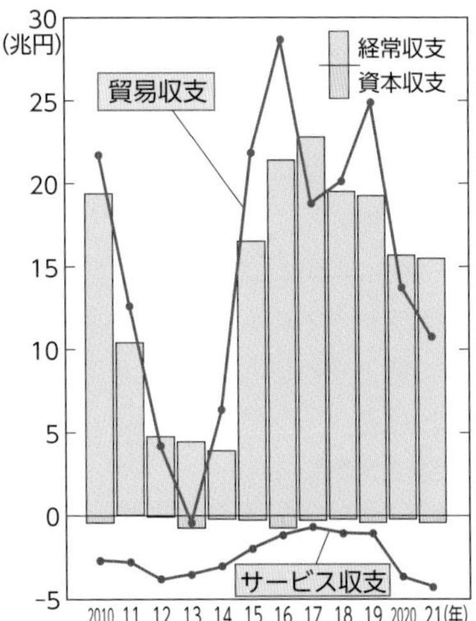

▲日本の経常収支と貿易収支の推移

★2 海外からの旅行者によるインバウンド効果で，サービス収支のうち旅行収支だけは黒字の年もある。

★3 鉱業権の使用料を示す「その他第一次所得収支」もある。

2 資本移転等収支

資本財への無償資金協力などの資本移転が計上される。先進国は援助されるよりも援助する側であるから，赤字になる。

3 金融収支

経営に関与する**直接投資**や，経営には関与しない**証券投資**などからなる。★4 証券投資は利子・配当や値上がり益のみを求める投資である。

国内から国外への投資を**対外投資**，国外から国内への投資を**対内投資**という。金融収支は，**お金ではなく資産の収支を計上**する。日本企業がアメリカ企業の株式を買った場合，購入金額は「日本の金融収支の受け取り」「アメリカの金融収支の支払い」となる。日本からお金は出ていくが，株式という資産が入るため，受け取りとして計上される。

★4 政府や中央銀行が保有する外貨準備の増減も，金融収支に含まれる。

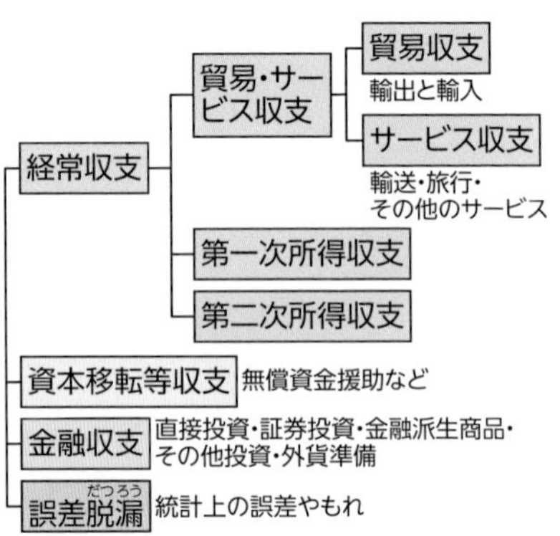

▲国際収支のしくみ

[国際収支]
① 経常収支・資本移転等収支…お金の受払。
② 金融収支…資産の受払。

3 | 外国為替相場

自国通貨と外国通貨の交換比率が外国為替相場(為替レート)である。交換される場所を外国為替市場という。特定の場所があるわけではないが，銀行間取引[★1]が中心で，相場もここで決まる。

▲外国為替のディーリングルーム

1 固定為替相場制と変動為替相場制

❶固定為替相場制　**外国為替相場を一定範囲に収めるよう，各国に義務付ける制度**である。この場合，相場安定のために売るための外貨を，各国は一定量保持しておく必要がある[★2]。

大きな相場変動がないので，安心して貿易や投資ができる。一方で現実の経済変化に対して，柔軟な対応ができにくいという問題がある。

❷変動為替相場制　**外国為替相場を外国為替市場での需給に委ねる制度**である。決まった変動幅がなく，理論的には無限に円高(円安)となる可能性がある。現実には市場機構が機能したり各国が介入したりするので，変動にも限度がある。

★1 インターバンク市場という。

★2 高度成長期前半の「国際収支の天井」の背景である。

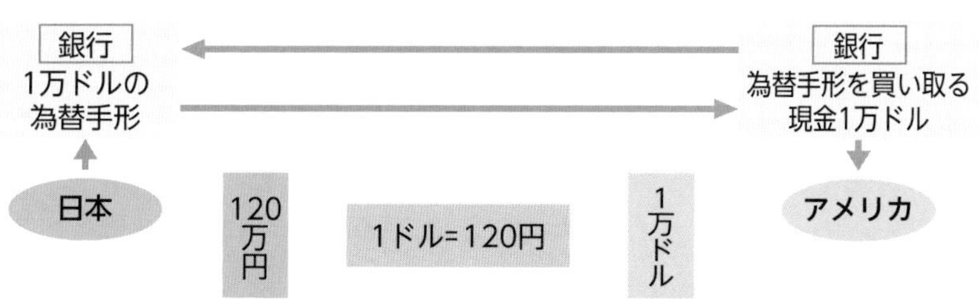

▲外国為替の仕組み

2 外国為替相場変動の影響

❶為替相場変動の要因 外国為替相場はある程度，需要と供給で決定される。[★3] **円が買われれば円高に，売られれば円安になりやすい。**

★3 外国為替市場は完全競争市場に近い。

1 **日本の貿易黒字の拡大** 日本の輸出企業が輸出代金を外貨で受け取った場合，外貨を売って円を買うので円高になる。受け取る輸出代金が円の場合，相手国の輸入業者が円を買っているということなので，やはり円高になる。

2 **日本の金利の上昇** 日本の預金金利や国債利回りが上昇すると，外国の投資家が日本への投資を増やそうとする。日本へ投資する円を買って外貨を売るので，円が買われて円高となる。

3 **日本のインフレの進行** 相対的に安価となった外国からの商品輸入が増える。輸入代金の支払いに必要な外貨を買うために円を売るので，円安となる。

❷為替相場変動の結果 例えば円高になった場合，以下のようなことが起きやすくなる(円安なら，この反対になる)。

1 **輸出の減少** 輸出で得た外貨を円に換えると，円高前よりも少ない円になる。

円高前と同じ円を得ようとすれば，販売価格を高くしてより多くの外貨を支払ってもらう必要がある。値上がりすれば売れ行きは落ちるので，**円高は日本の輸出には不利**である。[★4] 円高が1円進むと，利益が50億円失われる企業があるほどだ。

★4 品質や相手国の景気にもよるので，不利だから輸出が減るとは限らない。

より少ない円で外貨を買って輸入代金の支払いに充てることができるので，**円高は日本の輸入には追い風**となる。

2 **対外投資の増加** より少ない円で多くの外貨を購入できるので，外国の株式や債券をたくさん買えるようになる。日本からの外国旅行にも，円高は追い風となる。

外国が日本に投資をしようとすれば，同じ外貨で買うことができる円が少なくなるため，対内投資は減る。同様に，外国から日本への旅行には逆風となる。

▼為替相場の変動

	ドル高(円安)	円高(ドル安)
ドル対円	1ドル80円→100円	1ドル100円→80円
日本の輸出品の価格	安くなる	高くなる
アメリカへの輸出	増える	減る
日本の輸入品の価格	高くなる	安くなる
日本への輸入	減る	増える

[外国為替相場]
① 円が買われれば円高に，売られれば円安になりやすい。
② 円高は日本の輸出には不利に，輸入には有利に作用する。
③ 円安は日本の輸出には有利に，輸入には不利に作用する。

戦後国際経済

▶ ブロック経済で世界貿易が寸断された反省から，戦後国際経済は自由貿易の拡大を至上命題として出発した。それがIMF－GATT(ガット)体制である。だがIMFが目指した固定為替相場制は崩壊し，しばしば金融危機が発生するようになった。GATTの後身であるWTOも，十分に機能しているとは言い難い。

1｜戦間期の世界経済

1929年にアメリカで始まった大恐慌(きょうこう)は，一気に先進国へ広まった。この時期に各国は**金本位制を離脱**し，輸出増加・輸入抑制(よくせい)をめざして為替(かわせ)ダンピング★1に走った。さらにブロック経済で世界貿易が寸断され，ブロック内に豊かな資源がない**持たざるブロック(ドイツや日本)は，持てるブロック(イギリスやアメリカなど)を侵略**した。第二次世界大戦の始まりである。

★1 平価切り下げ競争。例えば日本は円(えん)安(やす)をめざして円を売り，アメリカはドル安を目指してドルを売った。

用語 **ブロック経済**　イギリスは1932年にオーストラリアやインドなどの植民地・旧植民地とスターリング・ブロックを形成した。**ブロック外の商品には高い関税を賦課(ふか)し，ブロック内では関税を低くする**という特恵(とっけい)関税制度を設定した。
　これにならってアメリカのドル・ブロック，フランスのフラン・ブロック，ドイツのマルク・ブロック，日本の日満支ブロックが相次いで形成された。

3 国際経済

2 | IMF体制の成立と変容

ブロック経済を排し，世界中を自由貿易で結びつけることが，第二次世界大戦への反省を踏まえた戦後国際経済の出発点であった。

1 ブレトンウッズ協定

1944年に結ばれたブレトンウッズ協定は**固定為替相場制の採用**(例えば1ドル＝360円)と，ドルを**基軸**(きじく)**通貨**(世界中で決済に使える通貨)とすることを定めた。後者を保証するために，**ドルのみが金と交換できる**こととした(金1オンス＝35ドル★1)。当時のアメリカは，世界最大の金保有国だったのである。

★1 金1オンスは約31グラム。

さらに，以下の2つの国際機関の設立が決まった。

❶IMF(国際通貨基金)　**固定為替相場制の維持と短期資金★2の融資**(ゆうし)を目的とする。もっとも，近年の融資は短期に限らなくなっている。

★2 短期と長期の違いは，返済期限が1年以内か1年を超えるかである。

❷IBRD(国際復興開発銀行★3)　**戦後復興と開発のため，長期資金の融資**を目的とする。日本はIBRDから融資を受けて，東海道新幹線を建設した。

★3「世界銀行」と呼ばれることがある。

▶IMF体制は金ドル本位制とも言うことができる。

▼第二次世界大戦前後の欧米諸国の金保有高

国名	1938年	1945年
イギリス	2,690	1,925
フランス	2,430	1,090
オランダ	998	270
オーストリア	88	0
イタリア	193	24
アメリカ	14,512	20,065

(百万ドル)

▲東海道新幹線の開業式

[IMF体制]

①固定為替相場制を採用した。(例)1ドル＝360円。

②ドルを基軸通貨とし，金との交換を保証した。

③IMF，IBRDを設立した。

2 IMF体制の動揺と崩壊

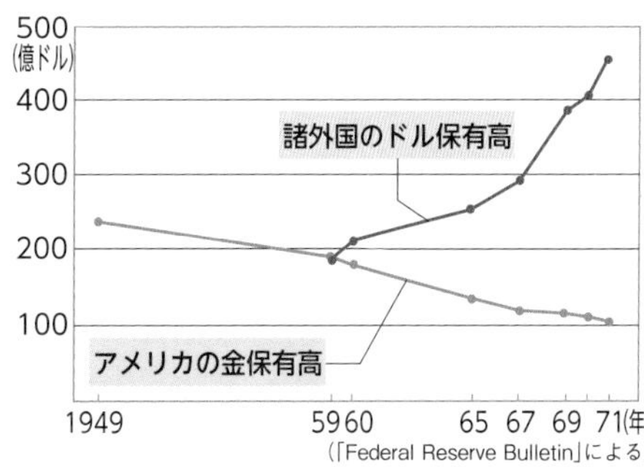

▲アメリカの金保有高と諸外国のドル保有高の変化

❶**ドル危機**　IMF体制においては，各国はいつでもアメリカにドルを持ち込んで金と交換できた。これはアメリカに膨大(ぼうだい)な金があることが前提であった。

ところが**アメリカの国際収支が悪化**し，アメリカ自身がドル不足になった。ドル危機である。当時は金と交換できる量のドル紙幣(しへい)しか印刷できないので，ドルが足りないからといってドル札を大量に印刷することができなかった。

❷**ニクソン・ショック(ドル・ショック)**　そこでアメリカは金を放出し，日本や欧州からドルを回収し始めた。するとアメリカの金保有高が減少するので，**ドルへの信任が揺らぐ**。各国は「アメリカの金がなくなる前に入手しておこう」とばかりに，ドルをアメリカに持ち込んで金と交換する。そうするとまた金が減る････という悪循環(じゅんかん)である。

ついに1971年8月，アメリカ大統領ニクソンは**金とドルとの交換停止**を発表した。★4 ニクソン・ショック(ドル・ショック)などと呼ばれたが，これで一時的に固定為替相場制が消滅した。

★4 同時に10%の輸入課徴金(かちょうきん)も設定された。

▲ニクソン大統領

補説　**アメリカの国際収支が悪化した理由**　1960年代にアメリカの国際収支が悪化した原因は，以下の３点に集約される。

①**日本・西ドイツの経済復興**　第二次世界大戦後しばらくは戦争の後遺症(こういしょう)で，多くの国は商品をアメリカからの輸入に頼っていた。だが1960年代になると西欧，特に西ドイツが目覚ましい経済復興を成し遂げた。日本も高度成長期後半に入る。日本や西ドイツの製品がアメリカ市場(しじょう)に参入し，**アメリカの輸入代金支払いが増加した。**

②**アメリカ企業の多国籍化**　アメリカでは1950年代から**企業の多国籍化**が始まったが，本格化したのは1960年代である。安価な労働力や資源，より大きな市場を求めて対外投資が増加した。**資本輸出**である。

③**ベトナム戦争**　冷戦下，共産主義への懸念(けねん)を強く持っていたアメリカは空爆だけでなく，ベトナムに地上軍を派兵した。泥沼(どろぬま)化したこの**戦争に膨大(ぼうだい)な戦費(せんぴ)を投入**したことで，国際収支の悪化を加速させた。

3 スミソニアン協定

1971年12月，10か国の代表がアメリカの首都ワシントンに集まり，スミソニアン協定を締結した。この協定では，ドルや金に対しても★5，各国通貨に対しても★6，**切り下げることが明記**された。相対的に低下したアメリカの経済力に合わせてドルの価値も引き下げ，新たなラインで固定為替相場制を維持しようとしたのである。

★5 金1オンス＝38ドルとなった。
★6 日本円は1ドル＝308円となった。

4 変動為替相場制への移行

スミソニアン協定発効後もアメリカからの金流出は止まず，ドルへの信頼は回復しなかった。1973年の2月から3月にかけて**主要国は相場維持のためのドル買いを放棄（ほうき）し，正式な合意がないまま次々と変動為替相場制へ移行**した★7。

1976年のキングストン合意で，**変動為替相場制の追認（ついにん）**，金の公定価格の廃止★8，**SDR(特別引出権（ひきだしけん）)の役割拡大**が決まった。

★7 発展途上国の一部はその後しばらく，ドルとのみ固定為替相場制を維持した(ドル・ペッグ制)。

★8 金は貴金属の一つとなり，決済機能が失われた。

用語 **SDR**　SDR(特別引出権)は1969年に創設された。IMF加盟国には拠出金（きょしゅつきん）に応じて，予め（あらかじめ）SDRを配分する。国際収支が悪化した加盟国は，**SDRを対価として他の加盟国から外貨を引き出す**ことができる。**第三の通貨**と呼ばれるが，現実の通貨ではない。キングストン合意で決済機能がなくなった金に代わる存在である。

SDRで引出すことができるのは，**米ドル・ユーロ・ポンド・円・人民元（じんみんげん）**である。

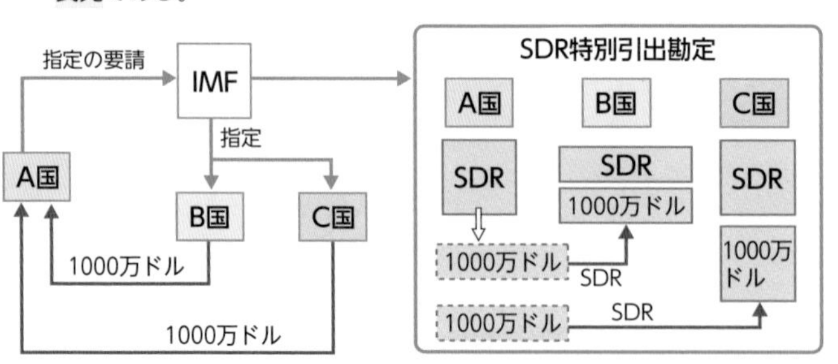

▲SDRの仕組み
A国が外貨2000万ドルを取得するために，SDRの使用をIMFに要請した場合，IMFはA国のSDRを対価として外貨を提供すべき国を指定する。指定されたB国，C国はSDRを受け取り，外貨を提供する。

POINT!
IMF体制…アメリカの国際収支の悪化を背景に，維持できなくなった。
→主要国は変動為替相場制へ移行し，SDRの役割が拡大した。

3 | GATTからWTOへ

1 GATT(ガット)の理念

ブレトンウッズ会議では，自由貿易を推進するための常設国際機関であるITO(国際貿易機関)の設立が協議されたが，各国の利害が対立して実現しなかった。将来，国際機関が設立されるまでの「つなぎ」として1947年に調印された多国間協定がGATT(関税と貿易に関する一般協定)である。

GATTの基本原則は自由・無差別・多角[★1]である。無差別の原則は最恵国待遇(さいけいこくたいぐう)と内国民待遇を柱とする。

❶**最恵国待遇** **ある国に与えた最も有利な条件は，他の加盟国にもすみやかに与えなければならない**という原則。特定の国をえこひいきしてはならないということである[★2]。

❷**内国民待遇** 自国内での事業活動に関して，**自国民・自国企業に与える待遇と同等の待遇を，他国民・他国企業にも与える**という原則である。同じワインなのに，輸入品にのみ厳しい品質(ひんしつ)検査を課すということは許されない[★3]。

★1 これは現在のWTO(世界貿易機関)にも継承された。

★2 発展途上国を優遇(ゆうぐう)する特恵(とっけい)関税制度は，例外的に認められる。

★3 公共工事で自国企業から一定割合の製品を調達することは，例外的に認められる。

2 GATTの多国間交渉

GATT加盟国はラウンドと呼ばれる他国間交渉を，何度か開催した。

❶**ケネディ・ラウンド(1964～67年)** それまでの協議は，品目ごとに関税の引下げを話し合ってきた。ケネディ・ラウンドでは**関税の一括引下げ**が協議され，最終的に35%という大幅な引下げが実現した。

❷**東京ラウンド(1973～79年)** さらなる関税の引下げで合意したほか，輸入数量制限や輸入課徴金(かちょうきん)などの非関税障壁[★4]の軽減についても協議された。

❸**ウルグアイ・ラウンド(1986～94年)** それまでのラウンドは工業製品のみが協議対象であったが，ウルグアイ・ラウンドでは初めてサービス[★5]や知的財産権[★6]，農産物[★7]がテーマとなった。このラウンドで，**GATTを世界貿易機関(WTO)へ発展的に解消させる**ことが決まった。

★4 関税以外のすべての輸入障壁をさすが，共通の明確な定義はない。

★5 旅行や保険など。

★6 特許権や著作権など。

★7 日本の米市場(こめしじょう)の開放が決まった。

▼GATT(ガット)とWTOの比較

比較の観点	GATT	WTO
パネル報告や対抗措置の承認方式	全会一致の承認が必要なコンセンサス方式	1国でも支持すれば承認されるネガティブ・コンセンサス方式
対抗(制裁)措置の対象	モノの分野に限る	モノ・サービス・知的財産権の3分野なら異分野への制裁可能
再審制度	なし	あり
提訴～対抗措置，承認期間	明確な期限がなかった	標準28か月，最長約35か月

[GATTの多国間交渉]

① ケネディ・ラウンド…関税の一括引下げ。
② 東京ラウンド…非関税障壁の軽減。
③ ウルグアイ・ラウンド…サービス・知的財産権・農産物もテーマ。

3 世界貿易機関(WTO)

1995年に正式な国際機関として発足(ほっそく)した。**紛争処理機能が強化されたが**，加盟国が増加した[★8]こともあり，強化されたはずの機能が機能していないという状態が続いている。2001年にドーハ・ラウンド(ドーハ開発アジェンダ)の開始が宣言されたが，20年以上経ても一部の合意にとどまっている。

★8 2001年に中国が，2012年にロシアが加盟した。

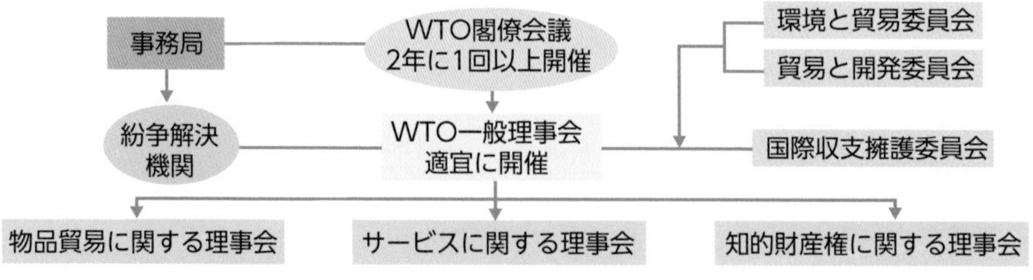

▲WTO(世界貿易機関)の機構

4 国際金融問題

1 G5とG7

❶**プラザ合意** 1985年，G5(アメリカ・イギリス・フランス・西ドイツ・日本)の財務相・中央銀行総裁(そうさい)会議で，**ドル高(だか)を是正(ぜせい)するために，協調介入**することが決まった。

❷ルーブル合意　1987年，G7(G5＋イタリア・カナダ)の財務相・中央銀行総裁会議で，**ドル安**(やす)**にいったんブレーキをかける**[★1]ことで合意した。

★1 背景には，アメリカでインフレの懸(け)念(ねん)が強まったことがある。

[協調介入]

① プラザ合意…G5がドル高を是正した。

② ルーブル合意…G7がドル安にブレーキをかけた。

2 通貨危機対応

❶IMFの緊急融資(ゆうし)　1994年のメキシコ通貨危機，1997年のアジア通貨危機[★2]，1998年のロシア通貨危機に際して，**IMF(国際通貨基金)が緊急融資**を行った。だが融資の条件として財政健全化(社会保障費や公務員数の削減など)を求めたため，反発して融資を拒否した国[★3]もあった。

★2 タイの通貨バーツが暴落したことが契機となった。

★3 シンガポールやマレーシアがそうである。

❷欧州金融危機　2010年から2011年にかけて，EU(欧州連合)のギリシャ・アイルランド・ポルトガルなどが財政破綻(はたん)の危機に瀕(ひん)した。このときIMFはECB(欧州中央銀行)とともに，**緊急融資**を行った。

3 サブプライムローン

2007年に表面化したアメリカのサブプライムローン[★4]の不良債権(さいけん)化は翌年，アメリカの大手投資銀行**リーマン・ブラザーズの破綻**に象徴(しょうちょう)される世界金融危機をもたらした。G7だけでは対応できず，中国やインドなどを含む**G20金融サミット**が開催された。

★4 低所得者向け住宅ローン。

▲金融危機の結果，売りに出された住宅

4 ヘッジファンド

金融危機にはヘッジファンドが関与していることが多い。ヘッジファンドとは，顧客の資金を運用して**短期間で高額の運用益をめざす**機関投資家である。本拠地を法人税率が低いタックス・ヘイブン(租税(そぜい)回避地)に置くことが多い。

ヘッジファンドが国境を越えて膨大(ぼうだい)な資金を移動させることで，経済危機もすぐに国境を越えて広がるようになっている。

地域的経済統合

▶ 国際分業に参加する国が増加すれば，利害対立も大規模化・複雑化する。GATT（ガット）やWTOといった国際的な枠組（わくぐ）みの中では，解決に時間がかかる問題も増えてくる。そのため合意できる国だけで協定を結び，その中で自由貿易を進めることをめざすのが地域的経済統合である。経済の枠を超えて友好関係につながることがあるが，戦前のブロック経済の復活につながることを警戒する声も多い。

1 | EU（欧州連合）

1 EUへの歩み

❶**EC（欧州共同体）の発足（ほっそく）**　1952年に西欧6か国★1がECSC（欧州石炭鉄鋼共同体）を設立，1958年にはローマ条約に基づいて，同じ6か国がEEC（欧州経済共同体）・EURATOM（ユーラトム）（欧州原子力共同体）を設立した。1967年には，この3機関を統合する形でEC（欧州共同体）が発足した★2。

ECは1968年，**域内では関税を撤廃（てっぱい）して域外に対しては共通関税を設定**する**関税同盟**を締結した。1992年末までに域内の非関税障壁も撤廃して，**ヒト・モノ・カネの自由な移動を保障**する**市場（しじょう）統合**を実現した。

★1 フランス・西ドイツ・イタリア・ベルギー・オランダ・ルクセンブルク。

★2 イギリスの加盟はその後，1973年である。

❷**ECからEUへ**　1992年に調印されたマーストリヒト条約（欧州連合条約）によって，翌年にEU（欧州連合）が発足した。1999年にはイギリスやデンマークなどを除く11か国で共通通貨ユーロが導入された★3。ユーロを発行するのは，ドイツにあるECB（欧州中央銀行）である。

★3 ユーロ紙幣（しへい）とユーロ硬貨が国民の日常生活で使用されるようになったのは，2002年以降である。

▲ユーロ紙幣

2 EUの発展

2009年にリスボン条約が発効したことで，新たにEU大統領（欧州理事会常任議長）のポストが設置された。**欧州議会**[★4]や欧州司法裁判所などとともに，政治統合への第一歩である。だが一部の加盟国が財政危機に陥(おちい)ったり，国民投票を経て**2020年1月**に，**イギリスがEUを離脱**したりという動きもあり，今後の歩みは平坦(へいたん)とは言えない。

★4 国民の直接選挙で選ばれる。

▼EU（欧州連合）の成立まで

年	共同体
1952	ECSC（欧州石炭鉄鋼共同体） European Coal and Steel Community。
1958	EEC（欧州経済共同体）。 European Economic Community。
1958	EURATOM（欧州原子力共同体） European Atomic Energy Community。
1967	EC（欧州共同体）。 European Community。
1993	EU（欧州連合） European Union。

▲EUの旗
深い青色の地に12の黄色の星を配する。

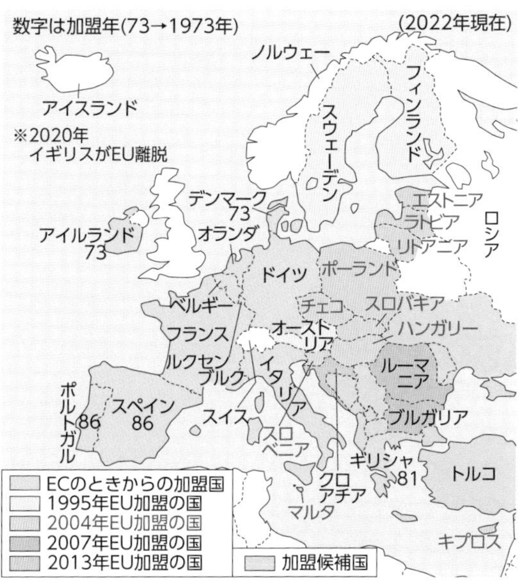

▲ヨーロッパ諸国とEUの加盟国

▲イギリスのEU脱退が決まった瞬間

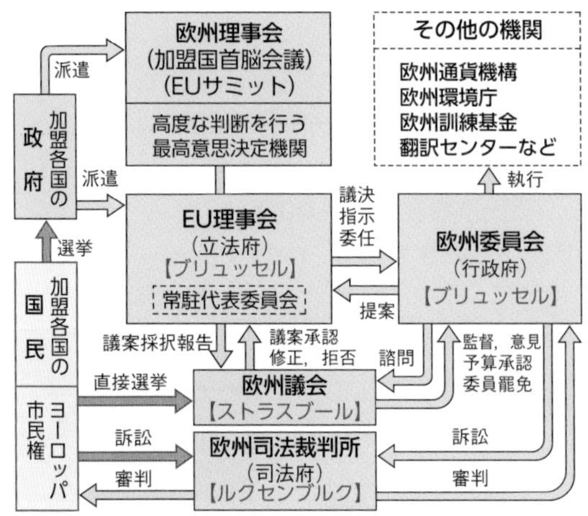

▲EUのおもな機関

▲欧州議会ビル（ストラスブール）

2｜その他の地域的経済統合

1 EFTA（欧州自由貿易連合）

1960年，イギリスがEECへの対抗措置として結成した。[★1]現在はスイス・ノルウェー・アイスランド・リヒテンシュタインの4か国が加盟している。スイス以外の3か国は，EUとEEA（欧州経済領域）を形成している。

★1 当初はイギリスを含む7か国で発足した。

★2 当初は反共産主義を掲げる政治同盟であった。

2 AEC（ASEAN経済共同体）

1967年に発足したASEAN（東南アジア諸国連合[★2]）の10か国は，1992年にAFTA（ASEAN自由貿易地域）を形成した。そして2015年，AEC（ASEAN経済共同体）を発足させている。

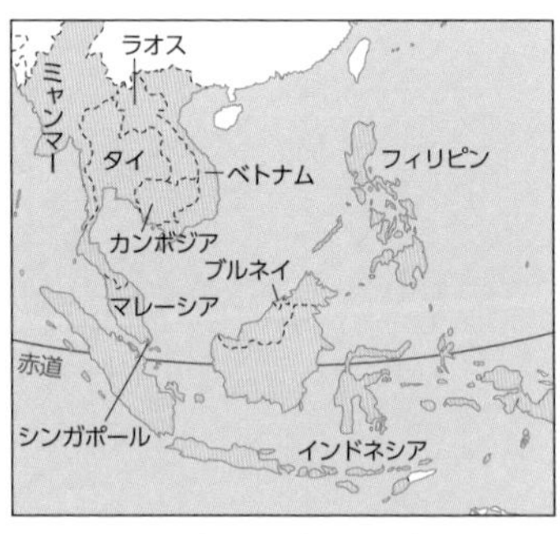

▲ASEANの加盟国（10か国）

3 USMCA（アメリカ・メキシコ・カナダ協定）

アメリカ・メキシコ・カナダは1994年に，NAFTA（北米自由貿易協定）を締結した。だがアメリカのトランプ政権が自由貿易推進に難色を示したため2020年，**NAFTAに代わる協定**としてUSMCA（アメリカ・メキシコ・カナダ協定）が発効した。かつてのNAFTAに比べれば保護貿易色が強くなっている。[★3]

★3 輸入数量制限を認めている。

4 MERCOSUR(南米南部共同市場)

1995年にブラジル・アルゼンチン・ウルグアイ・パラグアイの4か国の関税同盟として発足した。その後ベネズエラ・ボリビアが加盟したが，ベネズエラは2016年に資格停止処分を受けている。

▲MERCOSURの加盟国

5 APEC(アジア太平洋経済協力)

1989年，**オーストラリアのホーク首相が提唱**して創設された。貿易・投資の自由化と，経済・技術協力を2本柱として経済協力を進めている。日本を含む**環太平洋地域の21か国・地域が参加**している。

6 RCEP(東アジア地域包括的経済連携)

2020年，**日本を含む15か国**が署名し，2022年1月に発効した。世界人口とGDPの約3割を占める巨大経済圏である。日本としては，最大の貿易相手国である中国，第3位の韓国と結ぶ初めての自由貿易協定である。

補説 **TPP(環太平洋パートナーシップ協定)　環太平洋の国々で関税撤廃や，投資の自由化を推進する協定。**本来はアメリカが中国封じ込めのために拡大をめざしてきたが，トランプ政権になってから「自国ファースト」を掲げて離脱した。だが日本を含む残りの11か国が調印し，2018年に**TPP11として発効**した[★4]。2021年には，中国が加盟申請している。

★4 日本政府は日本におけるTPPの経済効果を，2.7兆円としている。だが，関税撤廃によって第1次産業や食品産業が受ける損害などを差し引くと，経済効果はもっと少ないか，場合によってはマイナスになることも考えられる。

3 | 日本とFTA(自由貿易協定)・EPA(経済連携協定)

2002年，日本はシンガポールとEPA(経済連携協定)を締結し，その後もメキシコやスイス，ASEAN，EU，イギリスなどとEPAを締結した。これに基づいて看護師・介護福祉士候補が来日している[★1]。

FTA(自由貿易協定)は特定の国や地域との間で，**財・サービス貿易の自由化**を進める協定である。EPAはそれに加えて**投資や労働力移動の自由化，経済ルールの共通化**を進める，より幅広い関係強化をめざすものである。

★1 日本で国家試験に合格しなければ，看護師・介護福祉士業務はできない。

南北問題

いつ，どこに生まれるか，私たちは自分の意志で決定することはできない。生まれたときから貧困(ひんこん)を強制される多数の人々がいることは，正義に反する。これについてはロールズやシュヴァイツァーら，多くの先人が思索(しさく)し，実践してきた。ここでは国際経済の枠組みを通して，現状を知る手がかりをつかんでおこう。

1 | 南北問題の背景

1 モノカルチャー経済構造

北半球に多い先進国と南半球に多い発展途上国との経済格差を，南北問題[★1]という。

背景にあるのは，モノカルチャー経済構造(少数の一次産品の生産・輸出に依存した発展途上国の経済構造[★2])である。一次産品は交易条件が悪化しがちであり，発展途上国の経済発展を阻(はば)む要因となっている。

★1 この言葉を最初に用いたのはIBRD総裁(そうさい)のオリバー・フランクスである。

★2 植民地時代に宗主国(そうしゅこく)から強制された名残(なご)りという面がある。

2 交易条件

交易条件とは，**輸出価格指数を輸入価格指数で割ったもの**である。商品1単位を輸出することにより，何単位の輸入が可能であるかを示す。自国の輸出品が輸入品よりも高価であれば，交易条件は良いということになる。

石油危機のような例外はあるが，概(がい)して**一次産品は割安(わりやす)**である。発展途上国は安価な一次産品を輸出して高価な工業製品を輸入するので，多くの場合，**貿易収支は慢性的に赤字**である。すべてを自給自足できない以上，貿易をやめることはできない。貿易をすれば赤字になるという，脱出困難な構造がある。

先進国の代替品開発は，一次産品の価格低迷に拍車(はくしゃ)をかけている。例えば，農産物由来の製品である砂糖に代わって人工甘味料(かんみりょう)が普及すると，需要(じゅよう)が減った砂糖の価格が下がり，その原料であるサトウキビの輸出に依存していた国の交易条件も悪化することになる。

補説 **貧困と児童労働** 人口が多いから貧しい，というのは必ずしも正しくない。多くの発展途上国においては，**子どもは貴重な労働力**である。子どもがたくさん産まれたから貧しいのではなく，貧しいから子どもをたくさん産むという要素が大きい。インドでは大人の失業者が約6000万人だが，同時に1000万人を超える子どもが児童労働に従事させられている。個々の家庭では，貧しいから子どもを働かせている。その限りでは，貧困が原因で児童労働は結果である。だが働くこどもが全員就学して，その分を大人が働けば失業者はそれだけ減少する。国全体で見れば，児童労働が原因で結果として貧困になっているのである。

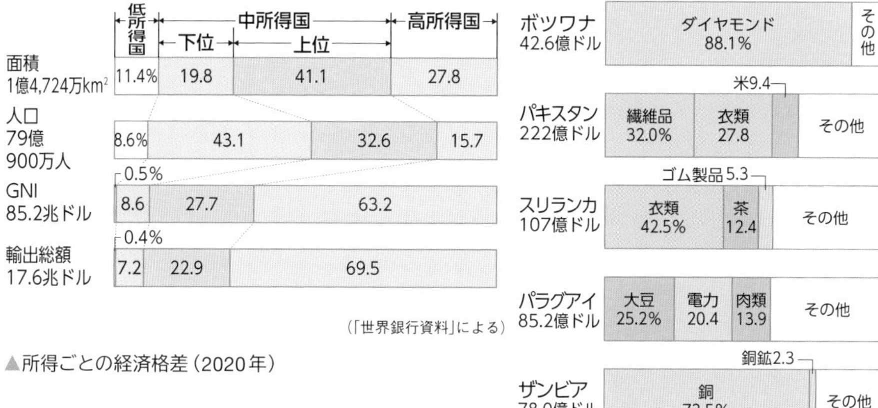

▲所得ごとの経済格差（2020年）

▶発展途上国の輸出構造（2020年）

［南北問題の背景］

モノカルチャー経済…交易条件が悪化しやすい。

2｜解決への取り組み

1 UNCTAD（国連貿易開発会議）

1964年，国連にUNCTAD（国連貿易開発会議）が設立された。[★1]第1回総会に提出されたプレビッシュ報告は「援助よりも貿易を」[★2]というスローガンを掲げ，一次産品の価格安定や，発展途上国を優遇する一般特恵関税などを要求した。

UNCTADの提言を受けてUNDP（国連開発計画）やWFP

◀国連による食料生産の援助（コロンビア）

★1 会議という名称ではあるが，常設の国際機関である。

★2 援助の拒否ではないが，発展途上国に配慮した援助をより重視する。

3 国際経済

(世界食糧計画)などの国際機関が，発展途上国支援を実施している。

2 NIEO(新国際経済秩序)樹立宣言

1974年の国連資源特別総会で，NIEO(新国際経済秩序)樹立宣言が採択された。資源ナショナリズムの台頭[★3]が，背景にある。資源ナショナリズムとは，自国の**天然資源に対する恒久主権**[★4]を主張し，これを妨げる先進国の**多国籍企業を規制，場合によっては国有化**してしまうことを正当化する理念であった。

★3 資源ナショナリズムが強力に作用した結果が，第1次石油危機であった。

★4 ここでの主権は「統治権」「支配権」という意味である。

3 発展途上国の低迷

1 南南問題

発展途上国の間で格差が拡大したのが，南南問題である。巨額のオイルマネー[★1]で潤う産油国や，**輸出指向型工業化政策で成功**したアジアNIES(韓国・香港・台湾・シンガポール)は，貧困層を抱えるものの全体としては豊かになった。

★1 原油価格の引上げで得た収益。

★2 サハラ砂漠以南のアフリカ。

一方で**南アジアやアフリカのサブ・サハラ**[★2]には，国全体が貧しいままの後発発展途上国(LDC)が多数存在する。国連の経済社会理事会は2022年現在，エチオピアやアフガニスタンなど46か国をLDCと認定している。

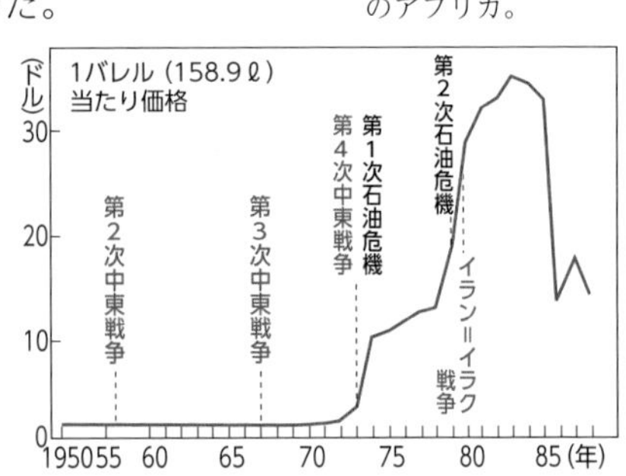

▲石油価格の変化のグラフ
石油危機などが起こると，石油価格が上昇する。

WHO(世界保健機関)が2021年に発表した報告書によれば，LDCの国々では8秒に1人のペースで，安全な水を利用できずに子どもが死亡している。これは戦争・内戦で死亡する子どもの数を上回っている。

補説 **輸出指向型工業化政策**　産油国と異なり，アジアNIESの国・地域は天然資源に恵まれていない。そのため資源以外の手段で，外貨を稼ぐ必要があった。手段は2つである。

1つが安価な労働力を生かして競争力のある工業製品を**先進国向けに生産し，輸出する**ことである。輸出で得た外貨で機械類を輸入し，重化学工業化を進めた。

もう1つが**積極的な外国資本の導入**である。外資との競争に敗れた国内企業は経営が悪化し，倒産して失業者を生み出すところもあった。だがそうした国内の不満は，開発独裁という政治体制で弾圧された。

［南南問題］
①豊かになった→産油国，アジアNIES。
②貧しいまま→LDC(南アジアやサハラ以南のアフリカ諸国)。

2 累積債務問題

1980年代になると，先進国の政府や銀行から融資を受けた**中南米諸国がデフォルト(債務不履行)に陥るなど，累積債務問題が顕在化**した。輸出して稼いだ外貨での債務返済を計画していたが，石油危機で世界的な景気後退が起き，中南米諸国の輸出は伸び悩んだ。また，産油国から預金されたオイルマネー★3の融資先を探していた先進国の銀行が中南米諸国に対して，強引に貸し付けたり，この時期にアメリカのレーガン政権が**高金利政策**をとったりしたことも響いた。債務国の中には元本どころか，利子さえ返済できない国が出てきたのである。

★3 オイルダラーと呼ばれた。

［累積債務問題の背景］
①世界的な景気後退。
②先進国の銀行によるオイルマネーの強引な貸付。
③アメリカの高金利政策。

4 新興国の台頭

豊富な資源や人口，広大な国土を武器に急速な経済成長を遂げているのが，**BRICS(ブラジル・ロシア・インド・中国・南アフリカ)**5か国である。先行したアジアNIESに倣い，外国資本の導入を進めた。この5か国は共同で**BRICS開発銀行**を創設するなど，協調体制をとっている。

それぞれの国では，**国内格差**が深刻である。IT長者として巨額の富を得た富裕層と，スラム街で最低生活を送ることさえ難しい貧困層との断絶は，依然として大きい。また中国の少子高齢化やインド国内の宗教対立★1など，各国は難題を抱えている。

★1 多数派のヒンドゥー教徒と少数派のイスラーム教徒，仏教徒などとの対立がある。

▲スラム街の子どもたち（南アフリカ）

5｜日本の政府開発援助(ODA)

1 ODAの定義

開発援助委員会(DAC)[★1]は政府開発援助(ODA)の定義を，以下の3点にまとめている。

❶政府または政府関連機関によって供与される。民間企業の援助は含まれない。

❷発展途上国の経済発展と福祉の向上を目的とする。軍事援助は含まれない。

❸グラントエレメント(返済の義務がない贈与にどれだけ近いかを示す指標)が25%以上である。

★1 OECD(経済協力開発機構)の下部組織。

2 日本のODA

日本のODAは金額で上位であるが，国際目標である**対GNI(国民総所得)比0.7%には達していない**。また，**贈与比率は低く**，政府間融資である借款が多い[★2]。

供与先は**アジア向けが多い**が，これは戦後賠償を放棄してもらった代わり，という面がある。近年は豊富な地下資源を念頭に，アフリカ向け援助を増やしている。

★2 大半は円借款なので，相手国は日本製品の輸入に使うことが多い。

上位6か国	金額(億ドル)	GNI比(%)
アメリカ	418.7	0.18
ドイツ	314.9	0.72
フランス	167.0	0.56
イギリス	163.8	0.52
日本	157.5	0.21
カナダ	62.3	0.52

▲DAC加盟国のODA(政府開発援助)実績(2021年)

(「日本国勢図会」による)

3 今後の課題

BHN(ベーシック・ヒューマン・ニーズ，Basic Human Needs)という言葉がある。日本では「基礎的人間要請」と訳されることが多いが，衣食住や医療・保健，教育など，**人間として最低限必要とされる要求**をさす[★3]。

援助の基本は，BHNを満たすことである。だが日本のODAは**大規模プロジェクト向けが多く**，日本の製造業・建設業が参加して利益を得ることが少なくない。大規模な高度医療研究施設や大型発電所も必要だが，初等教育施設や保健所，上下水道などの整備にも，資金や人材を注ぐことが望ましい。

★3 IBRD(国際復興開発銀行)は，BHNが満たされていない人々が最も多い地域を南アジアだとしている。

補説 **開発協力大綱**　2003年に改訂された日本のODA大綱は，日本の**国益重視**の姿勢を明らかにしている。税金が投入される以上は当然だとする声がある一方で，あまりにも本音がむきだしで品格に欠けるという指摘もある。

2015年に策定された開発協力大綱では，それまで回避してきた他国軍への支援を，災害救助など**非軍事部門に限定**して解禁することを打ち出した。とはいえ，トラックは救援物資も爆弾も運ぶことができる。援助が軍事目的に使われないよう，24時間監視することは不可能であり，今後に問題を残した。

[日本のODA]

① 対GNI比の国際目標を達成していない。
② 贈与比率が低い。
③ アジア向けが多い。

6 民間レベルの取り組み

1 フェアトレード

環境や人権に配慮した方法で発展途上国の人々が作った商品を，適正価格(多くの場合，商業貿易レベルより少し高い)で買い，**生産者や労働者の生活と自立を支える**貿易がフェアトレード(公正貿易)である。買い物を通じて，先進国の人々が，発展途上国へ意識を向けるきっかけにもなる。当初はNGO(非政府組織)が担っていたが，近年は私企業にも広がっている。★1

寄付や援助を「与える」運動とは，少し異なる。発展途上国の生産者と先進国の消費者の「心をつなぐ」運動といえる。ただし，発展途上国のモノカルチャー経済構造を固定化することにつながるのではないかという懸念もある。

★1 日本では，イオンやスターバックスコーヒーが取り組んでいる。

2 マイクロクレジット

発展途上国での貧しい生活から抜け出すのが困難な人々に，**生産活動の元手となる資金を無担保で少額融資**し，所得向上と自立につなげるのがマイクロクレジット(マイクロファイナンス)である。これを行うバングラデシュのグラミン銀行★2は，2006年にノーベル平和賞を受賞した。

★2 グラミン銀行は「貧しい人へ単にお金を恵むことは，人としての尊厳を傷つける」と主張している。

CHAPTER

4 » 人類が直面する課題

まとめ

SECTION 1 地球環境問題 p.298

□ 地球環境の悪化

- 地球温暖化…原因物質は温室効果ガス。
- 酸性雨…原因物質は窒素酸化物(ちっそ)(NOx)・硫黄酸化物(いおう)(SOx)。
- オゾン層の破壊…原因物質はフロンガス(特定フロン)。
- 砂漠化…原因は過放牧，過伐採，塩害など。

□ 国際的な取り組み

- 国連主導の取り組み…国連人間環境会議，国連環境開発会議が開催された。
  - 国連人間環境会議…「かけがえのない地球」というスローガン。
  - 国連環境開発会議…「持続可能な開発」を理念とするリオ宣言など。
- 京都議定書…先進国に温室効果ガスの削減目標を課す。
- SDGs(持続可能な開発目標)…気候変動対策やジェンダーの平等，貧困の撲滅が掲げられている。
- パリ協定…発展途上国も含めすべての国に削減目標を設定している。
- 環境保護関連の条約…ラムサール条約，ワシントン条約，バーゼル条約，カルタヘナ議定書，水俣(みなまた)条約など。

□ 循環型社会(じゅんかん)…循環型社会形成推進基本法，家電リサイクル法，グリーン購入法など。

SECTION 2 資源・エネルギー問題 p.303

□ 石油危機以降の対策　日本は代替エネルギーや省エネルギー技術の開発計画を推進。

□ 原子力の利用と限界

- 大きな事故被害…事故の危険性や放射性廃棄物(はいきぶつ)処理問題がある。

□ 再生可能エネルギー　政府が固定価格買取(かいとり)制度で支援している。

SECTION 3 人口問題 p.305

□ 人口爆発　発展途上国に見られる。

□ 人口ピラミッド

- 人口ピラミッドの移行…多産多死(たさんたし)型→多産少死(しょうし)型→少産(しょうさん)少死型。

□ 国連の取り組み

・リプロダクティブ・ヘルス／ライツ…性と生殖に関する女性の自己決定権を最大限尊重。

・食料(しょくりょう)問題…人口増加が一因となって起こる。

SECTION 4 生命倫理 ☞p.307

□ 科学技術の発達に伴う問題

・ヒトゲノムの解読…6か国共同で解読に成功した。

・生殖技術と遺伝子医療…遺伝子を操作して生まれるデザイナーベビー。

・再生医療の可能性…ES細胞，iPS細胞。

・クローン技術…クローン人間の作成は法律で禁止されている。

□ 患者の自己決定権

・臓器(ぞうき)移植…臓器移植法の改正→移植への壁が低くなった。

・脳死の定義…脳の機能が不可逆(ふかぎゃく)的に停止した状態。

・尊厳(そんげん)死と安楽死…生命維持治療の打ち切りか薬物投与か。

・終末ケアとしてのホスピス…末期患者への精神的支援。

・インフォームド・コンセント(十分に知らされたうえでの同意)…患者の自己決定権を尊重し，同意を得た上で行う治療。

SECTION 5 高度情報社会 ☞p.312

□ 情報化社会　社会活動の中心がモノから情報へ。

□ ICT革命とネットワーク社会　eコマース(電子商取引)の増加。ユビキタスネットワーク社会の到来。

□ 情報化社会の問題点

・世論操作…情報の画一化がもたらす。

・コマーシャリズムとセンセーショナリズム…購買意欲と扇情(せんじょう)主義の刺激(しげき)。

・デジタル・デバイド…情報格差から所得格差が生じている。

□ 情報デモクラシー

・情報リテラシー(メディアリテラシー)の確立…情報を取捨選択する力が必要。

・情報公開とプライバシーの両立…自己情報コントロール権を自覚する。

SECTION 1 地球環境問題

▶ 地球環境問題は産業公害よりも，生活公害（都市公害）に似ている。地球に暮らす私たち全員が加害者であり，被害者である。だが加害者としての責任は，先進国と発展途上国で同じではない。

いずれにしても「地球に優しく」という言い方はかなり傲慢（ごうまん）であり，なるべく避けるべきだ。地球が私たちに優しいときだけ，私たちは生きていくことができる。震災など自然の大災害を見れば，明らかである。

1｜地球環境の悪化

1 地球温暖化

二酸化炭素などの温室効果ガス[★1]が原因物質である。海面上昇だけでなく，豪雨（ごうう）や干ばつなどの気候変動を引き起こす。二酸化炭素そのものは人体に無害だが広がりは速く，排出されてから1週間で地球を1周するので，規制が困難である。

★1 他にメタンや，一酸化二窒素（ちっそ），フロンガスがある。

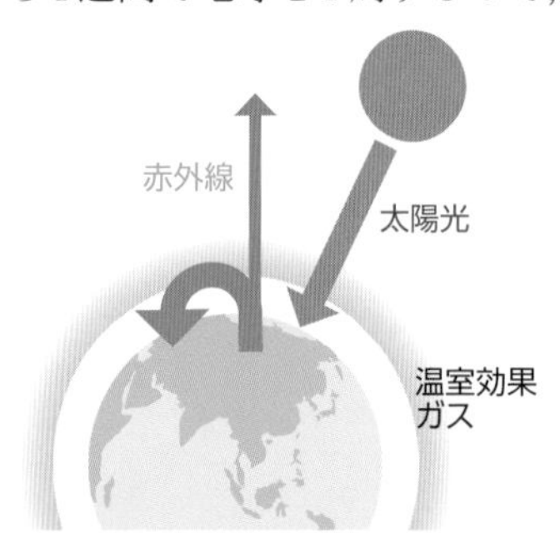

▲地球温暖化のメカニズム

▲水没が心配されるモルディブ

2 酸性雨

大気中の窒素（ちっそ）酸化物（NO_X），硫黄（いおう）酸化物（SO_X）が増加すると，雨が地表に降り注（そそ）いだ時点ではレモンジュース並みの酸度となっている（おいしいわけではない）。**森林が枯れたり湖水の酸化で動植物が死滅したり**という自然の被害だけでなく，**人工の建造物にも被害**が出ている。

▲酸性雨の被害を受けた石像

窒素酸化物や硫黄酸化物は，**化石燃料**★2**を燃やすことで発生**する。そのため，発展途上国より先に**先進国で観測**された。

★2 動植物の死骸（しがい）から生まれた石炭・石油・天然ガスなど。

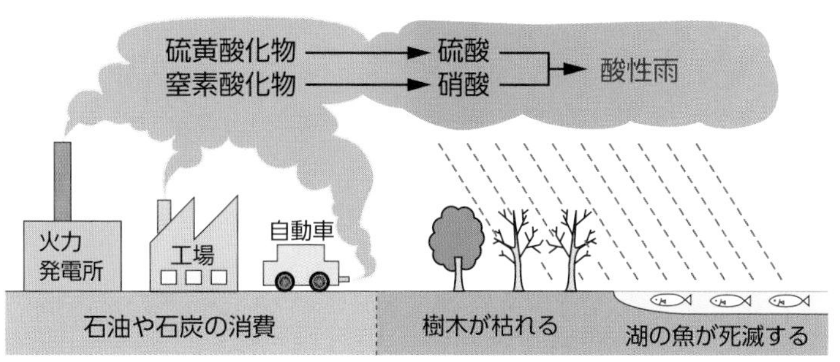

▲酸性雨の発生

3 オゾン層の破壊

成層圏のオゾン層は，生物に有害な**紫外線を吸収**している。大気中に放出されたフロンガス（特定フロン）★3が上昇して成層圏に到達すると，オゾン層が破壊される★4。そうなると紫外線が，そのまま地表に降り注（そそ）ぐ。その結果，**皮膚癌（ひふがん）や白内障（はくないしょう）が増加**する。

★3 オゾン層を破壊しない代替フロンもあるが，温室効果は二酸化炭素よりはるかに大きい。

★4 オゾン層破壊は赤道上空より，南極・北極上空の方が深刻である。

4 砂漠化

過放牧や森林の過伐採，**地下水を過度に汲（く）み上げたことで生じる地表の塩害**などが原因である。

砂漠化が進むと農業生産が落ち込んで，**飢餓（きが）人口が増加**する。植物は光合成で二酸化炭素を吸収している★5ので，砂漠化で植物が減少することは**地球温暖化にも結びつく**。

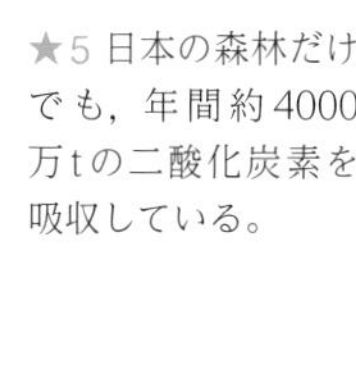

★5 日本の森林だけでも，年間約4000万tの二酸化炭素を吸収している。

▲砂漠化の進む地域

4 人類が直面する課題

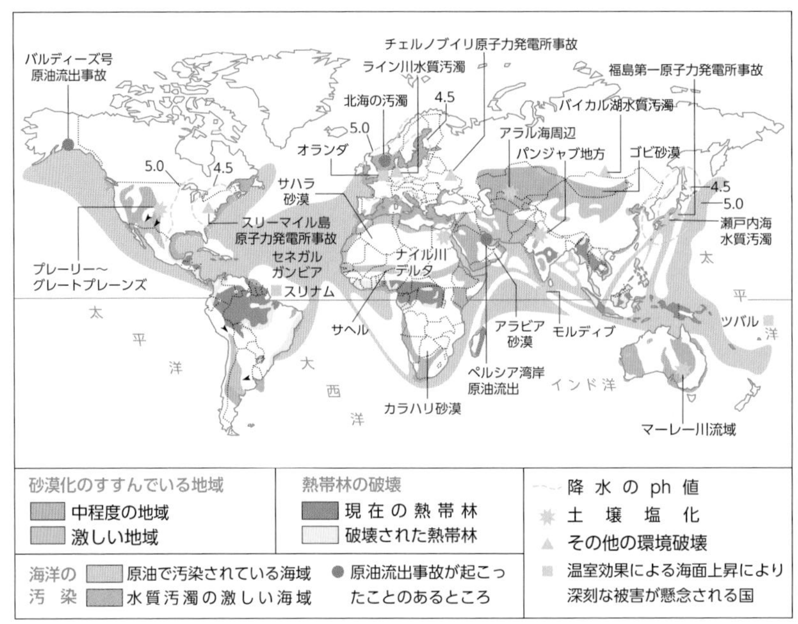

▲各地で起きている地球環境問題

2 国際的な取り組み

1 国連主導の取り組み

❶国連人間環境会議

1972年にスウェーデンの首都ストックホルムで開催された。日本からは，水俣（みなまた）病患者らが出席した。

会議では人間環境宣言[★1]が採択された他，ケニアの首都ナイロビに国連環境計画（UNEP（ユネップ））を設置することが決まった。

★1 スローガンは「かけがえのない地球」だった。

❷国連環境開発会議（地球サミット）　1992年にブラジルのリオデジャネイロで開催された。「持続可能な開発[★2]」を理念とするリオ宣言の他，具体的な行動計画であるアジェンダ21，気候変動枠（わく）組（ぐ）み条約（地球温暖化防止条約），生物多様性条約が採択された。

★2 1987年に国連で用いられたのが最初である。

この会議では，**環境重視の先進国と開発優先の発展途上国との対立**が表面化した。

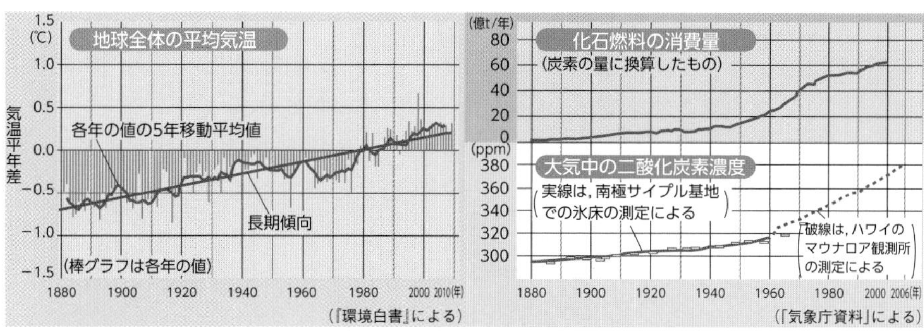

▲温暖化の進行とその原因

補説 **京都議定書**　1997年に開催された気候変動枠組み条約第3回締約国会議(COP3)で採択された**京都議定書**は，2008年から2012年までの約束期間[★3]に，1990年を基準として温室効果ガスを先進国全体で約5%削減することを求めた。削減目標はEUが8%，アメリカが7%，日本が6%である[★4]。**発展途上国に対する数値目標は，設定されなかった。**議定書では，先進国間で排出枠を売買する**排出量取引**などの京都メカニズムが認められた。

★3 2012年に，2013年から2020年までを「第2約束期間」とすることが決まったが，日本は参加しなかった。

★4 日本の温室効果ガス排出は増えたが，森林による吸収分もあり，目標を何とか達成した。

年	できごと
1972	国連人間環境会議，人間環境宣言を採択(ストックホルム) 国連環境計画(UNEP)が発足(本部はケニアのナイロビ)
74	世界人口年，世界人口会議を開催(ルーマニアのブカレスト)
76	国連人間居住会議(HABITAT)を開催(バンクーバー)
77	国連砂漠化防止会議を開催(ナイロビ)
1984	第2回世界人口会議を開催(メキシコ)
85	オゾン層保護のためのウィーン条約を採択 →87年にモントリオール議定書を採択
88	気候変動に関する政府間パネル(IPCC)の設置
1992	国連環境開発会議(地球サミット)を開催(リオデジャネイロ)
97	地球温暖化防止京都会議を開催 →京都議定書を採択…温室効果ガスの排出削減目標を決定
2002	持続可能な開発に関する世界首脳会議(環境開発サミット)を開催(ヨハネスブルク)
2010	生物多様性条約第10回締約国会議を開催(名古屋)
15	パリ協定採択
19	国連気候行動サミットを開催

▲環境問題への国際的な取り組み

2 SDGs(持続可能な開発目標)

2030年までに達成すべき国際目標として，SDGs(持続可能な開発目標)が，2015年の国連サミットで開催された。**気候**

変動対策だけではなく，ジェンダー平等や貧困の撲滅などが掲げられている。

主要国において多くの企業が，SDGsの達成を経営目的に含めるようになってきた。一方で新型コロナウイルス感染症の拡大への対策に追われ，SDGsへの取り組みが停滞したとの指摘もある。

3 パリ協定

2015年のCOP21で採択されたパリ協定は，**発展途上国を含むすべての国に温室効果ガスの削減を求める**内容となっている。産業革命以前に比べて，平均気温上昇を2度より低く保つとともに，できれば**1.5度以下に抑える**という目標を明記している。日本は2016年に批准，2020年には菅内閣が「2050年までに温室効果ガス排出を**実質ゼロ**★5にする」方針を打ち出した。アメリカはトランプ大統領時代にパリ協定から離脱したが，バイデン政権誕生に伴い協定に復帰した。

★5 森林による吸収分を算入する。

4 環境保護関連の条約

❶**ラムサール条約**　水鳥の生息地として重要な湿地の保護を目的としている。日本では，釧路湿原などが登録されている。

❷**ワシントン条約**　絶滅の恐れがある野生動植物の国際取引に関する条約である。生物の他，毛皮やはく製，牙なども規制対象となる。

❸**バーゼル条約**　有害廃棄物の越境移動を規制する条約である。使用済み鉛バッテリーや医療廃棄物などが対象となる。

❹**カルタヘナ議定書**　遺伝子組換え生物の使用による，生物多様性への悪影響を防ぐことを目的としている。第5回締約国会議(COP5)では，バイオテクノロジー★6によって改変された遺伝子組換え生物から，生物の多様性を守る取り組みについての合意が成立した。

★6「生命工学」と訳される。

❺**水俣条約**　水銀および水銀加工物の人為的な排出から，環境と人間の健康を守ることを目的とする。採掘から流通，使用，廃棄までの水銀の管理，排出の削減を定めている。

3 循環型社会

1 循環型社会形成推進基本法

リサイクル関連の基本法である。**リデュース(廃棄物の発生抑制)・リユース(製品の再使用**★1**)・リサイクル(資源の再生利用)**の3R★2を定めている。また，製品が使用済みになった後まで生産者が責任を負う拡大生産者責任(EPR)についても明記している。

★1 容器代を上乗せして販売し，容器を返せば容器代が戻ってくるデポジット制などの例がある。

★2 Refuse(断る)を加えて4Rと呼ばれることもある。

2 家電リサイクル法

冷蔵庫や洗濯機など指定家電★3について，製造・小売業者に引取り義務，製造業者に再商品化義務がある。原則として**回収・処理費用は消費者が負担**する。

★3 パソコンに関しては，資源有効利用促進法という別の法律に規定がある。

3 グリーン購入法

国や地方公共団体に，**再生資源を利用した商品や，環境への負荷が少ない商品の購入**を義務付けている★4。私企業に対しては，努力義務という規定にとどまっている。

★4 公務員の名刺は，すべて再生紙である。

資源・エネルギー問題

▶ 石油危機によって安価な石油を大量に輸入・消費することが困難になった資源小国日本は，原子力エネルギーと再生可能エネルギーの開発に乗り出した。だが原子力エネルギーについては福島第一原子力発電所(原発)事故に象徴される，危険性という壁が立ちはだかった。再生可能エネルギーの普及は，先進国としては低いレベルにとどまっている。

1 石油危機以降の対策

第1次石油危機以降，日本政府はサンシャイン計画(代替エネルギー開発)，ムーンライト計画(省エネルギー技術開発)を相次いで打ち出した。後に統合され，ニューサンシャイン計画と命名されている。

2 | 原子力の利用と限界

1 大きな事故被害

石油危機以降は「原子力の時代」が叫ばれたが，**事故の被害が極めて大きい**ことが問題である。アメリカのスリーマイル島における原発事故(1979年)[★1]，旧ソ連のチェルノブイリ原発[★2]事故(1986年)は外国の例だが，日本でも高速増殖炉(ぞうしょくろ)「もんじゅ」のナトリウム漏(も)れ事故(1995年)，東海村(とうかいむら)での臨界事故(1999年)が起きた。そして2011年の福島第一原発事故においては，メルトダウン[★3]による大量の放射性物質が放出された。この事故はチェルノブイリ原発事故に次いで2例目の，最悪のレベル7と認定されている。

★1 アメリカ映画「チャイナ・シンドローム」に詳しい。
★2 現在のウクライナでは，チョルノービリ原子力発電所と呼ばれる。
★3 高熱で炉心(ろしん)が溶融(ようゆう)すること。

2 廃棄物の処理問題

廃棄物(はいきぶつ)を安全に処理する方法が見つかっていないこと[★4]も，致命的な欠陥である。高レベル放射性廃棄物だと，最低でも5万年は管理しなければならない。説明書を残したとして，5万年後の人類が読めるだろうか。私たちは5000年前のエジプト文字ですら，解読に苦戦している。

ドイツやスイスなどは，既に脱原発を国策にしている。

▲福島第一原子力発電所事故のようす

★4 原発は「トイレのないマンション」と呼ばれる。

3 | 再生可能エネルギー

日本では2012年から，**再生可能エネルギーで発電した電力を対象とする固定価格買取(かいとり)制度**が始まった。電力事業者は再生可能エネルギー(太陽光・風力・中小水力・地熱(ちねつ)・バイオマス)を用いて発電された電気を，政府が定める価格(固定価格)で一定期間，買い取ることが義務とされた。電気料金の値上げという形で，**費用の一部は消費者が負担**する。

太陽や風は**自然任せで不安定**という欠点があるが，蓄電池(ちくでんち)の改良が進めば乗り越えることができる。地熱は火山国日本としては有望[★1]だが，温泉と重なる場所が多く，**観光との両立**が課題

★1 日本の地熱エネルギー量は，アメリカ，インドネシアに続く世界3位である。

である。植物由来のバイオマスは，原料がトウモロコシやサトウキビの場合，**食品価格の上昇**を招くことになりがちである。

[石油に代わるエネルギー]
① **原子力**…事故の被害が大きい。
② **太陽光・風力**…供給が不安定。
③ **地熱**…観光との両立が課題。
④ **バイオマス**…食品価格の上昇を招く。

人口問題

▶ 日本をはじめ多くの先進国が，少子・高齢化，人口減少に直面している。一方で多くの発展途上国では，人口爆発と呼ばれる人口増加が続いている。食料を含めて地球環境の有限性を考えると，人口問題は無視できない重みを持っている。

1 | 人口爆発

地球人口は産業革命の少し前から，増加傾向が明確になった。第二次世界大戦以後は増加のペースが速くなり，現在では70億人を超えている。人口爆発と呼ばれる人口の急増は，**アジア・アフリカ・ラテンアメリカの発展途上国**[★1]で目立つ。世界人口の増加において，これらの国々は90%以上を占めている。

★1 大量の労働力を必要とする労働集約型産業がさかん。

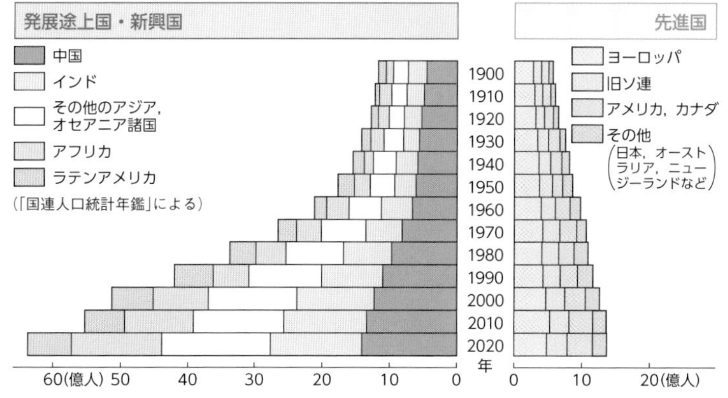

▲世界の人口増加

2｜人口ピラミッド

性別・年齢別の人口構成を，人口ピラミッドという。

発展途上国は**栄養状態や衛生水準の向上**で乳幼児死亡率が低下したため，従来の多産多死(たさんたし)型から多産少死(しょうし)型へ移行した。人口ピラミッドはピラミッド型(富士山型)が多い。

先進国は既に少産(しょうさん)少死型である。人口ピラミッドはつりがね型(ベル型)か，つぼ型(紡錘(ぼうすい)型)になっており，少子化や高齢化に伴う問題を抱えている。また，都市と農村では進学や就職で**農村から都市へ移動した人々の多くがそのまま都市にとどまる**など，人口ピラミッドに違いもみられる。★1

★1 都市問題の一因である。

名　称(型)	形	特　色	分布地域
ピラミッド型(富士山型)	65 50 15 20 5	・なだらかな末広がりの形 ・多産多死，多産少死の人口増加型 ・発展途上国に多い。1935年ごろの日本	アジア，アフリカや中南アメリカの発展途上国
つりがね型(ベル型)	65 50 20 15 5	・低年齢層と高年齢層の差が小さい ・少産少死で人口停滞型（静止型）を示す ・先進国に多い	西ヨーロッパ諸国，北アメリカなどほとんどの先進国
つぼ型(紡錘(ぼうすい)型)	65 50 20 15 5	・先進国で，つりがね型が極端になった型 ・壮年層，老人層の人口が多い ・自然増加がマイナスで人口減少型を示す	ドイツ，イタリア。日本もこの型に変化しつつある
星型(都市型)	65 50 20 15 5	・老齢，幼年人口に比べ生産年齢人口が大 ・社会増加が著しく，一般に男子の比率が大 ・転入型，都市型ともいわれる	都市(東京23区や名古屋市など)
ひょうたん型(農村型)	65 50 20 15 5	・生産年齢人口に比べ幼年，老齢人口が大 ・生産年齢人口の転出によっておこる ・転出型，農村型ともいわれる	農村（東京都のうち島部，福島県など）

▲人口ピラミッドの5つの型

[人口ピラミッド]

ピラミッド型――→つりがね型――→つぼ型‥‥と移行する。
(多産多死・多産少死型)　(少産少死型)　(少産少死型)

3｜国連の取り組み

国連はこれまでに3回，人口会議を開催している。1994年にエジプトのカイロで開催された国際人口開発会議では，**性と生殖に関する女性の自己決定権**を最大限尊重(そんちょう)するリプロダクティブ・ヘルス／ライツの考えが，改めて確認された。これは産むか産まないか，女性自身が決定できるし，決定するべきだという考えである。

出生前診断で胎児に異常があることを知って中絶する母親に対して，障がい者団体から猛烈な抗議が寄せられることがある。[★1]「障がい者は生まれてきてはいけないのか」という叫びは痛切である。一方で，望まれない妊娠をした女性に対して，「産め」と命じる権限が誰にあるのかという問題がある。

★1 脳性マヒ者の団体「青い芝の会」の活動が有名である。

補説 **食料問題**　19世紀，イギリスの経済学者**マルサス**は，**人口が幾何級数的(1，2，4，8…)に増加するのに対して，食料は算術級数的(1，2，3，4…)にしか増加しない**ので，人口抑制をしなければ飢餓と貧困は不可避であるとした。

だが，食料生産と消費のあり方にも目を向ける必要がある。畜産業を見ると，牛肉1kgを得るために，飼料として11kgのトウモロコシが必要である。豚肉1kgを得るには6kgの，鶏肉1kgを得るには4kgのトウモロコシが必要である。トウモロコシを家畜の飼料にせず人間が食べるならば，飢餓問題はかなりの程度解決される。

SECTION 4 生命倫理

▶ 医療技術の進歩によって，人類は健康になり寿命も伸びた。だが人間はどこまで生命に介入できるのかという，倫理的問題は解決されていない。

こうした倫理が生命倫理(バイオエシックス)である。医療だけでなく経済や哲学，宗教にまで関わる学問分野である。

1 ｜ 科学技術の発達に伴う問題

1 ヒトゲノムの解読

ヒトゲノム[★1]の解読は，日本を含む6か国の協力で行われ，人間の遺伝子の働きが特定された。そのため，**遺伝子検査で特定の病気を診断**することが可能になった。また，個人の遺伝子から特定の病気にかかる確率や薬の効用・副作用を判断して，**その人に適切な治療**をするテーラーメイド医療の研究も進んでいる。

一方，遺伝情報が外部に知られることで，**就職や結婚で不利益**が生じる可能性がある。**誤った遺伝子操作**による想定外のトラブルも，懸念される。

★1 ヒトの全遺伝情報。

〔塩基〕
アデニン〈A〉とチミン〈T〉，
グアニン〈G〉とシトミン〈C〉のペアでつながっている

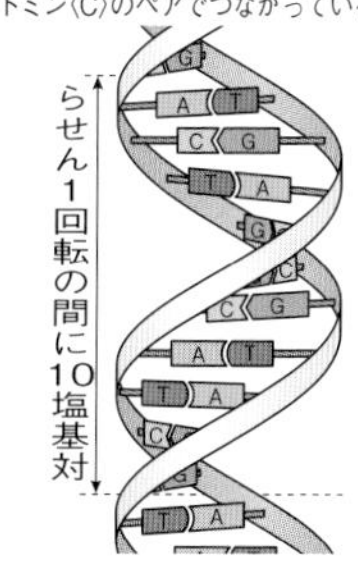

▲**DNAの二重らせん構造**
2本の鎖の間にある4種類の塩基の配列が遺伝情報となる。

2 生殖技術と遺伝子医療

人工生殖技術のうち，代理出産[★2]は民法[★3]が想定していない形で子どもが生まれるため，法的整合性が問題となる。代理出産は，以下の2パターンがある。

★2 依頼者であるカップルの女性が，子宮摘出などの理由で妊娠できない場合に行われる。

★3 民法は「母子関係は分娩の事実により発生する」としている。

❶**サロゲート型代理出産**　依頼者であるカップルの夫の精子を妻以外の第三者の女性に人工授精する。代理母は産みの母であるとともに，**生まれた子と遺伝的なつながりがある**。代理母はサロゲートマザーと呼ばれる。

❷**ホスト型代理出産**　代理母は子宮に依頼者カップルの胚を移植され妊娠・出産する役割を担い，「貸し腹」「借り腹」とも呼ばれる。代理母は産みの母であるが，**生まれた子と遺伝的なつながりはない**。代理母はホストマザーと呼ばれる。

また，特定の性質(皮膚の色や身長，特定の病気にかかりにくいなど)を発現させるため，胚の段階で遺伝子を操作して生まれるデザイナーベビーは現時点では技術的に不可能である。可能になった場合，どこまで許されるのかは大きな問題である[★4]。

★4 ノーベル文学賞受賞者カズオ・イシグロ著『わたしを離さないで』が，とても参考になる。

[代理母]

① **サロゲートマザー**…生まれた子と遺伝的なつながりがある。

② **ホストマザー**…生まれた子と遺伝的なつながりがない。

3 再生医療の可能性

病気や負傷で正常な機能を失った臓器や人体組織を回復するのが，再生医療である。再生医療に必要とされるのが，**初期化した(あらゆる組織になる可能性を持つ)細胞**で，ES細胞(胚性幹細胞)とiPS細胞[★5](人工多能性幹細胞)の2種類がある。

★5 iが小文字なのは，アップルのiPadにならったものだという。

❶**ES細胞**　**受精卵を破壊して作成**する。遺伝子の導入が不要という長所がある反面，生命に至る可能性のある胚を破壊するのだから，**倫理的抵抗**は残る。移植した場合，拒絶反応が起きる可能性もある。

❷**iPS細胞**　自分の皮膚などの**細胞に遺伝子を導入して作成**する[★6]。自分の体の一部から作るので，移植しても拒絶反応はない。受精卵や胚を用いないので，倫理上の課題はクリア

★6 作成者の山中伸弥は，ノーベル生理学・医学賞を受賞した。

している。遺伝子の導入という**手間がかかる**ほか，初期化のメカニズムが十分には解明されていない。

ES細胞もiPS細胞も，無限に増殖するため**癌(がん)になる恐れ**がある。また，目的の細胞・臓器へ自由に分化誘導することができない。

［初期化した細胞］
① **ES細胞**…受精卵を破壊して作る。
② **iPS細胞**…細胞に遺伝子を導入して作る。

4 クローン技術

遺伝的に同一の個体や細胞の集合を，クローン[★7]という。植物やカエルではかなり早く実現したが，1996年にイギリスで生まれたクローン羊「ドリー」は，哺乳(ほにゅう)類だったこともあって，世界に大きな衝撃を与えた。クローン人間ができるのではないかという，期待と恐れが沸(わ)き起こったのだ。日本をはじめ多くの国で，**クローン人間作成は法的に禁止**されている[★8]。

★7「挿木(さしき)」を意味する植物の言葉。
★8 日本では2000年，クローン技術規制法が成立した。

▲「ドリー」(右)とその子「ボニー」(左)

2｜患者の自己決定権

1 臓器移植

1997年，日本で臓器移植法が成立した。当時の臓器移植法では，臓器摘出(てきしゅつ)には本人の書面による生前(せいぜん)の同意が必要であった。また，15歳未満の子どもからの臓器摘出は禁止されていた。

同法は2009年に大きく改正された。リビング・ウィル(本人の生前の意志)[★1]が不明な場合でも，**家族の書面による同意があれば，臓器摘出ができる**ようになった。ドナー(臓器提供者)[★2]の**年齢制限も撤廃(てっぱい)**された。さらに，親族(配偶者・子・父母)に対して自分の臓器を**優先的に提供する意志**を，書面で示すことができるようになった。

補説　**植物状態**　大脳機能が失われていても**呼吸中枢(ちゅうすう)のある脳幹(のうかん)の機能が残っており**，呼吸器系や循環(じゅんかん)系のコントロールはほぼ正常に動いている状態を**植物状態**と呼び，脳の機能が不可逆的に失われた状態である脳死とは区別される。

★1 臓器提供意思表示カードのほか，運転免許証や健康保険証にも記入欄がある。
★2 臓器の被提供者は「レシピエント」。

▼脳死と植物状態の比較

	大脳	脳幹	自発呼吸	回復の可能性
脳死	×	×	×	なし
植物状態	×	○	○	あり

[改正臓器移植法]
① 本人の意志が不明でも，家族が同意すれば臓器摘出ができる。
② ドナーの年齢制限が撤廃された。
③ 臓器の優先的な提供先を示すことができる。

2 尊厳(そんげん)死と安楽死

❶尊厳死と安楽死 患者の死が迫(せま)っている場合，**生命維持治療を開始しなかったり打ち切ったりする**ことによって，人間としての尊厳を保ちながら死を迎えようとすることを尊厳死という。また，患者の死が目前(もくぜん)に迫っていて苦痛が激しい場合に，**薬物投与などで安らかな死を迎えるようにする**のが安楽死である。[★3] 両者の区別は必ずしも明確ではなく，尊厳死を消極的安楽死，安楽死を積極的尊厳死と呼ぶ学者もいる。

日本では法的に認められていない[★4]が，スイスやオランダのように安楽死を合法化している国がある。

❷クオリティ・オブ・ライフ 尊厳死の前提として，機械で無理やり生かされているのはクオリティ・オブ・ライフ(QOL 生命の質)を損なうものだという考えがある。一方で，サンクティティ・オブ・ライフ(SOL 生命の尊厳)という立場からは，生命はどういう状態でも絶対的に尊いものであり，機械につながれているからといって尊厳が損なわれるものではないという反論がある。

★3 森鷗外(もりおうがい)『高瀬舟(たかせぶね)』は，安楽死をテーマとした短編小説である。

★4 一定の条件を満たした場合は刑法上の殺人罪に問われないという判例はある。

[尊厳死と安楽死]
① **尊厳死**…生命維持治療を行わず，自然な死を迎えさせる。
② **安楽死**…薬物投与などで，死期を早めさせる。

補説 **終末ケアとしてのホスピス**　末期患者の肉体的苦痛の緩和だけでなく，残りの人生が意義あるものになるよう**精神的な援助を行う**施設が，**ホスピス**である。こうした援助を**ホスピス・ケア**と呼ぶ。

ホスピスは本来，中世ヨーロッパでキリスト教の修道院で運営された，病気の者や貧しい者，巡礼者などをもてなす施設であった。もてなし(ホスピタリティ)は病院(ホスピタル)の語源である。

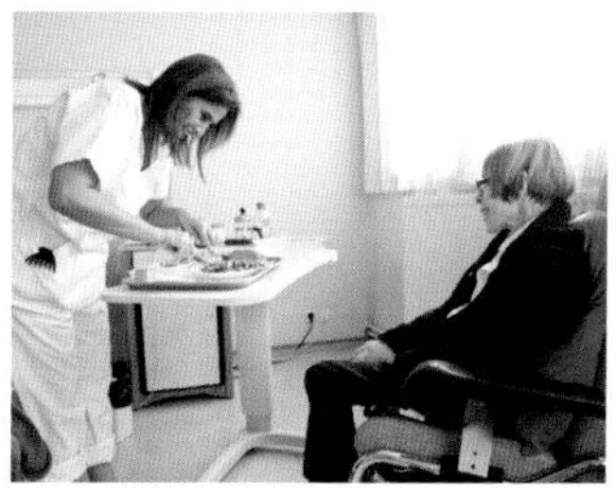

▲ホスピス・ケア

3 インフォームド・コンセント(十分に知らされたうえでの同意)

❶**自己決定権**　医者は医療現場で専門的知識がない患者に対して，患者自身に代わって自分がベストと考える治療を施す。医学の専門性からすれば，素人が口を挟む余地はないように見える。患者が医者に治療を「おまかせ」し，医者は患者を「思いやって」行われる医療は，世界的な常識であった。だが第二次世界大戦後，医者にすべての決定を任せる医療から，患者の自己決定権を尊重し，患者が意志決定する主体であるべきだという考えが生まれた。★5

★5 背景に，第二次世界大戦中のナチスによる人体実験への反省がある。

❷**インフォームド・コンセント**　現在では，**医者が患者に病状や治療内容，副作用，費用などを詳しく説明し，患者の同意を得た上で治療を行うインフォームド・コンセント**が常識になりつつある。ただ，これはかなりの程度，医者の良識を前提としている。「私の言うことが信用できないのか」と医者が声を荒げれば，おとなしい患者は黙ってしまうだろう。また患者が乳幼児や認知症だった場合(保護者や成年後見人が代わりに説明を聞くとしても)，本来のインフォームド・コンセントと言えるのかという問題が残る。

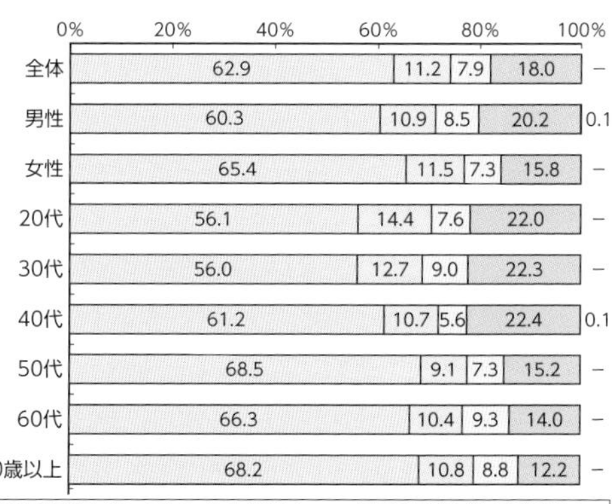

▲がん告知を望む人の割合(2018年)

(「ホスピス財団」資料による)

高度情報社会

現在の高度情報社会をもたらしたものは，デジタル革命と呼ばれる一連の技術革新である。これは情報通信技術が社会内部や人間内部(精神はもちろん，場合によっては身体も含む)に入り込み変革を促す点で，従来の産業革命とは異次元である。その中で主体的に生きることが，一人ひとりに求められている。

1 情報化社会

社会・経済活動の中心が**モノの生産・消費から情報の生産・消費へ移行**した社会が情報化社会である。アメリカの社会学者ダニエル・ベルは脱工業化社会と命名した。★1

★1 勤労者の過半数が第3次産業に従事している社会である。

2 ICT革命とネットワーク社会

1990年代から，ICT★1革命と呼ばれる技術革新が広がった。インターネット★2を活用したeコマース(電子商取引(とりひき))が企業間のみならず，企業と個人，個人と個人の間でも普及するなど，生産・流通の仕組みが大きく変化している。

ドラえもんの世界ではないが，いつでも，どこでも，誰でもネットワークにアクセスできるユビキタス★3ネットワーク社会が実現している。さらにIoT(Internet of Things)が発展して，**身の回りの様々なものがインターネットでつながる**ことになりつつある。

大量の情報を高速で送受信することは，光ファイバーなどの新技術で実現した。

★1 Information Communication Technology(情報通信技術)の略。
★2 元々は核戦争に備えてアメリカが開発した軍事技術だった。
★3 ユビキタスは「(神は)あまねく存在する」というラテン語。

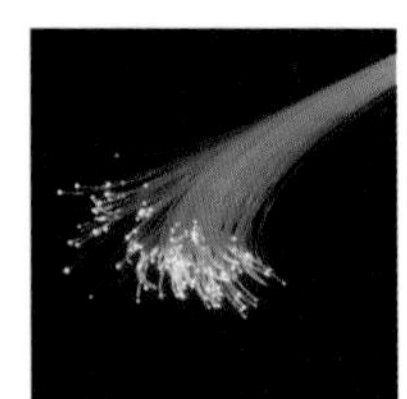

▲光ファイバー

3 情報化社会の問題点

1 世論操作

情報の画一化による世論操作(大衆操作)の危険がある。また，インターネットのみで情報収集をすると，**自分の好みに合う情報や意見ばかりが集まり**，視点がますます偏(かたよ)る恐れもある。画像処理技術などの向上で，フェイクニュース(虚偽(きょぎ)の記事)をそのまま信じる人が増えてしまう問題も浮上している。★1

★1 湾岸戦争やコソボ紛争で，アメリカが広告代理店を使った大規模なフェイクニュースを流したことが，後に発覚している。

2 コマーシャリズムとセンセーショナリズム

メディアの多くが私企業である以上は当然であるが，必ずしも必要ではない**購買意欲を過度に刺激**(しげき)するコマーシャリズム(商業主義)や，興味本位の**低俗な欲求を喚起**(かんき)するセンセーショナリズム(扇情(せんじょう)主義)などの問題がある。

3 デジタル・デバイド

情報機器を使いこなせる人と使いこなせない人との情報格差を，デジタル・デバイド★2という。情報化社会においては，情報格差がそのまま**所得格差・資産格差**に直結しやすい。

★2 世界的な問題で，主要国首脳会議(サミット)でも取り上げられた。

この格差は，同じ国の地方間でも存在する。NHK(日本放送協会)は全国放送だが，民間放送(民放(みんぽう))は全国一律ではない。ある番組を見ることができる地方，できない地方がある。

[情報化社会の問題点]
① 世論操作
② コマーシャリズム，センセーショナリズム
③ デジタル・デバイド

4 情報デモクラシー

1 情報リテラシーの確立

情報の洪水(こうずい)に流されず，**適切な情報を主体的に取捨選択する能力**である情報リテラシー(メディアリテラシー)の育成は，緊急の課題である。複数のメディアに接する，ネット記事では出典を確認するなどの努力が求められる。

2 情報公開とプライバシーの両立

公権力や大企業が情報を独占することは，民主主義の健全な発展を妨げる。

情報には誰もが自由にアクセスできるべきである。だが，それが他者のプライバシーを侵害することになってはならない。**知る権利とプライバシーの両立**には法制度の整備だけでなく，私たち自身が常に考え，行動することが不可欠(ふかけつ)である。自己情報コントロール権を自覚することは，その第一歩である。

特集

働き方改革

変わる働き方

就活といえば，どこかの事業所(企業や役所など)に雇用されることをめざす活動，というのが一般的な理解であろう。だが少子高齢化やグローバル化という大きな社会の流れにおいて，働き方も変わっていくのは必至である。

起業という選択肢

雇われる側ではなく雇う側に身を置く，つまり起業するという選択肢がある。

「ママが一歩外に出るためのきっかけ作り，情報の発信，活動の支援」を使命とする株式会社HITOMINAを杉山直子さんが立ち上げたのは，35歳のときだった。

それ以前にも同じような業務の会社に勤務していたが，リストラの対象となった。就職活動をしても，自分がやりたいことができる会社がない。「だったら自分で起業すればいい。そう思ったら楽になりました」と語る。

当時は**会社法施行後で，株式会社の最低資本金制度は撤廃されていた**。そのため「30万円もあれば起業できた」そうである。むしろ，起業後の資金繰りが大変だったという。支出を埋めるための振り込みがなかなか実行されず，貯金通帳を文字通り穴のあくほど眺め続け，眠れない夜もあったそうだ。

◎社会とのつながりの大切さ

そういう苦労が報われると感じるときは，会社が提供するサービスを利用するママたちの声に接するときだ。**妊娠・出産で家庭に閉じこもることを余儀なくされ，世間から隔絶された孤独感を味わっている女性は多い**。そういう女性が育児セミナーなどのイベントに出席するだけで，社会とのつながりを感じることができる。そういう気持ちになれることを手伝う今の仕事は，やりがいがあると思っている。

◎家族の多様性

今は家族の多様性にも目が向けられ始めている。血縁だけが家族なのか？同性カップルが異性同士の夫婦と同じように家族になれる日は，いつ来るのだろう？

ペットだって家族の一員だろう。家族の多様性がより公認されるようになれば，杉山さんの仕事も新たな展開を迎えていくはずだ。

◎資金調達のために

会社法が制定され，株式会社の最低資本金制度は撤廃された。とはいえ「1円でも起業できる」と言われても，ある程度の資金がなければ起業に踏み出せないのも事実である。

バブル経済崩壊後の銀行は，預金金利と貸出金利の差額を主な収益源とする「商業銀行」から，金融商品の手数料で稼ぐ「投資銀行」へと変質した。低金利の時代で止むを得ない面はあるが，時には原点に立ち返って「将来性のある事業」への融資を増やすことが求められる。

また，事業目的や目標金額などをネット上で示し，賛同した不特定多数の個人・法人から資金を集めるクラウドファンディングという方法もある。できる範囲で応援する人が参加するネットワークは，様々な可能性を持っている。

兼業や副業

働き方改革が叫ばれて久しいが，その過程

で兼業や副業がクローズアップされている。1つの職場から受け取る給料だけでは生活できない，という人もいる。一方で自分の可能性，やりたいことを追求した結果として，いわゆる二足の草鞋を履く人もいる。

○建築と料理

東京都で多国籍料理店「一風」を営む田嶋良一さんは，1級建築士として設計事務所も運営している。もともとは父親の設計事務所を継いで仕事をしていたが，料理にも関心があった。「創る」という点では建築と料理には，共通点があるそうだ。

建築の仕事をしながら飲食店を経営する人は，他にもいるという。当時の地元は大学生などの若い人たちの通う店が多く，大人というより自分が落ち着いて飲むことができる店が少なかった。では自分で作ってしまえと考えて，実行してしまうあたり，前述の杉山さんと重なるものがある。

○人との出会い

客商売ならではの難しさはある。コロナ禍は経済的にも，大きな打撃だった。それでも店を続けるのは，いろいろな人との出会いが楽しいからだ。そして客同士の出会いを作ることも楽しいからである。

「あの店に行けば誰か知り合いがいる，そう思って来てくれたお客さん同士が楽しく飲み食いして帰っていく。そういう場を提供できるのはいいですね」と語った。

コロナ禍以前は，ミュージシャンを招いてライブをすることもあった。もはやサロンである。

○サロンのような場

「HITOMINA」や「一風」はボランティア団体ではなく，利益を追求するビジネスの場である。同時にビジネスだけにとどまらず，人と人とが繋がる場でもある。

血縁や地縁は人を支えてくれる面とともに，人を束縛する面も持つ。出入り自由な場，「皆が皆を知っている」のではなく，「誰かが誰かを知っている」というサロンのような場が，求められている時代なのかもしれない。

▲ジョフラン夫人のサロン

自分で仕事を作る

ばらばらになった個人が全体主義に絡め取られることを防ぐために，ハーバーマス(☞p.63)は対話の重要性を唱えた。アーレント(☞p.63)が説く活動も，出会いの中から生まれる。

▲アーレント

ここで紹介した杉山さんと田嶋さんは，何も全体主義を粉砕するために仕事を始めたわけではない。**やりたい事を追求した結果，自分で仕事を作ることに行き着いた。**その仕事は，人と人とを繋ぐことでもあった。

「見えざる手」というアダム＝スミス(☞p.157)の言葉を持ち出す必要はないのかもしれないが，仕事の理想的な形として，1つの例ではあるだろう。

☑ 要点チェック

CHAPTER 1 国際政治		答
□ 1	近代国家の3要素は領域・主権と，もう1つは何か。	1 国民
□ 2	排他的経済水域は基線から何海里まで設定できるか。	2 200海里
□ 3	三十年戦争の講和会議で結ばれた条約は何か。	3 ウェストファリア条約
□ 4	「国際法の父」と呼ばれた法学者は誰か。	4 グロチウス
□ 5	国際法のうち，すべての国を拘束するのは何か。	5 国際慣習法
□ 6	条約で拘束されるのは，どのような国か。	6 条約の締約国
□ 7	勢力均衡では，攻撃する可能性のある国を何と定義するか。	7 仮想敵国
□ 8	古くはカントが構想した，国際機構による攻撃抑制のための保障は何か。	8 集団安全保障
□ 9	アメリカ大統領ウィルソンが第一次世界大戦末期に発表した原則は何か。	9 平和原則14か条
□ 10	国際連盟総会・理事会は何という決議方式であったか。	10 全会一致制
□ 11	国際連盟の発足時から参加していない大国はどこか。	11 アメリカ
□ 12	国際連盟の決議はどのような性質であったか。	12 勧告
□ 13	国際連合憲章の原案が採択された会議は何か。	13 ダンバートン・オークス会議
□ 14	国際連合憲章が採択された会議は何か。	14 サンフランシスコ会議
□ 15	国際連合は何か国で発足したか。	15 51か国
□ 16	国際連合の本部はアメリカのどこに置かれたか。	16 ニューヨーク
□ 17	安全保障理事会の非常任理事国の任期は何年か。	17 2年
□ 18	外部機関とのパイプ役を果たす国連の主要機関は何か。	18 経済社会理事会
□ 19	国際司法裁判所はオランダのどこに置かれているか。	19 ハーグ
□ 20	特定の罪を犯した個人を裁く常設の国際裁判所は何か。	20 国際刑事裁判所
□ 21	国連事務総長はどのような国から選ばれるのが慣行か。	21 中立的な中小国
□ 22	「平和のための結集」決議に基づいて開催される総会は何か。	22 緊急特別総会

□ 23	2022年現在，国連分担金を最も多く拠出(きょしゅつ)している国はどこか。	23 アメリカ
□ 24	PKOのうち兵力引き離しなどを担(にな)う軽武装の組織は何か。	24 平和維持軍(PKF)

CHAPTER 2 戦後世界政治	答
□ 1 1946年に，いわゆる「鉄のカーテン」演説を行ったイギリスの前首相は誰か。	1 チャーチル
□ 2 トルーマン・ドクトリンで示された政策は何か。	2 社会主義封じ込め政策
□ 3 1947年に発表された，アメリカによるヨーロッパ復興援助計画は何か。	3 マーシャル・プラン
□ 4 ソ連が東欧を経済的に支配するために結成された機構(きこう)の略称は何か。	4 コメコン(COMECON，経済相互援助会議)
□ 5 キューバにミサイル基地を建設して核戦争の危機を引き起こした国はどこか。	5 ソ連
□ 6 ベトナム戦争でソ連・中国が支援したのはどこか。	6 ベトナム民主共和国(北ベトナム)
□ 7 中国の周恩来(しゅうおんらい)首相とともに平和5原則を発表したインドの首相は誰か。	7 ネルー
□ 8 第1回アジア・アフリカ会議が開催された都市はどこか。	8 バンドン
□ 9 1960年に国連総会で採択された宣言は何か。	9 植民地独立付与宣言
□ 10 1966年にNATO(ナトー)軍事機構から離脱した国はどこか。	10 フランス
□ 11 1968年にチェコスロバキアで高まった民主化運動は，何と呼ばれたか。	11 プラハの春
□ 12 1985年にペレストロイカを掲(かか)げてソ連の指導者になったのは誰か。	12 ゴルバチョフ
□ 13 冷戦終結を宣言した米ソ首脳会談が行われた島はどこか。	13 マルタ島
□ 14 ソ連崩壊後に形成された，11共和国によるゆるやかな経済協力連合は何か。	14 独立国家共同体(CIS)
□ 15 北アイルランドの少数派が信仰する宗派は何か。	15 カトリック
□ 16 コソボ独立運動に際してNATOが行った空爆(くうばく)は何と呼ばれたか。	16 人道的(じんどう)介入

□ 17	インドとパキスタンが領有権を主張して争っている地方はどこか。	17 カシミール地方
□ 18	1976年以降，東ティモールはどこからの独立を求めていたのか。	18 インドネシア
□ 19	ルワンダ紛争において，多数派だった部族は何か。	19 フツ族
□ 20	カナダで独立を問う住民投票が実施された州はどこか。	20 ケベック州
□ 21	日本の第五福竜丸(ふくりゅうまる)がアメリカの水爆(すいばく)実験で被爆(ひばく)したのはマーシャル諸島のどこか。	21 ビキニ環礁(かんしょう)
□ 22	核拡散防止条約(NPT)に基づいて非核兵器保有国を査察(ささつ)する機関は何か。	22 国際原子力機関(IAEA)
□ 23	史上，初めて核兵器削減の対象となった戦力は何か。	23 INF(中距離核戦力)
□ 24	日本とソ連の国交回復を実現した条約は何か。	24 日ソ共同宣言
□ 25	部分的核実験禁止条約で，核実験が許されたのはどこか。	25 地下
□ 26	すべての核爆発実験を禁止する条約は何か。	26 包括的核実験禁止条約(CTBT)
□ 27	対人地雷(じらい)全面禁止条約やクラスター爆弾禁止条約の実現を主導した組織は何か。	27 NGO(非政府組織)
□ 28	日本と韓国との国交正常化を実現した条約は何か。	28 日韓基本条約
□ 29	韓国が領有権を主張している島根県の島は何か。	29 竹島(たけしま)(独島(トクト))

CHAPTER 3 国際経済

		答
□ 1	工業製品と一次産品(さんぴん)との国際分業は何か。	1 垂直的分業
□ 2	19世紀のドイツで，保護貿易論を唱えた経済学者は誰か。	2 リスト
□ 3	リカードが自由貿易論の根拠とした学説は何か。	3 比較(ひかく)生産費説
□ 4	投資収益は経常(けいじょう)収支の中で，どの収支に分類されるか。	4 第一次所得収支
□ 5	金融収支のうち，経営に関与する投資は何か。	5 直接投資
□ 6	外国為替相場(かわせそうば)を市場(しじょう)での需給(じゅきゅう)に委ねる制度は何か。	6 変動為替相場制
□ 7	円高(えんだか)・円安(えんやす)のうち，日本の輸出に不利となるのはどちらか。	7 円高
□ 8	大恐慌(きょうこう)の時代，各国の平価切り下げ競争は何と呼ばれたか。	8 為替ダンピング
□ 9	ブレトンウッズ協定で，ドルはどう位置付けられたか。	9 基軸(きじく)通貨
□ 10	戦後復興と開発のため，長期資金の融資(ゆうし)を行う機関は何か。	10 IBRD(国際復興開発銀行)

	問	答
□ 11	1971年に金とドルの交換停止を発表したアメリカの大統領は誰か。	11 ニクソン
□ 12	1971年のスミソニアン協定で，金1オンスのドル価格はいくらになったか。	12 38ドル
□ 13	変動為替相場制を追認（ついにん）した1976年の合意は何か。	13 キングストン合意
□ 14	対価として他の国から外貨を引き出す権利は何か。	14 SDR(特別引出（ひきだし）権)
□ 15	ある国に与えた最も有利な貿易条件は，他の加盟国にも与えなければならないという原則は何か。	15 最恵国待遇（さいけいこくたいぐう）
□ 16	初めて非関税障壁の軽減を議論したGATT（ガット）のラウンドは何か。	16 東京ラウンド
□ 17	2001年に開始が宣言された，WTOの多国間交渉は何か。	17 ドーハ・ラウンド(ドーハ開発アジェンダ)
□ 18	ドル安にブレーキをかけたG7の合意は何か。	18 ルーブル合意
□ 19	顧客の資金を運用して，短期間で高額の運用益を目指す機関投資家を何というか。	19 ヘッジファンド
□ 20	ECをEUへ発展させた条約は何か。	20 マーストリヒト条約(欧州連合条約)
□ 21	EUの共通通貨であるユーロを発行しているのはどこか。	21 ECB(欧州中央銀行)
□ 22	日本が最初にEPAを締結した国はどこか。	22 シンガポール
□ 23	少数の一次産品に依存する経済を何というか。	23 モノカルチャー経済
□ 24	UNCTAD（アンクタッド）第1回総会におけるプレビッシュ報告のスローガンは何か。	24 援助よりも貿易を
□ 25	原油価格の引上げで産油国を潤（うるお）した資金を何というか。	25 オイルマネー
□ 26	発展途上国の生産者を支援するため，適正な価格で取引する貿易は何か。	26 フェアトレード(公正貿易)

CHAPTER 4 人類が直面する課題

	CHAPTER 4 人類が直面する課題	答
□ 1	二酸化炭素やメタンなど地球温暖化をもたらす気体は何か。	1 温室効果ガス
□ 2	フロンガスは成層圏の，どの部分を破壊するのか。	2 オゾン層
□ 3	国連人間環境会議が開催された都市はどこか。	3 ストックホルム
□ 4	国連環境開発会議(地球サミット)の理念は何か。	4 持続可能な開発

□ 5	地球の平均気温上昇の抑制をめざして，COP21で採択された条約は何か。	5 パリ協定
□ 6	ラムサール条約が保護しようとしている土地は何か。	6 湿地
□ 7	有害廃棄物の越境移動を規制する条約は何か。	7 バーゼル条約
□ 8	循環型社会形成推進基本法で明記された，製品が使用済みになった後まで負う生産者の責任は何か。	8 拡大生産者責任（EPR）
□ 9	家電リサイクル法では，回収・処理費用を誰が負担することになっているか。	9 消費者
□ 10	国や地方自治体に環境配慮型商品の購入を義務付けた法律は何か。	10 グリーン購入法
□ 11	第1次石油危機以後，日本政府が打ち出した省エネ技術開発計画は何か。	11 ムーンライト計画
□ 12	福島第一原発事故で起きた炉心溶融は何と呼ばれるか。	12 メルトダウン
□ 13	発展途上国で目立つ人口急増は何と呼ばれるか。	13 人口爆発
□ 14	遺伝子から判断して，患者個人に行う適切な治療は何か。	14 テーラーメイド医療
□ 15	代理母が子宮に依頼者カップルの胚を移植され妊娠・出産した場合，この代理母は何と呼ばれるか。	15 ホストマザー
□ 16	再生医療に必要な細胞で，自分の皮膚などの細胞に遺伝子を導入して作成するものは何か。	16 iPS細胞
□ 17	大脳機能が失われても脳幹機能が残っている状態は何か。	17 植物状態
□ 18	ダニエル・ベルは情報社会を何と命名したか。	18 脱工業化社会
□ 19	画像処理技術の向上などによって，インターネット上で被害が増えた虚偽の情報を何というか。	19 フェイクニュース
□ 20	興味本位の低俗な欲求を喚起するメディアの傾向を何というか。	20 センセーショナリズム
□ 21	情報機器を使いこなせる人と使いこなせない人との間に生じる格差は何か。	21 デジタル・デバイド
□ 22	情報を主体的に取捨選択する能力は何か。	22 情報リテラシー（メディアリテラシー）

さくいん

A～Z

あ

く

け

さ

し

す

せ

そ

た

ち

つ

て

と

な

に

ね

の

は

ひ

わ

［著者紹介］

川本和彦（かわもと・かずひこ）

1964年，福岡県に生まれる。明治大学政治経済学部卒業後，日本経済新聞社を経て現在は河合塾にて公民科の講義を担当。
おもな著書に『大学入学共通テスト 川本和彦政治・経済講義の実況中継』（語学春秋社）など。
日本ブラインドマラソン協会会員。モットーは，「走り続けていれば，必ずゴールに至る」。

□ 編集協力　㈱カルチャー・プロ　㈱オルタナプロ　稲葉友子
□ DTP　㈱ユニックス
□ 図版作成　㈱ユニックス
□ イラスト　ふるはしひろみ
□ 写真提供　アフロ （akg-images　Agence Phanie　AP　CuboImages　he Roslin Institute Roger-Viollet　PA Images　Patrick Zachmann/Magnum Photos　The New York Times　UPI　エアフォートサービス　毎日新聞社　読売新聞　ロイター）
□ 本文デザイン　㈱ライラック

シグマベスト
理解しやすい 公共

著　者　川本和彦
発行者　益井英郎
印刷所　株式会社天理時報社
発行所　株式会社文英堂
〒601-8121　京都市南区上鳥羽大物町28
〒162-0832　東京都新宿区岩戸町17
（代表）03-3269-4231

●落丁・乱丁はおとりかえします。